大賭注心態

比爾・蓋茲力薦
9種思維,
讓不可思議的
改變發生

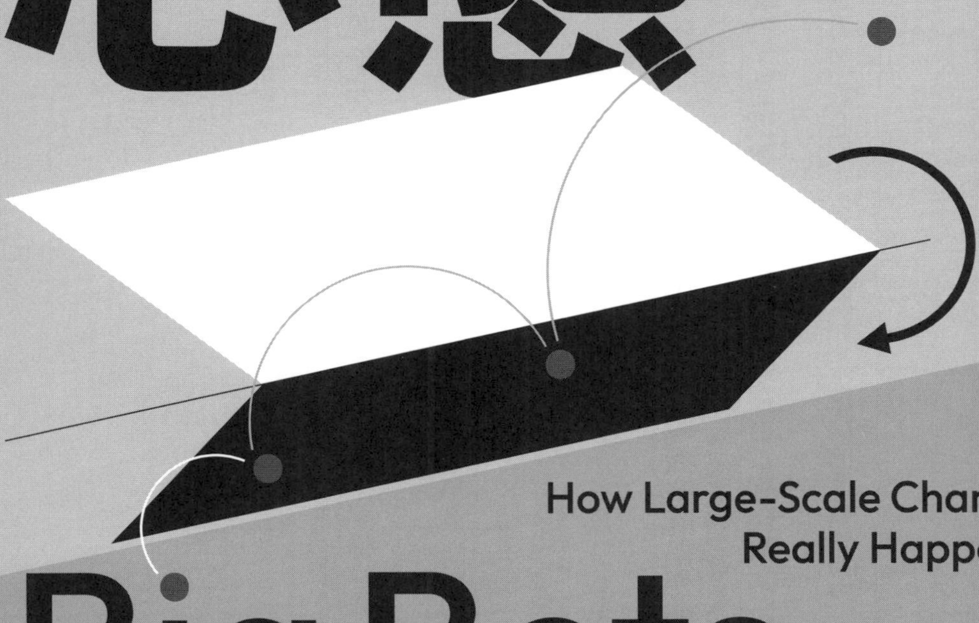

How Large-Scale Chang
Really Happen

Big Bets

洛克斐勒基金會總
Rajiv J. Sha
拉吉夫・沙赫——
謝明珊——

目錄 CONTENTS

序言

如何避免空想的陷阱
——你可以創造自己想要的世界

你會拿起這本書，想必也希望有一天可以徹底改變世界。太好了！這個世界需要改變：人性在每個轉折點都面臨考驗；地球的災難迫在眉睫，人類卻還在彼此撕裂。

但是你可以讓世界變得更美好。

你可能從未想過，自己有這樣的能力。你可能曾經懷疑，自己真的有做大事的能耐和方法嗎？過去幾個世紀，有兩個因素決定個人解決世界問題的能力，分別是神性與金錢。第一種是聖人，擁有神賜予的能力，或天生樂善好施，有著無比的耐心；第二種是百萬富翁（現在要億萬富翁），累積或繼承龐大的財富。如果你是聖人或富豪，那麼你在有生之年遲早會透過思想或行動來改變這個世界。到了近代，總統或國家元首及大企業領導者也擁有這樣的權力。這群人握有不凡的影響力，可以鋪天蓋地改變很多人。

你八成不是聖人，不可能為了幫助貧窮地區，忍受艱苦的生活和工作，這種人太少見了，而且我敢打賭，你沒有那麼富有，不可能開一張支票就克服全球最大的挑戰：世界上沒有人做得到，光是氣候變遷的問題就要耗費數兆美元，更何況「總統」和「首相」的工作也不是經常開缺，不是阿貓阿狗都可以當的。

好消息是，你不必是聖人、富豪或總統就可以徹底改變世界。

我就是活生生的例子，我在底特律的郊區長大，生在中產階級家庭，經常在學校的筆記本上畫車子（因為底特律是汽車之城），同時背負家族的壓力，努力成為醫生。到了二十二歲，我終於發現自己不是當聖人的料，等活到四十四歲，再度發現自己不太可能成為富豪。我為了找到自己的路，把世界變得更好，犯了一次又一次的錯。

但是我有勇氣與運氣，願意為了變革全力以赴，後來加入一些團隊，促成二十一世紀幾次大變革。我們為近十億的兒童施打疫苗，杜絕可以預防的死亡；我們統籌一些專案，改造非洲的農業社區，減少飢餓和飢荒的問題；我們在海地、阿富汗及整個非洲地區，展開大型救援行動和國際發展計畫；我們以堅決的行動帶領大家，終止西非恐怖的伊波拉（Ebola）疫情，然後又回到美國，對抗新冠肺炎疫情（COVID-19）；我們也幫助那些連電燈都沒有的人，為他們接通電力。

這一切並不容易，如果我寫得看起來太簡單了，可能是我記錯或表達不當。因為這些挑戰充滿變數和風險，成效也不盡相同。有時候我失敗了，但有些還在努力中，希望能夠有所斬獲。然而一路上，我親眼見證，只要採納大賭注的心態，變革就可望實現。

在接下來的章節裡，你會認識推動變革的人，他們沒有半個人是聖人，其中有幾位是富豪，有一位是總統。但是大多數人就和你我一樣：體貼、專注、果決，剛開始還懵懵懂懂，不確定什麼行動可以帶來真正的改變，他們會犯錯，會走錯方向，但他們把失敗拋諸腦後，繼續前進。

他們的過人之處是具備大賭注的心態：當他們面對問題，前途未卜時，會選擇根絕問題，而不是只做一點小小的改善。他們不想只用慈善或撫慰，隨便改善少數人的生活，而是設定遠大的目標，舉凡終結飢餓、消滅疾病、改變種族關係。雖然這些問題至今依然存在，但是我認為變革更全面了，因為有人去根絕問題，而不僅僅是逐步改善。

他們這麼做可以避免空想的陷阱。

你也可以，無論你在什麼組織服務，是銀行、政府機構、大學或社區團體，無論地位高低，是實習生還是總裁，都可以從大賭注的心態獲益。本書將提供知識和策略，最重要的是一種思維框架，幫助你克服人類最棘手的問題。

讓我來向你解釋一下。

想想看，我們有哪些嚴峻的挑戰？這裡列舉一部分的例子：全球數十億人生活清貧，營養不良，還有他們生活的社區缺乏生活的尊嚴和機會；民主的程序受到破壞；我們的生活方式導致氣候危機加劇，而這場危機正影響地球的生命，可能會讓全球更多地方不宜人居；科技以無可轉圜的速度改變我們的生活，科技發展的方向令人期待，卻也令人恐懼。

徹底根絕問題，而非逐步改善

讀完上一段，一股無力感蔓延開來，小心了，空想的陷阱正在困住你。想改變世界的人常常因為問題太複雜而陷入困境，卻忘了尋找問題未能解決的癥結或主因。他們擔心發動真正的變革，可能會激怒人群，所以把目標訂得太低，或是退而求其次，只解決一小部分的問題。他們擔心資金或支持不足，不可能實現全面改革，所以對別人的期望過低。他們也可能迷失方向，沒有好好追蹤成果，不確定自己的努力是成功或失敗。

空想的陷阱經常困住一堆人，讓很多人變得憤世嫉俗、漠不關心或無動於衷。這就是當你登高一呼，說要「結束貧窮」或「人類破壞地球，應該要拯救地球」時，有些人聽了會翻白眼的原因。大家早就習慣放棄大一點的目標，接受尚可的結果，大家只拚命做援助或慈善，或是做一些小小的改善，而非真正根絕問題的癥結。

大賭注的心態可以激發奉獻的精神，避免你落入空想的陷阱。你會提高對自己的期望，相信自己有更大的影響力。你也會有心理準備，為了真正的進步長期抗戰，一路上小小的改善只是通往永久解決方案的里程碑而已。這也會鼓勵你腦力激盪，找出問題的癥結，採取必要措施。你每天早上起床都會活力十足，覺得人生好好玩，因為你正在做有意義的大事，努力做出成績。

這還會幫助你為了全人類構思大賭注，然後貫徹執行。

大賭注是集結眾人之力，徹底解決社區或世界的迫切問題。下注之前必須設定一個遠大的目標，看似無法達成，但是你相信有可能實現。大賭注需要新的思考或做事方式，通常要借助科技發展或新方法，向別人借用知識、財富和精力。此外，大賭注也要到處建立聯盟，結交意想不到的夥伴，例如從政府和企業找盟友，政商人士會凝聚足夠的資源，集結多元的能力，突破限制，讓社會持續進步。大賭注也要追蹤具體的成果，堅持到底，直到民眾和社區從中獲益為止。

你可能心想，這傢伙是不是天真的理想主義者？或者只是太過天真？以前確實有人曾這樣批評我。大賭注可以回本嗎？世界上真的會有足夠的個人和機構，準備好共襄盛舉一起參與大賭注嗎？大家不是都自掃門前雪？

這些年來，這些質疑不絕於耳。有心推動大變革的人，無論是動機或理智都容易遭受世人質疑。如今質疑已經變成逃避的手段了，就連社群媒體也淪為抱怨與暗箭傷人的論壇。政治人物的言論和行動，以及企業高階主管優渥的薪資福利，只會讓憤世嫉俗的心態越來越嚴重。

但是我可以作證，只要有遠大的抱負，努力解決人類最大的問題，確實會激發民眾的行動。只要有心解決世界最大的問題，就可以激發幹勁與熱情，和意想不到的夥伴合作，我屢試不爽。當你詢問對方：「你想不想伸出援手，讓你這輩子不會造訪的國家，以及你這輩子不會見到的孩子，得以施打疫苗？」對方聽了之後，恐怕不會採取行動，但是如果你換一個方式詢問：「你希望不再有人罹患小兒痲痺嗎？」對方就會豎起耳朵，滿懷抱負，心跳加速。

「大」是關鍵，如果你渴望解決大問題，別人會加入你的行列，有時候是一個接著一個，他們付出的努力，有可能超出自己的分量，甚至完成難以想像的壯舉。你的目標越大，越有機會吸引足夠的夥伴、盟友和支持者，共同解決根本的問題，並實現大規模變革。

移民家庭背負的沉重期望

你改變世界的願望何時會萌芽並不重要，有些人似乎一出生就帶著使命而來，有些人則要等到晚年才聽得到全人類的呼喚。你不用精心規劃人生，也不用爭取家人的全力支持，就可以加入行列。我在十七歲時受到激勵，從此就希望把世界變得更美好，這就是我人生的轉折。即使在當時及往後一段時間，我還沒有確定方向，而且我身為移民家庭的長子，還要達成父母的期望，在美國過著中產階級的生活，這和我的使命該如何兩全？

我稱呼祖父納特瓦拉爾．沙亞（Natwarlal Shah）為「dada」，祖母梅德胡坎塔．沙亞（Madhukanta Shah）為「ba」，他們定居在西印度大城市艾哈邁達巴德（Ahmedabad），育有包括我父親賈納丹．沙亞（Janardan Shah）在內的四個孩子。一家人居住的區域雖然不在城裡的富人區，但也不是最貧窮的地段。祖父受過教育，在當地銀行擔任會計。他們的生活過得比一般印度人好，否則印度的生活條件不佳，經常很擁擠，對身體也不好，加上印度教和穆斯林社區的暴力衝突，社會嚴重分裂。

曾祖父母不希望孩子繼續過苦日子，學校是祖父力爭上游的階梯，因此他和祖母也這樣期許孩子，督促孩子認真工作與學習。一九六七年，父親獲得獎學金到美國攻讀研究所，祖父動用大部分的退休金（這是他們夫妻的命脈），為父親買了一張單程機票，從印度飛到亞利桑那州。

我母親莉娜（Reena）的家庭背景不一樣，但是也有類似的冒險故事，她的家境更富裕，在印度各地擁有數家棉花加工廠。當時印度女性難以就業和求學，外祖父母莫蒂亞爾（Motilal）和巴努瑪緹（Bhanumati）卻堅持讓女兒們進修。除了接受更好的教育外，母親也有機會出國前往美國加州，父親則是在取得電機碩士學位後搬到加州。他們真會挑時機：當時美國剛打開大門，歡迎來自南亞和其他世界的移民。[1]

我的雙親好好把握機會，像父親就待在加州，為阿波羅（Apollo）太空任務開發科學設備。後來他們搬到密西根州，父親到福特汽車公司（Ford Motor Company）擔任工程師，母親則是經營一所蒙特梭利（Montessori）學校。幾年後我出生了，妹妹艾美（Ami）不久也降臨這個世界。

多年後，祖父母第一次來到美國。這是一件大事，好像皇室成員要來一樣。父親研究機票價格，建議祖父在印度購買機票，因為依照匯率和航空公司的規定，那樣票價會比較便宜。我一起坐在藍色小貨卡（顯然是福特的！），繫上安全帶，開車前往底特律的韋恩郡機場。

我和父親去接機，他注意看著每一位乘客，直到兩道熟悉的身影現身。我抬頭看向父親，他的臉上閃過一絲憂慮。「怎麼了？」他詢問臉色蒼白的祖父。*

父親把祖父拉到牆邊，坐在長椅上。祖父說他在煩惱要自己付機票錢，以為兒子付不起雙親來訪的費用，所以再度動用全部的退休金，支付這趟機票的費用。祖父一直擔心，他期望兒子在美國過好日子的計畫會落空。

父親連忙解釋，他本來就打算包辦這次的機票錢，只是在印度購買的匯率較好，他想要省一點錢，還補充說夫妻沒有過得很拮据，事實上他們有足夠的錢來款待兩人。祖父終於笑了，放下心中的大石頭。兩個驕傲的男人互相擁抱，默默流下淚。我在他們滿滿的行李旁玩耍，祖父滿心驕傲地看著我。祖父抱起他的美國孫子，走出機場，而父親則在後頭拚命提著所有的行李。

祖父母的賭注有時候對我來說太沉重了，就和那批行李一樣，沉重到我無法承擔。我每天的壓力都很大，盡量把握家人給我的機會。如果我們忘了，父母總是會在餐桌上提醒我和艾美，我們肩負什麼文化遺產。我們並非特例：我那些有印度血統的朋友，幾乎都背負著家人的期望，不得不認真工作、守規矩，考取好成績，成為醫生或工程師（在我們的父母眼中，這是最安穩成功的人生道路）。我之所以會立志當醫生，從密西根大學（University of Michigan）開始學習，原因之一就是要達成父母的期望。

但我也喜歡冒險，雖然不像祖父有退休金可以揮霍。祖父孤注一擲，父母拋下他們熟悉的一切，到美國追求期望的生活，那我呢？我想要冒什麼險？

在我十七歲時，尼爾森・曼德拉（Nelson Mandela）來美國壯遊，剛好拜訪我的家鄉底特律。他在幾個月前才剛剛出獄，先前因為抗議南非種族隔離，慘遭監禁數十年。曼德拉在我們平常看球賽的老虎球場（Tiger Stadium）上演講，我筆直地坐在客廳的沙發上，認真看了他每一分鐘的演說。[2]他親切地呼喚底特律，感謝「汽車之城」的每個人共同參與種族平等和人權的鬥爭，我聽得熱血沸騰。

我和家人在美國都曾遭遇種族歧視，包括仇恨的目光、侮辱的言語，而且在我小時候偶爾會被人推擠和拳打腳踢。我是個棕色皮膚的孩子，長得瘦瘦小小，一副書呆子模樣，在白人社區長大勢必會遇到這些事。因此，曼德拉對平等的訴求，我一聽就沉迷了，而且他有一顆寬容的心，可以寬待那些漠視種族歧視，甚至是反對他的人。在球場的演講結束時，他對底特律的人們說：「我尊重你們。我佩服你們。而且最重要的是，我愛你們。」

曼德拉那次訪問美國，讓我想要把握人生，做有意義的事，但我還不知道是什麼事，更

＊ 本書會引用我朋友、家人和同事的話，但都是概略的紀錄，因為我並沒有做逐字稿，所以這裡引用的話，只是反映我的記憶，以及我盡最大努力回想出來的內容。

別說怎麼做了。我也不知道父母會怎麼想，可是我心想，總會有辦法的，我一定可以像曼德拉，憑藉著信念和個人魅力做出更大的改變。

改變世界的反思

你可能以為，只有像曼德拉這種大人物才能徹底改變世界，他是人類史上少見的聖人；也可能以為，自己必須像他一樣受苦受難，在牢房度過將近三十年，從早到晚都在打石頭；或者有些人認為，一定要親臨現場和你想要服務的對象並肩生活。聖人大多是這樣，為了改變世界會付出一些代價。

不久後，我就發現雖然自己有信念為了服務他人而犧牲一切，但並不適合當聖人。

我在大學時代努力攻讀預醫課程，鑽研喜歡的經濟學和政治學，這些都激發我對社會改革的熱情。我知道自己對這個世界還不夠了解，因此前往倫敦政經學院（London School of Economics, LSE）留學一年，希望去那個殿堂學習地緣政治和經濟的基礎知識，幫助我改變世界。

我在那裡不只完成教育。

還在倫敦遇見未來的妻子施凡．馬力克（Shivam Mallick），她是喬治城大學（Georgetown

University）大三學生，也跑到倫敦政經學院留學一年。她時髦的帽子、超大的眼鏡、燦爛的微笑及響亮的笑聲，是如此引人注目，高不可攀。她的身邊總是有著一大群朋友，不過我們一起上計量經濟學，有很多機會見面，她充滿自信又超級可愛，我立刻喜歡上她。

她對我很重要，一直幫助我釐清人生。父母也希望她攻讀醫學院，但她找到自己的路（她總是這樣），就讀大學期間跑到郡立監獄當志工。她衝去倫敦學習政府的知識，她清楚自己的目標，也充滿冒險精神，過去如此，現在依然不變，是一個帶著使命的女人。她鼓勵我找到自己的使命，付諸行動。我們在倫敦的酒吧與咖啡館，天南地北的聊天，還對彼此發誓不可以光說不練，要勇敢跨出去，親身實踐。

我回國後不久，以為找到跨出去的機會。我的父母在一次募款活動上遇到哈努馬帕·蘇達杉（Hanumappa Sudarsha）博士，他是傳奇的人道主義者，在印度最貧窮的地區生活和工作。[3]眾所皆知，蘇達杉博士對索利加人（Soliga）特別有貢獻，在全球聲名遠播。索利加人住在比利吉里蘭加納山區（Biligiri Rangana Hills），有七萬人，蘇達杉博士在當地服務十五年以上，讓痲瘋病發病率從原本的每千人二十一·四人下降到〇·二八人，幾乎要解決問題了，等於是在印度一帶根除痲瘋病。[4]

我在大學圖書館查閱他的故事，堅信自己絕對要成為下一個蘇達杉博士。施凡鼓勵我，父母也支持我，於是在一九九五年夏天，我趁著醫學院開學前向他的診所提出申請，成為診所的實習生。結果我就到了比利吉里蘭加納山，跑遍當地的小茅屋，拿一根像牙籤一樣尖銳的塑膠棒檢查脫皮的皮膚，因為痲瘋病的其中一個症狀就是會脫皮。天氣異常炎熱，工作很辛苦，加上我只會說一點古吉拉特語（這是我父母的母語，也是印度的主要語言之一），但當地人說的是另一種方言，所以一點用處也沒有。

痲瘋病很罕見，可見蘇達杉博士太成功了，我們最常發現的問題，反而是空蕩蕩的食品儲藏櫃與飢腸轆轆的孩子們。我們最有效的治療往往是糧食，而不是藥物。到了晚餐時間，我們的病人與許多飢餓的索利加孩子們，會和我們一起坐在大飯廳的地板上，吃著由超級營養的小米粉製成的無味糰子，再配上熱呼呼的辣咖哩湯。要不是這些糰子，孩子們恐怕會過度飢餓，餓和過度飢餓之間，不只是一線之隔，還是生死之隔。

我吃完晚餐，回到小茅屋，屋頂是茅草搭建的。我躺在床上翻來覆去，努力讓自己睡著，我會小聲對自己說：「這不適合我。」我尊重蘇達杉博士了不起的服務人生，我可以參與其中，備感榮幸，但也知道自己不可能做得跟他一樣好。

一部分是因為我住在比利吉里蘭加納山這樣的山區特別痛苦，小茅屋飄散著蚊香的煙味，臭氣沖天，但這些煙並無法阻絕蚊子，我還是經常被叮咬。當地氣候悶熱，我在那個夏天的體重大約減輕了約四．五公斤，不禁懷念現代舒適的生活。

更重要的是，在內心深處有件事一直困擾著我，我覺得我們團隊只是在治療症狀，而且只為一小群人提供撫慰。蘇達杉博士是我見過最接近聖人的活人，他讓無數人擺脫痲瘋病的恐懼，每一天都和團隊拼盡全力改善索利加人的福祉。當我看著這一切時，卻想到當時一九九三年，全球有超過七億人，相當於世界人口的一二%正陷入飢餓狀態，這個人數是蘇達杉博士服務對象的一萬倍。[5]那年，有一千一百萬名五歲以下的兒童死亡，幾乎都集中在貧窮國家，其中有五六%的人患有慢性營養不良，[6]我們沒有足夠的小米糰子拯救所有人。

那個夏天回到家，我降落在初次見到祖父母的機場，整個人疲憊不堪，只想在床上好好睡一覺，享用一頓豐盛的美式餐點。我也感受到一種徒勞無功的沉重感：我們能做的事，充其量只是在無法忍受的現狀邊緣，小小地減輕人類的苦難。我不停追問自己：任何人，包括我在內，要怎麼樣才有希望解決世界上的重大問題，舉凡全球貧窮、飢餓或疫苗可預防的疾病？這做得到嗎？

從習醫到競選，尋找人生意義的旅程

你可能也有類似的疑問，想找到改變世界的道路，無論是解決大問題或是改變現狀。你不必一次就做對，事實上，當你追求服務的使命時總是會失足或犯錯，我離開比利吉里蘭加納山區後，差不多掙扎十年才找到屬於自己的路。

我沒有在賓州大學（University of Pennsylvania）找到自己的路，那裡是我取得醫學學位和經濟學博士的地方。雖然我喜歡看診，甚至喜歡解剖，但也花費很多時間嘗試其他的事，我在西費城的貧窮社區工作，向兒童宣導愛滋病毒的危險；我投入政治活動，並考慮競選公職；我和施凡成立一個非營利組織，鼓勵與我們一樣年輕的南亞裔美國人，一起從事社區服務和政治活動；[7]我和一位研究所同學，共同創辦小型資料分析公司，並加入華盛頓特區的智庫。

我越來越相信，推動重大變革的途徑就是政治。二〇〇〇年，副總統艾爾．高爾（Al Gore）參選總統，我為了加入競選團隊，申請兩次都遭到拒絕。後來待在競選團隊的朋友打電話叫我再申請一次，才終於如願以償。我在競選團隊從事基層工作，不得不趕快做出抉擇：一是繼續留在賓州大學攻讀醫學博士，踏上從醫生涯；二是冒著失去獎學金的風險，為我心目中的下一任總統候選人效命。

考完醫師執照考試，隔天一早，天都還沒亮，我就出發了，開了長達十四小時的車，前往高爾位於納什維爾的競選總部。我考完試當晚喝了太多啤酒，所以都是施凡在開車，而我在睡覺。施凡從商學院畢業後，花費幾個月陪我一起找方向，經常在關鍵時刻幫助我。真是多虧了她，當我抵達納什維爾時已經充分休息，從上班的第一天就準備好要改變我們的國家。

只可惜最後發現，我認為非要改變的事根本沒有人關心。我快要取得醫學學位了，但是事實證明駕照還比較管用。我在上班時間經常開著那輛破舊的轎車，和志工一起在鎮上奔波，或是到納什維爾公共圖書館列印一些舊報導。我早期最大的成就是彙編一份詳盡的文件，記錄一九七〇年代高爾如何幫忙管制致命的草坪飛鏢（Lawn Dart）遊戲。

我受不了那些沒有意義的事。某天晚上，我打電話給妹妹艾美，說自己犯下大錯，放棄令我迷惘卻大有前途的從醫生涯，從事一份看似沒前景、幫不了任何人，又沒有尊嚴的苦差事。艾美靜靜聽我發洩，然後提醒我，我確實很想參加競選活動，這是我從小就有的興趣，還告訴我不妨給這件事多一點時間。

當然，隨著競選活動升溫，我的職務越來越豐富了。我和一群可以當一生好友的人，一起待在「鳥籠」裡，長時間處理政策文件，而我所謂的鳥籠就是用一堆辦公隔板圍起來的辦公桌。到了最後幾週，我越來越興奮。電視台宣布佛羅里達州的選舉結果對高爾有利，我覺得自己快要前進白宮了。

最後我的希望落空，經過歷史性重新計票，副總統高爾落選，而我迷失了方向。我差點要和總統共事了，這個角色擁有莫大的權力，可以為世界推動必要的變革。當時的我沒有機會去白宮工作，解決自己在世上看到的問題，如果要回到私人部門當醫生，又覺得不滿足。但是萬萬沒想到，像我這麼渴望改變社會和世界的人其實還可以選擇其他職涯。

機會上門了，我接到一通電話，對方是我在高爾競選活動時認識的朋友，他後來到比爾．蓋茲（Bill Gates）和梅琳達．蓋茲（Melinda Gates）剛成立的基金會工作，他找我當同事，這項提議改變我人生的軌跡。我在蓋茲基金會（Gates Foundation）工作幾年，後來到巴拉克．歐巴馬（Barack Obama）政府任職，如今則是在洛克斐勒基金會（Rockefeller Foundation）。我曾經和一群卓越又專注的人，一起努力展開大賭注，包括曼德拉本人，因為曼德拉在數十年前曾造訪底特律，激勵小時候的我，促使我前往印度、納什維爾及更遠的地方，尋找自己的人生意義和目標。

掌握實現變革的工具

哪些議題會激發你的正義感和同情心？你也可以在這些議題做出貢獻，展開大膽的賭注。現狀會一直維持，部分是因為我們接受世界就是這樣。你光是拿起本書，就代表你有心改變世界，讓世界變成你期望的樣子。如果你已經讀到這裡，就代表你對自己、對你的社區和國家，還有我們的世界與地球，懷抱更高的期待。

而你是幸運的。

如今每個人都能掌握大變革的力量和工具，約莫在過去一百年，大家只能指望政府或自由市場，創造與分配新的解決方案。然而過去三十年來，隨著科技發展，人與人互聯互通的機會增加，所以個人和機構的力量變大，影響範圍也擴大了。正如我在當時初創的蓋茲基金會，以及之後扮演的每個角色中發現的，拜科技發展所賜，幾乎人人都有更大的機會，去拓展合作、尋找或共享資訊，以及執行大專案，這些不再是政府與企業的專利。

因此大變革這件事，不再由聖人、富豪、總統、政府及私人企業所壟斷。突然間，你我這樣的平凡人也能嘗試解決全世界的問題，只要你有手機，就可以發起政治運動，製作一部紀錄片，讓數百萬人改變對某個議題的看法；發起一項請願案，號召人們關注重要的議題；或是對某個議題或技術有足夠的了解，能夠審慎思考它的潛力。

更重要的是，一個互聯的世界讓我們可以加強合作、招募贊助人和投資人，這在數十年前是做不到的。你、你的團隊或你的機構，可以舒服坐在波哥大、布魯克林或北京的辦公桌後面，透過多種方式支持半個世界以外的行動，包括分析數據、用Google追蹤趨勢、從世界各地運送物資。

有了這些工具，你這樣的人也可以展開大賭注。如果你想發動和引領大變革，這就是最好的方法。

你不需要明白世界**為何**要改變、世界為**誰**改變，只要知道你**如何**改變它。

我會分享個人經驗與學到的教訓，讓你明白如何從根本重新想像你的社區、你的社會和我們的世界，進而實現願景。在接下來的內容裡，我分享的經驗適用於任何人、任何組織、任何層面，這是自從接到蓋茲基金會的那通電話以來，我從成功和挫折獲得的教訓。

這是一本攻略，從這些教訓和經驗裡斷斷續續集結而成。

設定大目標後，有三個步驟可以幫助你避免空想的陷阱。一般人想到要解決問題，通常不敢隨便許下承諾，以為要蒙受天大的犧牲，包括高昂的成本、變數多、龐大的計畫，忍不住令人退縮。這種猶疑的態度導致我們想不清楚有哪些事情非做不可，才可以讓孩子全面施打疫苗、讓全球消除飢餓，或是讓美國終結新冠肺炎疫情。本書會分享一些工具，幫助你設定大賭注，選擇一條前進的路，然後保持前進的動力與信心。

第一，本書會幫助你學習換一個方式思考，用新方法發揮創新來解決棘手的問題。我們現在這個時代，各方面都有明顯進步，無論是科學、技術、創新或社會意識。這些突破有什麼貢獻，倒不是很重要，真正重要的是普及程度，也就是一旦取得突破，理論上受益人數並沒有限制。每個人都可以施打疫苗或投票，只不過體制的規定往往排除女性、窮人、有色人種、弱勢社區等，卻拚命獎勵那些有錢、有人脈的人。看了本書之後，你就會找到自己的策略與路徑，突破這些限制。

第二，你會學習四處結盟，往往還是你意想不到的對象。這一點很重要，可以幫助你在社區，甚至在全世界，推動真正的變革。今天大多數人都不信任我們的機關、政府、企業或非營利組織，有能力解決我們最大的問題，這情有可原。但是我已經領悟到，只要和其他人建立連結，通力合作，從社會各個階層激發人們改革的渴望，成果會很驚人。

第三，你還會學到如何清楚定義你的大賭注，持續關注成果，直到實現為止。衡量成果比想像還難，那些想改革世界的人常常忘了衡量成果。我們從事社會福利計畫，必須像企業計算利潤一樣，好好衡量成果。

你可能是學生、退休人士、創業者；也可能在小機構領導大團隊，或待在大型的慈善機構、企業或政府機關，參與其中一個小團隊——任何人都可以使用這本我在職涯中發展的攻略。我親眼見證這些策略在許多場合和層面順利運作。我真的相信，當機構執行這些策略時會變得更有企圖心、更有效能，也更值得信任。

改變世界，同時也改變了自己

二十五年前，在我還沒找到自己的路以前，如果世上就有這本攻略該有多好。現在我分享自己學到的經驗，讓你避免空想的陷阱，徹底改變世界。

你只要記住，所有對人類有益的大賭注，都是從你對自己的賭注開始。

你有意願和能力、決心和智慧，建立必要的聯盟，把我們當今需要的變革方案持續擴大規模，永久執行。

當你善用這些經驗時，就會發現大賭注會從很多方面回報你，不僅幫助你重新想像世界，也重新思考你自己的定位。

所以你的大賭注一邊改變世界，也一邊改變你自己。

第一章

提出一個簡單的問題
——從基礎開始，重啟思考的過程

「為一個孩子打疫苗，要花多少錢？」

這個問題很直接，而且非常基本，從這一刻起，我已經開始傳授大賭注的精髓，大賭注是在解決問題，而不僅僅是改善問題。

為了找到解決方案，你必須從根本理解問題。你要有勇氣，提出看似簡單，甚至天真的問題，然後就會領悟到，原來這麼基本的問題擁有驚人的力量，可以重導思維，開啟可能性，讓先前隱藏的路徑展露出來。

這一切都是我往後數月、數年的經歷。那天下午，有一個人坐在會議室的另一頭，提出這個基本問題，全世界大多數人都能認出他的臉。

他就是蓋茲，當時四十六歲，露出男孩般的微笑，頂著一頭亂分的髮型，富可敵國，他提出這個問題並不是要針對任何人。二〇〇二年，蓋茲還在軟體巨頭微軟（Microsoft）擔任總裁，在巨大的會議室裡坐在會議桌的一端，更準確地說，他坐在椅子上前後搖擺，這是蓋茲家族基金會的所在地，以前是一個支票結算中心。[1]蓋茲和妻子梅琳達成立蓋茲基金會，想要完成許多使命，包括為全世界的孩子施打疫苗。[2]

而我當時二十八歲，沒有成為醫生，坐在會議室的另一端，和大家一起開會，現場還有大概六、七位的蓋茲基金會公衛人員。那時我已經累積很多經驗了，包括在印度的比利吉里蘭加納山區，以及副總統高爾的總統競選活動。我也取得醫學院學位，在高爾輸掉二〇〇〇年選舉後，我勉強修完最後幾個學分，但是並不打算參加醫生執照考試，也不想成為執業醫生，而是以實習生的身分待在蓋茲基金會。不過基金會讓我自己挑選職稱，我最後選擇「首席經濟學家」，但是其實整個基金會裡並沒有別的經濟學家。

穿透迷霧，找到實現目標的路

我搬到西雅圖，但還不確定自己是不是真的想要從事慈善事業。我擁有的只是一股渴望和動力，想要設法做出大改變，希望找到一條路和流程。我是因為接到大衛・蘭恩（David

Lane）的電話，他曾經擔任美國商務部辦公室主任，也曾參與高爾的競選活動，後來在華盛頓特區經營蓋茲基金會，我不知道該有什麼期待，[3]但我接受這份工作，在西雅圖那張橡木桌占有一席之地。

蓋茲的面前正在播放Microsoft PowerPoint（理所當然），簡報基金會的疫苗專案。早在兩年前，蓋茲夫婦就承諾提撥七億五千萬美元實現這個遠大的目標，讓地球上的每個孩子都可以施打疫苗，避免感染疫苗可預防的疾病。[4]他這項承諾，最終成為全球疫苗免疫聯盟（Global Alliance for Vaccines and Immunization, Gavi）背後最大的金主。那時候我剛加入疫苗團隊，開會前先看過簡報，結果發現全球疫苗免疫聯盟的進展微乎其微。

最後，蓋茲不再前後搖擺，問起了成本。坐在我們這一邊，一位特別有經驗的公衛專家不耐煩地說：「疫苗的事情不可以這樣想。」他表示，到貧窮國家為孩子施打疫苗是一件複雜的事，就算只有一個小孩，也要天時、地利、人和，患者、疫苗、注射器、醫療專業人員、診所，必須在同一時間、同一地點準備就緒，然而世界上極度貧窮的地區，通常最缺乏公共醫療保健，往往連道路或電力都沒有。

當時在會議室的我並不懂什麼是大賭注，還在努力認識同事，但我知道蓋茲是在詢問施打的規模：如果知道每個孩子施打疫苗的成本，就可以推算為所有孩子施打疫苗的成本。有了這個數字就可以確定資金缺口，並且設法解決。有些疾病只要注射一劑疫苗（有的疾病要注射好幾劑），即可輕鬆預防，但是在非洲和東南亞地區，當時只有不到三分之二的孩子完成接種。[5]蓋茲的目標就是終結這些疫苗可預防的疾病，這樣救人最符合成本效益。

就我所知，坐在我這一邊的專家都在公共衛生領域服務很久了，他們是世界上最有想法，也最敬業的公衛專業人員，他們曾經說服蓋茲夫婦，承諾拿出七億五千萬美元為全球的兒童施打疫苗。我還注意到這些人和整個公共衛生界都反對全力投入疫苗專案，因為問題太複雜了，他們建議依照傳統做法，先改善國家的衛生體系，才能好好幫助那些孩子。

如果你的年紀特別輕，這種局面會是家常便飯，每當有人提出解決方案（那個人可能就是你），然後其他人（往往有一大票人）習慣先質疑再說，或是列出一堆變數，說這些都會妨礙真正的改革。沒有人知道誰是對的，那天在會議室裡，我們沒有半個人可以確定，有沒有可能為每個孩子施打疫苗。無論是當天的會議，還是在開會前後的通話、會面及通信，空想的陷阱越來越顯著了，而且在某些層面特別明顯，這往往會阻礙遠大的計畫。

往後幾年，我親眼見證蓋茲的問題可以擺脫空想的陷阱。不妨善用提問的技巧，迫使每個人（從最有經驗的專家到最沒經驗的實習生）重新評估假設，好好審視某個主題或是任何看似可怕的限制。把事情想得太複雜，真的很要不得，這樣根本無法推動大變革，解決迫切的問題；如果一時之間要改變這麼多事，還要爭取這麼多人同意，任何任務看起來都不可能實現。這時候簡單的問題和答案，反而會穿透迷霧，揭露宏大的目標，還可以逆轉組織文化，照亮一條實現的道路。

用適當的規模，處理適當的問題

走進會議室前，我還不知道怎麼看待「慈善事業」，我以為這個概念很狹隘，不就是老派機構拿著富有人家的錢，贊助交響樂音樂會和公視廣播節目，比如「這場表演由某某某家族信託基金會贊助」。慈善事業似乎都在做一些小小的改善，提供一些悅耳的音樂，讓現狀變得可以忍受。

開完那一次會議後，我強烈感覺到蓋茲基金會正在做不一樣的事。這不是等人來要錢，然後被動地給錢，而是認真在做事，甚至是做激進的事，尋找更好的方法。蓋茲夫婦和他們的團隊回顧過去的一些慈善機構，包括洛克斐勒基金會在內，決定仿效這個模式，但是換成二十一世紀的新方法，把那些對人類有益的技術放大再放大。

我們的專案主要是為了回答蓋茲那個不太簡單的問題，答案難以捉摸，解決方案也無邊無際，必須從根本改變世界的運作方式。全球各大機構多年來一直想要提升疫苗接種率，因為在一九九〇年代接種率就停止成長了，以致全球一千一百五十萬名五歲以下的兒童，每年有將近一半死於疫苗可預防的疾病，[6]因此解決方案恐怕要大幅調整，涉及政治、經濟、機構的改革。蓋茲直接的問題，剛好瞄準改革的核心。

我和蓋茲開了幾次會，在這個團隊待了幾週，可以感受到基金會的抱負和潛力，令我熱血沸騰。基金會的規模夠大，適合我施展原有的經驗與專業，還可以拓展我的興趣和能力。

舉例來說，電腦帶來資料革命，我念大學和研究所時就開始關注這項趨勢，任職蓋茲基金會時終於可以盡情發揮，世上還有哪個地方比這裡更能激發我對數據的熱愛？例如DALY表格記錄公衛人員所謂的「失能調整後生命年」（Disability-Adjusted Life Year），也就是因為疾病、失能或早夭，而喪失的健康生命年數。[7]這是最終的量化分析結果，讓我們確認政策是好是壞，對壽命是加分還是扣分。

雖然這些數據大有可為，但可惜不是每個機構都喜歡聽到不一樣的答案。多年前，我希望透過不同的管道為公共衛生盡一份心力，跑到華盛頓特區的泛美衛生組織（Pan American Health Organization, PAHO）實習。那年夏天，我都待在和壁櫥差不多大的辦公室裡。泛美衛生組織專門運用國際資源，改善南美洲與中美洲的衛生情況。起初我以為泛美衛生組織是理想的機構，適合我這種對公共衛生充滿熱情，具備一些分析能力的人，我只要點擊滑鼠，或是從書架拿一本布滿灰塵的卷宗，就可以沉浸在無盡的公衛資料寶庫。

有一天，泛美衛生組織指派我一個任務，深入研究國際貨幣基金（International Monetary Fund, IMF）新政策的效應。國際貨幣基金是多邊機構，為各國提供救急資金，但前提是這些國家要遵守嚴格的規則和指導。當我參考DALY表格等資料實際計算後，發現國際貨幣基金推行的新規反而會削減照護服務，導致健康惡化，而婦女和兒童是最大受害者，由此可見，這根本不是解決方案，沒有改進就算了，竟然還開倒車。我把研究成果交給上司，他只是丟給其他部門，並未採取任何行動。後來那項政策還是生效了，而我的研究報告大概在書架上閒置著。

我終於明瞭，即使是正確答案，如果沒有交給對的人，就不會有什麼改變。

我一開始對慈善事業懷有疑慮，但在蓋茲基金會開了幾次會後，確信我來到一個重視答案的地方。蓋茲的問題表面上看似簡單，但實際非常複雜，我總算覺得找到一份完全適合自己的工作。這輩子第一次感覺到，我正在做得心應手的事：回答許多跨領域的大問題，但更重要的是，這裡的人願意聽取答案，做一些非凡的事。

你一定要去給你力量的地方，尤其是剛出社會時。我要澄清一下，「賦權」不代表「掌權」，你不必是掌權者，只需要一個讓你感覺對了的地方，在適當的規模處理適當的問題。為什麼蓋茲基金會讓我感覺對了?因為我每天去上班，都是為了確保全球兒童避免不必要的死亡。基金會要我提供改革的方法，而我就是負責回答簡單的問題，找到更大的解決方案。

有資金，不一定會有好結果

快轉到更早以前，我踏入那間會議室的五年前，某天早上，蓋茲翻閱《紐約時報》（*New York Times*），讀到關於輪狀病毒的新聞。輪狀病毒主要感染嬰兒，可能導致腹瀉、脫水，甚至死亡。每年有七萬名美國兒童因此住院，但死亡人數極少;可是在貧窮國家就不一樣了，這種病毒在二十一世紀初，每年奪走四十萬至六十萬名兒童的生命。值得注意的是，當時美國正在測試一種新疫苗，但不打算在貧窮國家推出，而那些國家的兒童卻會因為輪狀病毒而死。

蓋茲夫婦提起這篇新聞，沒想到世上有這種不公不義的事。美國疫苗的價格大約是一百一十六美元，雖然不便宜，但是美國人均收入為三萬兩千美元，所以還負擔得起;[8]反觀在印度，這種病毒每年殺死十萬名兒童，但是印度人均收入大約只有四百五十美元，根本買不起昂貴的疫苗。[9]蓋茲夫婦想不通，如果我們認為每個生命都一樣有價值，為什麼可以接受這麼嚴重的不平等？

他們想推翻這種不公不義，提出一個簡單的問題，蓋茲夫婦很好奇：「什麼是可以拯救最多人命的最有效方法？」經過計算後，答案呼之欲出：不是興建醫院，而是擴大施打疫苗。兒童接受單一或多次的接種，就永遠不會罹患肺結核、白喉、破傷風、百日咳、小兒麻痺、麻疹及輪狀病毒。這個簡單的問題幫助他們找到努力的目標，他們下了一個大賭注：每年要讓所有打不到疫苗的新生兒都可以接種。

下這個賭注，心中會有更多的疑問。在貧窮國家，有多少兒童施打過最基本的DTP3疫苗？該疫苗可以防止白喉、破傷風和百日咳。二十一世紀初，世界衛生組織（World Health Organization, WHO）估計有三千七百萬名兒童從未施打DTP3。[10]問題接踵而至。那麼新生兒呢？開發中國家每年有一億名新生兒，卻只有比半數多一點的新生兒施打疫苗，這樣算起來，每年還有大約五千萬名新生兒需要接種。[11]如果情況沒有改善，恐怕會有很大一部分的兒童死於疫苗可預防的疾病，那些孩子本來有機會存活，母親卻要忍痛埋葬，這是天大的錯誤。

時間倒轉到一九九八年，蓋茲的父親老威廉．蓋茲（William Gates, Sr.）還在管理基金會，他是傑出的律師，身形高大，為人和善謙遜，有一種獨特的幽默感，一直以來都在為基金會尋找前進的道路。當時蓋茲還很年輕，某天晚上家裡舉辦晚餐討論會。蓋茲面對複雜的疫苗問題，好想找到突破的方法，他在餐桌上提問：「既然搞不定輪狀病毒的疫苗，為什麼不直接買下它？」[12]

起初大家面面相覷，因為疫苗一直都是大批購買。但是蓋茲換一個方式，把問題解釋更清楚一點：為什麼不直接花大錢買下這些疫苗的智慧財產權，以更低廉的成本在貧窮國家進行製造、銷售和配送？蓋茲的構想並未實現，輪狀病毒疫苗涉及複雜的體制，智慧財產權只是其中一部分，更何況後來證明那個版本的輪狀病毒疫苗有問題。雖然蓋茲的問題有點不切實際，但他好奇的是，在沒有限制下我們還可以做些什麼？這是蓋茲的行事作風，我們團隊後來也用了這種方法，只是略有不同。

晚餐討論會結束後不久，蓋茲承諾花費七億五千萬美元來解決這個問題。但光是有錢，不保證會有成果。為全球的兒童打疫苗是一件重要的事，沒有人會反對，然而基金會花費這筆錢，不只是要購買七億五千萬美元的兒童疫苗。蓋茲在晚餐討論會提出的問題，就已經說得很明白，這筆錢是為了做更多的事：鼓勵必要的思考與合作，進而改造體制，永遠解決許多兒童施打不到疫苗的問題。

因此蓋茲基金會投入的資金，在公共衛生界開啟大辯論，包括世界銀行（World Bank）、世界衛生組織、聯合國兒童基金會（United Nations Children's Fund, UNICEF）在內，有一些官方機構專門促進兒童健康，有的機構執掌相關業務。辯論的主題五花八門：哪些疫苗應該優先施打？哪些國家應該優先施打？在手臂注射疫苗，真的比建立衛生體系更重要嗎？如果在貧窮國家建立衛生體系，豈不是可以在未來幾年提供疫苗接種服務，並且實現其他保健成果？

這一堆問題全靠威廉．福吉（William Foege）博士幫忙整理，他本身是醫生，曾擔任美國疾病管制與預防中心（Centers for Disease Control and Prevention, CDC）主任，在一九九九年加入蓋茲基金會。福吉沉默寡言，深思熟慮，個子很高，留著灰色鬍鬚，是一位傳奇人物：他根除天花，堪稱史上最成功的公共衛生倡議之一。[13] 他總會提醒我們，情況並沒有那麼糟：大家對於關鍵大原則都有共識，至於要先打疫苗，還是先建立衛生體系，也不是什麼大分歧，這只是從不同角度出發，看待同一個問題。

我加入基金會時，全球兒童施打疫苗的情況只有些微改善。全球疫苗免疫聯盟保住一千萬名兒童的性命，免受B型肝炎的侵害，在當年這是動輒造成五十萬人死亡的疾病。[14] 與福吉和其他人工作，蓋茲夫婦最大的貢獻就是幫助大家看清公共衛生驚人的複雜性，尤其是在兒童健康的層面。我們比起以前更清楚有哪些阻礙，但還不知道要如何解決。

在往後的職涯裡，你也會領悟到，光是有資金並無法解決複雜的問題，真正拿出成果。有這個覺悟是好的，你才不會把希望寄託在意外之財。提出簡單的問題可以幫助你設定目標，而且要一再重申，避免大家失焦。充足的資源要用對地方，讓參與其中的人重新評估體制，唯有這樣才可以突破限制，避開空想的陷阱。

從一張白紙開始，每天持續學習

蓋茲不怕複雜，他指派基金會共同主席暨總裁派蒂・史東席佛（Patty Stonesifer）尋找突破的方法。史東席佛在美國印第安納州土生土長，留著一頭短髮，有一雙若有所思的深邃眼睛。微軟如日中天，正好缺一位講故事的人，史東席佛趁勢加入微軟，擔任技術寫作人員。一路上，憑藉宣傳和策略才能在公司扶搖直上，贏得蓋茲夫婦的信任。蓋茲基金會有兩位主席：一位是史東席佛；另一位則是老威廉。

史東席佛是商業和科技領域的頂尖人才，她待在瞬息萬變的科技業，簡直如魚得水，一路飛黃騰達，她擅長觀察當下的細節，重新想像未來。我一直想要培養她這種特質，後來觀察到許多成功人士也有這種性格。

但史東席佛從事這份工作是抱持著服務的熱情，她在天主教家庭長大，排行第九，和兄弟姊妹受到這種信仰與家庭精神的薰陶，投身各式各樣的事業，以各自的方式服務社區。她在基金會的辦公室，書架上擺放著吉明尼小蟋蟀（Jiminy Cricket）小雕像，在《木偶奇遇記》（*Pinocchio*）的故事裡，小蟋蟀苦心引導皮諾丘（Pinocchio）走向正道，因此當她看著小蟋蟀時，就會記得聽從自己的良心。[15]

蓋茲夫婦、史東席佛及老威廉剛投入慈善事業，有足夠的信心，不害怕一次次重新開始，也不怕每個專案都重頭再來。他們提出簡單的問題，讓全球專家換個角度看事情，否則聰明的人往往急著描述複雜性，問題彷彿沒有解決的一天。而蓋茲夫婦提出來的問題，經常是從基礎開始，然後逐步擴展，這可以重新開啟對話，這就是重啟思考的過程，看看是否有其他前進的方法。

史東席佛有很多事情要忙，但她最常做的事就是找到前進的路，或是找到人來做這件事。幾年後，我們開了一場會，一位新同仁很好奇，除了創辦人蓋茲的財力外，蓋茲基金會還有什麼特點。史東席佛不假思索，直接從面前的檔案夾抽出一張白紙，直截了當地說：「就是這個！」她接著解釋道：「我們每次都是從一張白紙開始。」

從一張白紙開始，每天持續學習。蓋茲拚命地閱讀書籍、研究報告和新聞報導，基金會也期待我們這麼做。如果有任何關於疫苗之類的新鮮事，我們每個人都會爭相了解、掌握及分享。

有一次，基金會要和聯合國兒童基金會開會，主管要求我準備會議資料，聯合國兒童基金會是負責為兒童施打疫苗的聯合國機構。我詢問需要哪些資料，基金會鼓勵我從基礎查起。於是我開始調查聯合國兒童基金會的運作方式，但是這樣查資料會受制於地理環境和時機，當時網路剛剛起步，我們身在西雅圖，要認識國際援助組織並不容易，更何況維基百科（Wikipedia）也還不夠健全，更重要的是我們不隨便接受現成的答案。我四處搜索，閱讀在網路上找到的任何資料，主動向公衛專家討教，從零開始認識這個組織。基金會期望每一個員工，永遠保持懷疑、探究和謹慎的態度。

基金會吸收與處理知識的能力非常強大，可以激發大家的雄心壯志。和泛美衛生組織等機構相比，蓋茲基金會的文化確實特別有士氣。史東席佛和蓋茲重視我提供的答案，部分是因為他們剛接觸這個領域。儘管基金會內外有許多公衛專家，動輒有數十年的經驗，但是蓋茲夫婦和史東席佛三人的經驗加起來還不到十年，而當時的我確實是一張白紙，很渴望學習。

這和管理風格或人生哲學無關，而是一種共學的心願，讓我們自然而然地想要發問。我們拋出簡單的問題，有了這些基礎才可以通往可靠的解決方案。這些問題也合乎邏輯，所以等我們得到答案，又會衍生更多的問題。我們用數位和紙本的方式記錄答案。對一個年輕人來說，這令人陶醉，也讓人痛快。我大致明白了，在低收入國家，公共衛生是如何一步步推動大變革，我深深感覺到其中蘊含著革命的潛力。

當然有人會認為，蓋茲基金會團隊提出這些簡單的問題太天真了，甚至有點危險；有些人聽到這些問題不以為然，覺得情況很複雜；有些人面對這種蘇格拉底式的提問會感到不耐煩；還有一些人擔心這是在浪費寶貴的資源和時間，甚至可能危及生命。

我當時並不覺得這些問題天真，但我確實是裡面最沒經驗的人。在我看來，這些問題很有趣：回答這些問題需要動腦筋，我很享受這個過程。更何況這些問題給我機會，我只要好好回答蓋茲的問題，就可以賺取生活費。即使這不會立刻提升兒童疫苗接種率，但是我會覺得自己有貢獻，在幫助大家深入理解這些問題。

我覺得非常自在，還有什麼比一張白紙更有用、更令人感覺自由？可是面對一張白紙，確實會不安和恐懼，畢竟舊答案可以帶給人虛假的慰藉，但確實解決不了全球的問題。如果可以在一張白紙上，提出簡單的問題並努力回答，你會發現全新的思考方式，而不只是做一些小小的改善。

尋找根本原因

我們逐漸領悟到，有一些問題需要重新回答，蓋茲早年開會時就是用這種方式，確認貧窮兒童施打疫苗的成本。一九九三年，世界銀行曾做過研究，如果要為一個貧窮國家的兒童施打疫苗，維持一年的健康壽命，成本介於十至二十五美元，沒錯，又回到DALY表格了。[16]我們團隊在將近十年後，決定重新計算成本，結果發現世界銀行的數字有問題，都是基於可疑或過時的假設與數據。

二十一世紀初，專家推估全球有七〇%至八〇%兒童施打最常見的疫苗。[17]但是我們很快就發現，八〇%這個數字很可疑。衛生部門和地方官員所設計的問卷，通常會詢問社區的免疫率，然後給醫護人員幾個選項，比如零至二五%或二五%至五〇%，然後把這些估計值加總，就是全國的免疫率。

這些數據寫成白紙黑字似乎很精確，但經過幾次質疑，會發現這些數字充其量只是一個猜測、一個範圍或一個平均值。為了找到真正的數值，蓋茲基金會從資誠（PricewaterhouseCoopers, PwC）和勤業眾信（Deloitte & Touche）聘請審計師，親自前往非洲各地的疫苗施打診所一趟。[18]這種做法雖然遭受批評，但稽核團隊去檢查帳本（通常是手寫日誌），不是為了審核算法，而是要取得原始數據。[19]

他們找到的數據很少，卻是最原始的數據。我們的團隊瞄準手寫的帳本，這通常雜亂無章，隨便塞在診所的檔案櫃裡，根本不可能有大量完整的資料集。他們很快就發現，過去數十年來，疫苗接種率一直都浮報，主要是因為缺乏可靠的數據。肯亞是其中一個被稽核的國家，依照先前的報告，疫苗接種率大約是六三％，但經過我們的稽核，這個數字應該是五一％左右，還有其他稽核的國家大多也存在這個問題。[20]

當我們找到更精準的數據，重新計算一次成本，使用自家的軟體（當然是Microsoft Excel），並且與外部顧問合作，深入挖掘並微調我們的模型。有時候我們不得不憑空估算，例如道路崎嶇不平，運送輸疫苗的成本是多少？在電力不足的地區，冷藏疫苗的成本又是多少？

經過將近一年的計算，我們的團隊終於得出答案，總算能夠回答蓋茲的問題。為一個貧窮國家的兒童施打疫苗，維持一年的健康壽命，成本大約是八十四美元。我們必須坦承，這些計算背後有許多假設前提，其中一些假設再過幾年就會不合時宜，但這些假設都是基於善意，我們也盡量找到當時最準確的數據。解開這個數學謎題讓我們非常開心，但是看到這個結果卻令我們心碎；這數字大約是最初估計的五倍，這不是我們期待的答案，卻是當時最好、最準確的答案。

不過，蓋茲完全不受影響。雖然成本比想像更高，但疫苗接種計畫還是比其他替代方案更有效。我們做了數學計算，分析結果相當嚴謹，符合多年來他對每個問題的期望。答案依然複雜，但是至少我們已經詳細列出總成本和其他項目。從數字中，我們可以看出瓶頸在哪裡？什麼因素拉高成本？哪裡有我們介入的機會，可以推動最大的變革？

我們並沒有停下腳步，最終計算出來，未來十年為了生產並運送現有的兒童疫苗套組，還要再投入一百億至一百三十五億美元。如果還要增加新的疫苗，例如針對輪狀病毒或肺炎鏈球菌的疫苗，光是要引進到較貧窮國家，就要再增加三十億至七十億美元，而我們的目標是讓每一個兒童打疫苗，總成本可能高達三百九十億美元。[21]

蓋茲這個簡單的問題，迫使我們重新計算一遍，找來當時最優秀的顧問、會計師及研究人員。結果我們不僅獲得新的答案，還面臨新的抉擇。既然我們知道為兒童打疫苗的成本遠遠超過七億五千萬美元，這筆錢還有沒有其他更好的用途？

有些人看到這些數字，會認為情勢真的很複雜，與其想著疫苗接種，還不如改進落後的衛生體系（這也是疫苗運輸成本高的主因）。我可以理解這些人的觀點，每個國家、社區和村莊的情況都不一樣，就算疫苗運到海港或機場，但是要把疫苗注射在手臂上，仍然需要投資當地的醫護人員和基礎設施，兩者都很昂貴。我們深入了解背後的因素，但是正如數據所示，要克服問題必須付出實際的努力與真金白銀。

最終，蓋茲結束了這場辯論。我們已經明白衛生體系的複雜性和重要性，但如果要改善這些系統，最好的辦法是追求可衡量、可實現的成果，例如兒童施打疫苗的人數。疫苗接種情況是可以追蹤的，而為了達成這個目標，我們會逐步改善衛生體系，包括聘用醫療人員、改善冷藏設施、添購吉普車運送疫苗。疫苗不僅是拯救生命的關鍵，也會迫使大家改善整個衛生體系。

為兒童施打疫苗的成本超出預期，是因為貧窮國家的衛生體系太糟糕了，辯論雙方都沒有說錯。重新理解問題後，可以創造新的視角，反過來揭露從前看不見的障礙，以及從未想過的方案。

經過計算和分析，你得到全部的答案，但是答案不一定符合你的期待。如果答案告訴你，你有資源和能力去實現目標，很快世界就會變得更美好；但是如果你想要解決的問題很大，答案可能會告訴你，你的資源和能力遠遠不夠。弄清楚你的問題正是解決問題的第一步，你必須開始尋找問題的根本原因，再找到改變的方法。

如果你有魔杖會做什麼？

我們拿到新的計算結果後，仍在苦苦摸索該進行什麼樣的改革，才能實現蓋茲夫婦的大賭注。我們不可能看了看試算表，覺得整個體系太複雜，就直接打退堂鼓。疫苗施打的問題，一方面出在疫苗施打系統的效率太低落；另一方面則是疫苗供應不足，無法滿足每個有需要的兒童，這是一個非常可怕的問題。

數學分析給我們一個啟示：疫苗接種的成本超出預期，問題根源在於全球疫苗系統的效率極低。疫苗的產量遠遠無法滿足需求，部分是因為沒有善用規模經濟的力量。[22]最近疫苗生產方法有了結構性轉變，對富裕國家大大有利，而貧窮國家卻難以取得疫苗。生產疫苗的是跨國大企業，不是慈善機構，企業在乎的是利潤。那麼要如何壓低疫苗的成本，加快生產速度？光靠呼籲是沒有用的，購買力才是關鍵。

我們召開很多會議，討論如何擴大購買力，我代表蓋茲基金會出席，不斷和大家對話。當我代表蓋茲出席，有時會把事情看得過於嚴肅，尤其是在早期，我通常太過強硬或針鋒相對。我喜歡用有點強硬的方式拋出簡單的問題，明確表達我就是對的，因為我當時還年輕，特別有抱負，而且相信我們做的事情有正當性。如果每年有兩百萬名兒童死於疫苗可預防的疾病，那麼每浪費一個小時都是在消耗生命，[23]所以我很不耐煩。

如果有人反對我們的想法，我會更不耐煩。在那些日子裡，我們遇到特別多的反對聲浪。我和聯合國兒童基金會的律師通話好幾次，對方克盡職守，利害關係人忙著保護自己的利益，而律師的工作就是保護聯合國兒童基金會及其人員，他們熟悉法規，確保機構不違法。他們很稱職，讓我碰了一鼻子的灰。

總會有人支持以前的做法，比如我們提議放寬規定，修改疫苗合約投標的下限，某個律師可能說這樣會違規，這些話經常妨礙我們前進。從某個角度來看，這是可以理解的。聯合國兒童基金會致力於幫助兒童，資助教育、醫療、營養等層面，旗下的員工當然會想要保護他們的組織，以及從事這項重要工作的人。只可惜他們在維護機構的利益時，也在鞏固現狀，導致許多兒童未能施打疫苗。

我很幸運在體制內遇到一些志同道合，希望擺脫現狀的人，大家一起開會討論。當時，艾米・貝特森（Amie Batson）是世界銀行的健康專家，該機構專門投資貧窮國家的發展專案。貝特森具有獨到的思維方式：懂得數據，理解數據背後的含意，也清楚世界銀行等機構的運作方式。貝特森認同我們的世界觀，也願意嘗試新的方法，而且她有化解衝突的天賦。

貝特森表示，如果對話不順利，與其像我在那邊不耐煩，還不如問一問自己，可能會更有成效。當你討論到一半時，開始有人辯稱情勢很複雜，最好要謹慎行事，或是拿規定來壓你，建議你不要輕舉妄動，貝特森就會問道：「如果你有魔杖會做什麼？」我也不確定這個提問技巧是不是貝特森發明的，蓋茲討論智慧財產權和其他棘手問題時也會這麼問，我立刻採用，這個問題讓我們從不同的角度出發，重新聚焦對話。一談到改革就面臨阻力嗎？這個問題可以避開阻力，弄清楚有哪些改革非做不可。

這個問題還真有趣，我們詢問疫苗接種計畫的每個人，從現場幫忙施打疫苗的年輕人，再到挪威前首相，同時是世界衛生組織主席暨全球疫苗免疫聯盟疫苗計畫大功臣的格羅．哈萊姆．布倫特蘭（Gro Harlem Brundtland）。這個問題為每個人創造空間和機會，想像新的可能，鼓勵他們走出舒適圈，跨出日常的生活經驗，所以更有創造力，能夠重新想像可能性。一些疫苗廠商也表示，回答魔杖問題讓他們想要獲得更大筆的長期訂單，這樣就有誘因投資運輸系統，實現規模經濟；第一線的衛生工作者回答魔杖問題，也期望以合理價格購得足夠的疫苗，還有安全的注射器與更好的冷藏設備；聯合國兒童基金會也期望擁有更大筆的穩定資金，和疫苗廠商簽訂更大筆的長期訂單。

每個人面對簡單的魔杖問題，都會從各自的角度出發，但是所有答案都指向同一個缺陷：目前的人道救援體系救急不救窮。

聯合國兒童基金會專為貧窮國家的兒童購買和分發疫苗，卻經常面臨資金緊張的問題，因為該單位購買疫苗的錢主要來自捐款，但是捐款不夠多，也不夠穩定，根本不可能和廠商簽訂長期採購合約，貧窮國家也沒有足夠的信心，投資並推動免疫接種計畫。一旦遇到緊急情況，聯合國兒童基金會經常會向挪威或日本等國緊急募款，但這些捐款只會持續幾週或幾個月，無法擴大全球疫苗的製造能力，或是建立新的配送系統。這種援助體系救急不救窮，導致疫苗廠商做不了長期規劃、前線的診所也難以聘請員工或投資，以及聯合國兒童基金會無法事先規劃預算。如果資金來得不穩定，難以延續，又怎麼可能擴大規模？反正再過幾個月就沒錢了，何必要投資？何必要僱人？何必要給承諾？

我學到一個道理：找出問題的癥結就是找到解決方案的關鍵。這時我們終於明白，為什麼兒童疫苗一直無法解決。在全球疫苗體系，生產和分配的不平等早已根深柢固，而全球負責解決不平等的單位卻嚴重缺乏資源。除非解決這個根本問題，否則不可能會有實際的進展，就算有進展也不會長久。

你可以像我一樣，善用「如果你有魔杖會做什麼」的問題，有時候這可能是唯一的希望。無論何時何地，當你想要推動大變革，往往會碰到一些人和機構，他們不滿現狀，卻更害怕變革的風險，因此要讓人走出舒適圈，或是針對簡單的問題想出有創意的答案並不容易。但是陷入這些恐懼，反而會看不清問題癥結。為了打破惡性循環，你不妨詢問對方：「如果你有魔杖會做什麼？」這個答案會幫助你重新想像可能性，洞察問題癥結，並且制定行動計畫。

為什麼這份工作至關重要？

二〇〇二年秋天，我已經在蓋茲基金會工作快一年了，待在這裡的每一分鐘都樂在其中，雖然偶爾會感到不耐煩，但是我熱愛蓋茲的提問、史東席佛的白紙、無數的電話會議、詳細的電子試算表。我確實一直在鍛鍊智力，但是我們也會走出去，和想要服務的對象一起坐下來，確認他們有什麼需要，又為什麼會有這些需要。考量到這一點，我特地搭機前往塞內加爾達卡（Dakar），親身體會在一個衛生落後的地區有多難接種疫苗。

那次出差，我有一位名叫莫莉．梅爾欽（Molly Melching）的隨行導遊，她在美國出生，一九七〇年代移居塞內加爾。[24]梅爾欽花費數十年，和當地的非政府組織Tostan合作，逐村推行一項計畫，最終說服九千五百多個村莊取消女性割禮，這種古老的習俗可能危害女孩和婦女的健康，傷害身體與心靈。Tostan認真聆聽社區領導者的意見，並大力投資改善女孩和婦女的健康與幸福。梅爾欽的頭巾永遠不離身，始終活力四射，閒不下來，無論走到哪裡都是家喻戶曉的大人物。

我坐進梅爾欽那輛舊老派的路虎（Land Rover）汽車，思緒不由自主飄回七年前，待在比利吉里蘭加納山區時，也和蘇達杉博士一起坐在類似車輛的前座，拜訪印度小屋的記憶湧上心頭。梅爾欽和博士都開著堅固的車，都帶著一種為服務對象而活的使命感。我再次變成提問的那個人，想知道她是怎麼辦到的。在塞內加爾和其他許多地方，推廣疫苗之所以困難又燒錢，其中一個原因是人們誤以為打疫苗會導致女性不孕。我想知道梅爾欽和 Tostan 如何說服村民，讓這麼多人願意改變態度與行為。

黃昏時分，當我們抵達村莊時，村民開始聚集。梅爾欽精通沃洛夫語（Wolof），這是塞內加爾當地最通用的語言，她似乎叫得出每個人的名字，說得出每個人的人生故事，這是她多年來拜訪村莊的結果。我們穿過一大群寒暄的村民，走進小村莊的禮堂，打算和長者會面，討論疫苗接種的問題。

在會議開始前，我們先在角落一間昏暗的小房間集合。突然間傳來一陣尖銳的聲音，還有清脆的金屬聲，接著我看到一台自製的輪椅。梅爾欽隨後向我介紹阿布莎．賽伊（Absa Sey），她是一位年約十八歲的女孩，小時候曾罹患小兒麻痺。這種病毒可能置人於死，當時攻擊她的脊髓，導致四肢嚴重無力。梅爾欽幫賽伊找到一台功能正常的輪椅，還幫她報名

Tostan的教育課程。在那裡，賽伊學會讀書寫字，還用沃洛夫語出版一本探討疫苗接種好處的書籍。

見過賽伊後，我再度想起我們推廣疫苗接種工作有多麼重要。早在一九五〇年代初，賽伊出生前，疫苗就發明出來了，她卻不曾施打，雖然倖存下來，但過得很辛苦。這也在提醒我們，無論遇到多大的困難都要堅持下去，就像賽伊和梅爾欽一樣，持續傾聽民眾的意見，以貼近居民的語言與文化向大家推廣新知。

那次去塞內加爾，一直跟在梅爾欽身邊，讓我學到一件事：雖然我的工作有一堆電子試算表和白紙，但我真正服務的對象其實是遍及全球五大洲，像賽伊村莊裡的那些孩子。我出差回來，開始用正確的眼光看待令人沮喪的會議，往後的我不僅要更有耐心，還相信自己會有突破的一天。只要方法正確，加上足夠的耐心，就可以改變生活。在你的人生中，一定也有這樣的時刻，明明刻不容緩，卻要你耐心等待，而我在這些時刻學會永遠記得自己做這項工作的初衷。

不只改善現狀，更要解決問題

二〇〇二年勞動節週末，我和施凡約在丹佛國際機場附近的奇利斯美式餐廳（Chili's），一起規劃未來。我們能夠維持七年的戀愛關係，婚後恩愛如初，有很大一部分的原因是我們熱愛服務社會。我們出於興趣，熱衷政治辯論，還會參加研討會。（雖然我們也試過舞蹈社，但我更擅長政策分析，而非跳舞！）

我們有許多共通點，卻從未在同一個城市工作。由於就讀的學校不一樣，我們談遠距離戀愛。我們結婚以後，在費城成家，但是因為施凡在麥肯錫公司（McKinsey & Company）工作，必須通勤到紐約，而我在蓋茲基金會任職，必須飛往西雅圖。雖然距離很遙遠，但是我們撐過來了。

然而開車前往丹佛國際機場的路上，各自前往不同的海岸，我們知道該是做決定的時候了，確定我們未定的居住地，因此這必須是彼此都能接受的決定。我們拿著奇利斯美式餐廳的餐巾紙，在背面列出西雅圖、華盛頓及紐約的利弊，決定在蓋茲基金會賭一把，一起搬到西雅圖。最終施凡接受錄取，加入蓋茲基金會，投身教育領域，這是她的熱情所在。

我從丹佛國際機場離開後，隨即和史東席佛會面，分享最近的想法，討論如何修復救急不救窮的援助體系，該體系使得許多孩子仍未接種疫苗。顯然我們要找到更多、更穩定的資源。最後，我匆匆寫下了一段話：「永續金融」（sustainable financing）。史東席佛立刻拿起筆，在這句話底下畫線，然後在旁邊塗鴉：「也許我們可以大刀闊斧去做。」

蓋茲後來說過：「改變的障礙不是漠不關心，而是把問題想得太複雜。」[25]全球未能幫所有的兒童施打疫苗，不是因為不想做，而是因為沒有人知道該如何協調許多的系統，共同實現這個目標。蓋茲拋出簡單的問題，破除問題的複雜性，他還激勵我們每個人與更大的世界，去解決不公不義的問題。

一路上，我見證了簡單提問的力量，以及解決問題和改善現狀的區別。蓋茲夫婦希望徹底解決人類最不公不義的問題，確保每個孩子都接種疫苗，不會罹患疫苗可預防的疾病。而其他人傾向改善現狀，認為應該把資金用在改善疫苗施打，提升整體健康水準。

到了二〇〇二年，蓋茲提出的問題讓大家看到解決問題和改善現狀的不同。這些問題還激勵一群有決心的人，這是改變世界的唯一關鍵。蓋茲基金會的團隊終於開始相信，有可能找到解決方案。當我們展望全球疫苗免疫聯盟的未來，確信提出更多簡單的問題，就可以為全球兒童施打疫苗。

要怎麼提出並回答簡單的問題？

要提出簡單的問題，首先得有一顆謙卑的心：沒有人知道所有的答案，也沒有人能掌握所有的解答。

我們面臨的挑戰真的很多，也很複雜，新冠肺炎疫情持續、世上有太多人飢腸轆轆、氣候變遷威脅人類的生存，以及許多婦女與有色人種遭到排擠或忽視。這些問題包含許多層次，牽涉各方利害關係人。如果要解決這些挑戰，不妨提出簡單的問題，可能會有幫助。

除了先前提到謙卑的心外，你還可以試試看以下的步驟：

- **詢問自己，你對這個世界有什麼煩惱**。偉大的目標源於強烈的情感。
- **從一張白紙開始**。你想要解決什麼問題？如果你或你的組織無法進步、成長或變革，是遇到什麼阻礙？如果你或你的組織無法蓬勃發展，又是遇到什麼阻礙？
- **找出根本原因**。什麼是妨礙改革的主要原因？
- **重新計算一下**。你想要改變什麼？這會影響多少人？什麼方法最有效？實現這個目標要耗費多少成本？目前手邊的資源和這個數字還相差多少？

- **善用「魔杖」的問題**。如果有些人還在猶疑不定，認為沒有必要變革，甚至想要反對變革，不妨詢問他們：如果身在理想的世界，他們擁有一根魔杖會怎麼做？

第二章

自己先跳下去再說

——先承擔風險，才能說服他人追隨

二〇〇四年，我在蓋茲基金會工作三年了，正坐在一張歷史悠久，不符合人體工學的金色椅子上。

我們終於弄清楚，到底是什麼原因導致兒童疫苗接種嚴重落後。為了徹底解決問題，我們需要的不僅是更多的資金，還要改革整個體系，確保世上每一個孩子都能施打疫苗。我和一些同事想到「社會影響力債券」(Social Impact Bond)，這等於是換一種方式，來為全球的貧窮人口進行疫苗的募款、付款及分配。

但是我們需要夥伴一起參與，甚至負責統籌的工作，讓構想得以實現。

於是我和蓋茲一同來到巴黎愛麗舍宮，從艾菲爾鐵塔步行過來不遠，我們進入一間看似黃金打造的屋子，坐在一把不符合人體工學的鍍金座椅上，試圖說服法國總統賈克·席哈克

（Jacques Chirac）加入。

我在等待發言時，不停盤算著時間。我們和席哈克會面的時間極為寶貴，無論是壁爐架上的金色時鐘，還是我腦海裡的時鐘，都在倒數計時。這是關鍵時刻，如果有法國加入，我們就有動力了。另一方面，我擔心時間可能不夠用，洽談不了所有的細節，或者更糟的是席哈克可能會在最後關頭臨陣退縮。我也越來越擔心自己的前途：如果這個新構想不能成功推行，我在蓋茲基金會的職涯，恐怕會跟著遠大的兒童疫苗計畫一同化為泡影。

這是因為前往金光閃閃房間的途中，我冒了一些重大的風險。因為我領悟到，如果想做大事，並且希望別人加入，有時得自己先跳下去。雖然你找到解決方案，但是對別人來說，它可能太不切實際、太牽強或太冒險，要說服他們一起合作，你必須先證明對自己這個解決方案一〇〇%投入。當先鋒固然有風險，卻可以說服別人追隨你，讓你贏得更多的盟友，這就是成功的關鍵。

與席哈克的會面是在咖啡桌上舉行的，桌上放著一盆鮮紅的玫瑰花，我們將在這裡，確認所有的冒險是否都會得到回報。

在私人企業，創業家往往會爭先恐後進行大膽的投資，因為這樣會獲得最豐厚的報酬。然而在社會影響（social impact）領域，例如慈善事業，若是先想出創新解決方案則會承受不一樣的風險，卻沒有同等的經濟報酬。為全人類進行大賭注，除了能活在更美好的世界，感到心滿意足外，找不到什麼具體或深刻的誘因；而失敗的後果，例如遭受指責、關係破裂及前途黯淡，反倒很真實。

蓋茲的簡單問題及史東席佛的白紙策略，讓我們全神貫注尋找解決方案，而不是只追求小小的進步，我們希望地球上的每個孩子都能接種疫苗。因為成功的美景，所以能避開空想的陷阱。為了保持專注，繼續實現目標，我們必須吸引新的夥伴，一步步吸引更多的個人或機構加入，如果有必要，我們會希望對方一樣有冒險的抱負與意願。

說服別人一起圓夢，需要描繪成功的願景，投入必要的資源，尤其是勇於率先行動，證明這些風險是值得的。當我和蓋茲待在席哈克的辦公室時，已經自己先跳下去了，以我個人的名聲和基金會信譽來冒險，希望別人也願意追隨，但是如果說服不了法國和其他富裕國家，讓它們相信基金會正在為全球疫苗接種的目標開闢一條清晰的道路，所有的努力都有可能白費。

為了全人類展開大規模轉型，進行大賭注，目的是幫助世界上更多的人。你可能發現所處組織不願意為了圓夢而冒險，或者找不到冒險的夥伴，但是如果想要成功，就必須先自己承擔風險，再邀請其他人加入。有時候，你就是要勇敢站出來。

每個來自外部的質疑，都是學習的機會

在和蓋茲坐在巴黎的鍍金椅子上，呼籲席哈克一起下注前，我已經先跳下去了。史東席佛帶領整個基金會團隊，重新評估疫苗接種不足的問題，找到根本原因：人道主義捐款和援助只能解燃眉之急，根本發揮不了作用。有了這個覺悟後，我們終於知道重點要放在哪裡。這讓我突然覺得，這個問題可能會有解決的一天。

然而全球兒童疫苗計畫的規模太大了，光是看見可能性並不夠，這個目標實現的前提是，先改革大量國家的疫苗市場和分配網絡。這恐怕需要一大筆資金，而且是立即可用、長期可靠的金援。因此我們必須說服許多關鍵人物，證明這個計畫是可行的，然後大家一起承擔風險，共同實現目標。

這對我們有什麼直接影響？我們召開的電話會議規模比以前更大，全球疫苗免疫聯盟工作小組也擴大了，成員包括來自布魯塞爾的公衛專家、剛果民主共和國金夏沙（Kinshasa）等地的人道主義者和第一線工作者、華盛頓智庫的政策制定者、世界各地的疫苗廠商，以及華爾街的投資人與分析師。只要有意願討論潛在的解決方案，我們都歡迎坐下來討論。

其中一場會議是史東席佛的另一項創舉，我們發起創意突破小組（Out-of-the-Box Group）

的非正式聚會，邀請頂尖思想領袖，協助尋找募集疫苗資金的新途徑。創意突破小組由三個小組長帶領，包括史東席佛、世界銀行的喬夫・蘭姆（Geoff Lamb），以及全球債券交易公司品浩太平洋投顧（PIMCO）的優秀經濟學家穆罕默德・伊爾—艾朗（Mohamed El-Erian）。我們和華爾街資本市場的專家對話，不僅碰撞出創新的想法，還結交新的合作夥伴，否則我們想找的解決方案，世上根本不曾有人提出，也無人嘗試過。

蓋茲基金會的聯繫名單越來越長，多虧了營運長希薇亞・波維爾（Sylvia Burwell）。波維爾在西維吉尼亞州土生土長，思維敏捷，義無反顧做正確的事，她曾榮獲羅德獎學金（Rhodes Scholarship），在麥肯錫公司工作一段時間，然後在比爾・柯林頓（Bill Clinton）政府擔任美國財政部幕僚長。她天生擅長聆聽別人的想法，全面評估潛在的風險和報酬。

波維爾也是世界級營運高手，蓋茲基金會裡大概就屬她的人脈最廣。每次要對提案進行壓力測試，她總是可以在華盛頓和全球數十個首都找到最合適的人選。有一次，她為我們團隊引介國防部預算專家，對方親自向我們解釋美國軍方如何統籌盟國的鉅額獻金，開發新一代戰鬥機F-35。[1]這個方法非常酷，但我們不適用，畢竟美國軍方的資金比疫苗接種更充足。

三十歲的我並沒有讓人看穿所有可能性的超能力，更別提要說服他們承擔必要的財務風險了。我對細節瞭若指掌，就算閉上眼睛也可以背出試算表。但是如果我覺得答案很明顯，對方卻始終看不見，經常會不知該如何是好。更令人灰心的是，有些人雖然看得見答案，也同意兒童必須施打疫苗，卻還是不願意冒險，不肯和我一起克服難關，我就會覺得灰心。

所幸身邊有愛麗絲．歐布萊特（Alice Albright），做我的朋友和盟友。歐布萊特是一個特別的人，她堅定、聰明又懂得創新，擁有豐富的金融業經驗。我加入蓋茲基金會時，她剛好上任成為疫苗基金（Vaccine Fund）財務長暨投資長，該基金負責掌管全球疫苗免疫聯盟的財務。歐布萊特是前美國國務卿瑪德琳．歐布萊特(Madeleine Albright)的女兒，透過歐布萊特，我有幸認識瑪德琳，不難看出對方為何會成為偶像，瑪德琳堅定而正義的聲音家喻戶曉，也總是樂於助人。

因為歐布萊特的緣故，我看待合作夥伴的眼光不再那麼非黑即白，以前遇到焦慮不安的人，只會覺得他們過於謹慎、缺乏創造力或不夠堅定。我誤把他們的猶豫和懷疑看成對方的性格缺陷，但歐布萊特讓我明白，人們大多只是在擔心自身的利益、名聲及價值。為了達到必要的目標，我們要說服許多人，這些人不一定是基金會或其他慈善單位的支持者，但我們還是得說服他們改變做事方式，甚至冒著失去利益的風險。然而，光有好想法並無法服人。

為了深入了解疫苗施打流程，我們有時會和利害關係人對話，每段對話都能釐清一個重點。我詢問製藥公司高階主管一個問題，聽說對方對我們的計畫感興趣，卻不解他為什麼對蓋茲基金會和全球疫苗免疫聯盟的承諾有疑慮，不直接提高疫苗產量，解決疫苗的配送問題，這樣不是可以幫公司賺大錢嗎？這麼直接的問題，感覺很像會從蓋茲的口中說出來。

接下來，對方向我們解釋提高產量要滿足哪些條件。提高產量前，還要先設計、申請及興建新的廠房，而且疫苗不是一般工廠可以生產的，需要特殊的設備、查驗登記與製程，這些都需要耗費大量的時間和金錢。然後他質疑我：貧窮國家的市場永遠不會有穩定的需求，更別說拿錢購買疫苗，所以認為沒有理由興建這樣的工廠。

在那次交流後，我很洩氣，有誰會想聽到對方拒絕的理由？以往碰到這種情況，我通常會有點封閉，因為對方只想要固守現狀而無比生氣和挫折。但是歐布萊特讓我領悟到，我們和利害關係人的交流，對方不是在拒絕我們，而是給我們學習的機會，讓我們明白對方的利益考量，這在未來可能會派上用場。

與外部人士交流，其實是成功的關鍵。走出核心團隊，和活躍的思想家們一起解決難題，可以發掘重要的觀點，因此往後幾年，我都會在關鍵時刻善用這個策略，這經常是最重要的創新來源。那些質疑你、認為你做不到的人，其實是在教育你，他們的貢獻也同樣重要。

不用等到完美無缺才發表想法

二〇〇三年六月某天晚上，我搭乘紅眼班機飛往倫敦。[2]這並不特別，因為我經常在早上離家，在基金會工作一整天，直到最後一刻趕上夜間飛往國外或東岸的航班。這一次，我是去參加在威爾頓莊園（Wilton Park）舉行的公共衛生會議。如果從倫敦出發，還要再往南九十六公里左右才會抵達，威爾頓莊園是一座歷史將近五百五十年歷史的老莊園，看起來就像《哈利波特》（*Harry Potter*）霍格華茲魔法與巫術學校的場景。[3]

與我同行的是新上司瑞克．克勞斯納（Rick Klausner），他留著濃密的鬍子，加上一副大眼鏡，看起來更適合坐在實驗室裡，而不是慈善機構的會議桌旁。克勞斯納是醫生，也是科學家，曾是美國國家癌症研究所（National Cancer Institute）負責人，他剛接管基金會的全球衛生計畫，我們都熱衷吸收知識，而且滿懷熱情。

克勞斯納充滿信心，相信我們會為地球上每個孩子打疫苗、根除愛滋病，以及避免瘧疾奪走數十萬人的生命。他堅信，憑藉著科學突破、創新構想和頂尖團隊，我們就會獲得必要的支持，實現遠大的目標。我們為了募集資金，已經到了爐火純青的地步，一旦聽到新構想，我們可以在幾分鐘內完成評估，立刻決定要拒絕還是接受。

我們搭上飛往倫敦的班機，我在這次出差會簡報三種為全球疫苗募資的新策略，大多是我們在創意突破會議想出來的。這些方法需要從富裕國家獲得長期資金，然後透過特定機制（如保險或擔保貸款）預先提供資金，以填補資金缺口。其中一個提案是成立新的債券，但前提是要先獲得各國的承諾，投資人會提前挹注資金，隨後只要全球疫苗免疫聯盟為更多貧窮國家的孩子施打疫苗，富裕國家就會償還債券的本金和利息。

重點是立刻拿到錢。假設挪威承諾每年提撥五百萬美元，連續二十年，加起來總共一億美元。但是與其每年等待政府撥款，債券會立刻提供全部金額，方便和疫苗廠商簽約，並投資於貧窮國家，啟動全面疫苗接種計畫。

在倫敦希斯洛機場降落後，我和克勞斯納前往威爾頓莊園的路上，隨手買幾份報紙，打發八十分鐘的車程。我們坐在租來的汽車後座翻閱報紙，其中有幾篇戈登・布朗（Gordon Brown）的新聞，他當時是工黨國會議員，也是英國財政大臣（基本上，相當於副總統和財政部長）。我隨口一提，有關注布朗正在籌備稱為國際金融設施（International Finance Facility, IFF）的計畫，他相信該計畫可以為貧窮國家提供更可靠、更強大的支持。[4]

當我翻閱另一份報紙時，克勞斯納覺得有趣，想要進一步認識布朗的提案。我向他解釋這是基於捐款國（如英國）的長期承諾，成立債券賣給市場上的投資人，立刻獲得資金，投資醫療、教育及關鍵基礎設施。到目前為止，布朗和他的團隊還沒有弄清楚細節，但可以確定這個創新方法是成效導向，唯有看到實際的成果，富裕國家才會付款給債券投資人。

克勞斯納立刻看出缺陷：任何債券都要讓投資人衡量績效，但是「人類發展」的概念太模糊了。接著，他發表一段精彩的言論：施打疫苗很適合當作績效目標，因為可以測量。我們頓時豁然開朗，開心地驚呼，於是兩人互相提問，對這個想法進行壓力測試。

即使搭乘紅眼班機，但是抵達威爾頓莊園的那一刻，我和克勞斯納仍然精力充沛。我們漫步在城堡裡充滿文藝復興風格的走廊上，即興修改簡報內容。我決定把焦點放在證券化，而不是詳細介紹三個提案。我甚至提到布朗的提案，強調施打疫苗是很棒的例子，可以證明這種債券該如何運作。雖然我提出國際金融設施的構想，卻還沒有釐清大部分的細節，也沒有進行全盤的研究，更沒有經過蓋茲的同意，也不曾和任何熟識布朗的人討論。

有時候唯有說出想法，邀請大家一起實現，新提案才會有前進的動力。就算這個想法尚未成形，大家可以一起改善。創業家經常採取這種策略，幫助其他人想像新的可能性，湯瑪斯・愛迪生（Thomas Edison）也是如此，他是第一個跳出來向潛在投資人透露白熾燈泡部分真相的人。我沒有愛迪生那麼前衛，畢竟我不是愛迪生，但蓋茲或許有他的風範。

即使我們準備不足，邁出第一步仍是必要的。雖然我們募得可觀的捐款，基金會的人脈和資源不斷擴充，但我們充其量只是一個小團隊，努力從每個角度探索這個新構想。我們要描繪成功的願景，還要夠引人注目、夠大膽勇敢，讓其他領袖與專家共同響應，幫助這個構想變得更務實和真實。

你也可以試試看，大家都害怕分享自己的想法，總想要等到完美無缺的那一天才開口，彷彿多思考幾週、多修改幾次草稿，就可以把想法變得更完美。但有時候與其等待那一天，還不如直接公諸於世，不管它完美與否。大膽地表達出來，感受你說出來是什麼感覺，看看聽眾的反應，並接納他們的意見，這些都會讓你的構想變得更好。

讓對話繼續進行

在場有一位觀眾對國際金融設施特別熟悉，就是施露蒂・瓦德拉（Shriti Vadera），她是布朗的財政顧問委員會的一員，該單位隸屬於英國財政部之下。瓦德拉當年四十歲，和我一樣也是印度移民的子女，她在烏干達出生，前往英國求學，畢業於牛津大學（University of Oxford）。瓦德拉聰明又直率，熟悉英國的官僚機構，對布朗的國際金融設施提案細節瞭若指掌，也包括缺陷在內。

我簡報完畢後，瓦德拉和她的同事邀請我們喝一杯。一行人前往威爾頓莊園的酒吧，圍繞著一張餐巾紙討論事情，我和克勞斯納針對疫苗接種的國際金融設施計畫草擬幾個重點。只要有足夠的國家允諾，全球疫苗免疫聯盟就可以將這些承諾證券化，並向投資人出售疫苗債券。投資人會購買債券，把資金交給全球疫苗免疫聯盟，和疫苗廠商簽訂長期合約，等到成果實現的那一天，捐助國也會兌現承諾，投資人就可以回收本金，加上利息。

瓦德拉一聽就懂，畢竟這是她一直投入的工作。她也認為推出疫苗債券很合理，同時警告投資人不會隨便買單。全球疫苗免疫聯盟並未留下充足的金融紀錄，對這種創新金融工具也不夠熟悉。她強調除非這些承諾有穩固的基礎，包括投資人的全然信任，以及各國財政部的信用支持，尤其是擁有AAA信用評等的富裕國家，否則投資人不太可能購買。[5]可惜一般政府很難做出長達十至二十年的財政承諾，主要是因為選舉過後，政策可能會有重大變化。

瓦德拉再看了餐巾紙一遍，建議我們找到擔保債券的方法。我們對此一點也不意外，雖然我尚未準備好債券的簡報，但是對這些金融工具研究夠久，所以心知肚明，除非債券有市場吸引力，否則通常需要擔保人，而我們提議的債券又是高達數十億美元的新玩意兒，叫做社會影響力債券，如果計畫沒有順利進行，擔保人要有承擔鉅額損失的準備。

這感覺是一個機會，於是我在餐巾紙上畫了一個箭頭代表擔保人，表示我們可以扮演這個角色。我當然沒有權限給出這樣的承諾，尤其是基金會可能要承擔數十億美元的風險。但是我感覺如果我們跳下去，瓦德拉也會參與，英國也同樣會加入。更重要的是，我確信如果我們不全力以赴，只是空談，這個想法很可能會在酒吧夭折。

雖然基金會的聲譽越來越高，但是如果沒有布朗的支持，我們也無法取信於人，發行一個全球首創的跨國社會影響力債券，畢竟布朗是最早提出這個概念的人。同樣地，如果沒有英國的支持，規模也不夠大，英國是全球第四大經濟體，也是國際發展的領導者，因此我們需要布朗。我只好先跳下去，做出超出自己權限的事，讓瓦德拉和布朗的政府共襄盛舉，加入我們的對話並讓想法更完善。

那一刻真的熱血沸騰，這正是我長久以來一直想要實現的大變革，就連那張餐巾紙也是。瓦德拉這麼有身分和智慧的人可以接納我的提議，讓我覺得無比榮幸。她不僅信任基金會，還信任我這個人，這種感覺真好。在那個當下及酒吧關門後的幾個小時，我覺得自己做了一件大事。

但是到了第二天早晨，我覺得協議規模太大了，開始有壓力。想起基金會授予我的權限是一百萬美元，而我在餐巾紙上的塗鴉可能涉及數十億美元。為了擺脫這種突如其來的不安，我開始提醒自己，建立大聯盟和外交就是要這樣。如果不安繼續加深，演變成恐慌，我還會催眠自己，我只是在酒吧的餐巾紙上亂畫，那些塗鴉並沒有法律約束力。

重要的合作夥伴和利害關係人，光是看到成功的願景還不夠，還要看到你的承諾，才願意一起冒險。瓦德拉最初的拒絕，可能會讓債券的構想夭折。隨便許下承諾，確實有財務風險，甚至會破壞我的名聲和事業，但是當時的我相信，再不全力以赴才是更大的風險。我學會一件事，當自己全力以赴，做出承諾時，就不容易被拒絕，還會有足夠的人加入你。

你偶爾要率先行動，並且善用策略。為夥伴創造合作的空間，讓大家一起商量對策，這和有法律約束的承諾不太一樣。有時候正是因為你的承諾，讓對話得以繼續進行。

把所有的疑慮鋪成一張路線圖

我會那麼緊張，是因為突然驚覺自己先跳下去了，但是蓋茲、史東席佛和基金會其他人都還沒有準備好，甚至不知道我們的提案，現在我要設法讓他們也支持這個構想。史東席佛營造的工作環境，鼓勵我們每個人冒險，但是我們並非一個「射擊、預備、瞄準」的組織，而我卻做出這種事。即使我忘了事先徵求上級的意見，史東席佛還是原諒我，她對這個提議有信心，主動鼓勵我草擬一份備忘錄，準備向蓋茲提出「國際免疫金融設施」（International

Finance Facility for Immunization, IFFIm）的構想，後來我們也都這麼稱呼。

幾週後，我來到曼哈頓歷史悠久的廣場飯店（Plaza Hotel）和蓋茲會面，他剛好在紐約辦理其他業務。儘管我已經在蓋茲基金會工作十八個月，但這是第一次有機會和蓋茲進行一對一會議，也是我第一次向他展示自己的大提案。我非常緊張，在飯店大廳踱步，感覺好像走了三英里（約四．八公里）那麼遠，我決定利用這段時間做一些有用的事，拿出過去幾週和史東席佛、克勞斯納及波維爾草擬的備忘錄，重新再讀一遍。

在會議開始的前幾分鐘，我照了照鏡子，檢查一下領帶，在走向電梯時，我想起波維爾的建議，她曾警告我不要使用黑莓機（BlackBerry）。蓋茲把數位世界帶到我們的指尖，但他心中有自己的首選：他自然更喜歡微軟的手持裝置，於是我把競爭品牌的手機交給禮賓部，然後搭電梯前往蓋茲的套房。

蓋茲行事果斷，我剛坐下，他便從公事包拿出我的備忘錄，上面寫滿批注。他顯然讀過了，並開門見山地說：「這是我聽過最愚蠢的想法，這在美國是違法的，行不通，太複雜了。」接著，蓋茲列出一連串問題，雖然我有點震驚，但是已經準備妥當，對自己的數據胸有成竹，也想過一些重要的相反意見。蓋茲一如既往，針對我備忘錄的提案提出精闢見解。我連忙抄寫筆記，時間飛逝；很快我們就沒有足夠的時間從法律面切入，探討長期有條件國家承諾的可行性，至於擔保的問題幾乎沒機會討論。

儘管如此，當我離開蓋茲的套房時感到難以名狀的自信。我曾在基金會的會議中，見識過蓋茲的提問風格，一直認為如果他覺得某人不值得尊重，根本不會浪費時間和對方爭辯，更別說花費整整一小時討論沒有價值的提案。我的腦筋轉個不停，以致於忘了黑莓機還放在禮賓部。我覺得信心十足，因為蓋茲夠尊重我，願意在我身上投入時間、注意力和所有的關注。

我回去拿黑莓機，步出大軍團廣場（Grand Army Plaza）時，突然想到一件事。蓋茲的批評透露出他的擔憂，他不太在意擔保的問題，因為了解債券的原理，真正擔心的是國家的承諾，我們該如何從主權國家那裡獲得這些承諾？以及是否可行？此外，他還有其他幾個疑慮，我連忙記在心中。

我當時還沒意識到，蓋茲的疑慮有多麼珍貴，他在那一小時點出整篇簡報的弱點。我該做的不是介意蓋茲的語氣，而是要把這些疑慮化為一條通往成功的道路。換句話說，蓋茲的疑慮為我鋪好一張路線圖，我的任務就是化解每一個疑慮。

學習善用證據，冷靜地反駁與說服

如果對方是你真心尊敬的人，在他的擔憂之下可能就是一條路，這條路值得你嚴肅以待和珍惜。在你成功之前，或許會先遇到拒絕，感到失望是自然的反應，但你必須學會聆聽，找出有用的意見，幫助你持續前進。

十多年前，我就在紐約實踐過這一點了。

一九八九年，我在密西根州伯明罕就讀懷利・E・格羅夫斯高中（Wylie E. Groves High School），正在念高三的我結識約翰・勞森（John Lawson）。從高一開始，我就加入學校辯論隊，這所公立學校聘請勞森擔任下學年的辯論教練。我們辯論隊擅長政策辯論，在密西根州的政策辯論表現出色，這種辯論偏重研究，而非辭令，可是我們參加全國比賽時，面對來自美國東岸的強隊卻未能通過考驗，但是勞森相信他能扭轉情勢。

勞森當過律師，也是辯論冠軍，他為我們的辯論課程注入新活力，在他看來，辯論隊就像運動校隊，同樣需要練習和鍛鍊。勞森做的第一件事就是拿掉所有辯論教科書，他叫我們都去圖書館，學習用書籍、報紙文章和其他資源，找到說服別人的理由。這個方法正合我意，我熱愛這種挑戰，剛好可以抒發我的學習強迫症。

說到政策辯論，一整個學年都使用相同的辯題，比如「美國應該大幅增加對太空探索的投資」。每一次辯論，我們團隊所辯護的立場（正方或反方）都會改變。辯論隊員會在賽季開始前，以及每場比賽之間的空檔，花費數週的時間思考正反兩方的論據。我會花數小時把筆記抄在七．五乘以十二．五公分的資料卡，然後再弄成檔案夾，放進拖輪公事包。

那年有一場比賽，我帶著資料卡飛到紐約，住在靠近大中央車站的凱悅飯店（Hyatt Hotel）。這是我第一次獨自前往紐約，沒有父母陪同，但我必須坦承幾乎沒有好好欣賞這座城市，當時只關注比賽和資料卡。當我們前往位於哥倫比亞大學（Columbia University）其中一座塔樓的辯論場地時，我很緊張卻胸有成竹。

辯論比賽的第一輪，我和搭檔馬克．亨德森（Mark Henderson），以及對手都感到意外。三位評審都缺乏辯論比賽的經驗，其中一位甚至從未評審政策辯論。我們甚至需要自己在黑板寫下辯題「用衛星監測環境威脅的好處」，讓他們抄寫。

比賽開始後，對手以事實和論據猛烈攻擊，想讓我們措手不及。但是我們保持冷靜，將每次攻擊都視為一次挑戰。我們善用資料卡的內容，駁斥對方連珠炮的論點，然後基於蒐集的數據，妥善建構我們的政策論據。輪到我們發言時，並沒有升高攻擊的力度，而是保持簡潔，一個接一個解決問題，直到辯論結束為止。

經過激辯後，評審宣布我方獲勝。勞森表示，我們之所以會贏，是因為我們知道評審對政策辯論不熟悉。而我們贏得這場比賽，再次證實勞森說得對，他經常建議我們要留意當天的評審，根據他們的背景建構最具說服力的論據，贏得他們的支持。

那段日子的訓練，對我有深遠的影響。每次無論是在廣場飯店或其他地方和蓋茲辯論，都會喚起我高中時期培養的技能，蓋茲提出一個問題，我會用三個事實來反駁。這樣一來一往很有趣，我在過程中發現一種說服人的方法，就是一次只解決一個問題。

面對反對意見，千萬不可以無限上綱，當成人身攻擊。唯一的前進道路，就是蒐集最棒的資料，以最吸引人的方式呈現，必要時趕快改進和調整。那些辯論的日子，不僅賦予我可以抵抗別人拒絕的盔甲，還教會我說服的方法，一次只解決一個問題。

即使已經投入，也不能停止做功課的腳步

和蓋茲開完會後，我決定仿效辯論比賽，用同樣的方法準備國際免疫金融設施，只是我不再用原本的資料卡。我回到學校尋找靈感，更確切地說，我走進華盛頓特區約翰霍普金斯大學（Johns Hopkins University）的高階國際研究學院（School of Advanced International Studies, SAIS），那棟建築物二樓有一間擺滿現代藝術品的辦公室。波維爾向我推薦潔西卡．艾因霍恩（Jessica Einhorn），她是學院院長，曾任世界銀行財務總監和常務董事，想必可以提供一些建

議，幫忙推動國際免疫金融設施。

我坐在沙發上，知道艾因霍恩對布朗最初的構想和我們的計畫都瞭若指掌，也知道這個計畫最大的阻礙——美國不可能參與，美國國會要批准這樣的計畫，必須先過法律那一關，幾乎是不可能的。但是她同意如果能避開舉債上限，歐洲國家就有可能參與。由於歐盟（European Union, EU）限制會員國舉債的上限，[6]所以我們有兩條路可走：一是努力說服歐洲國家，全球疫苗接種的目標很重要，值得承擔超過上限的風險——這條路似乎不太可能；二是避開舉債上限。

當我解釋我們目前的想法時，艾因霍恩沉默不語，突然起身走向書架。她抽出一本厚重的書卷，帶到沙發邊，放在咖啡桌上，那是世界銀行的法規。艾因霍恩向我解釋，有一種方法可以做出有條件的承諾，也就是這些承諾是以某些事件或先決條件為前提。很妙的是，「有條件的援助」不會記錄在國家的正式帳本，因為理論上這筆錢可能永遠不會支付，因此歐洲國家做出有條件的承諾，並不會列入債務比率。

只不過以疫苗接種目標作為條件根本行不通，這個成果太遙遠了，對投資人來說也無法獨立驗證。艾因霍恩研究法規，發現一項條款，如果有任何國家未能按時償還貸款，就是拖欠行為，國際貨幣基金等國際機構會暫停對該國的援助，這樣的援助就是有條件的。如果一個國家想要從國際免疫金融設施取得施打疫苗的資金，就必須和國際貨幣基金保持良好的信用狀態，只要我們設定這樣的條件，國際免疫金融設施所需的數十億美元，在法律上就可以不計入帳本。

我豁然開朗，用這個方法就可以化解蓋茲的擔憂，如果可以讓信譽良好的大國做出承諾，說不定連擔保人都不需要了。但我還要找更多資料才能再次行動，以技術性細節為基礎，建立融資機制，不只是引用晦澀的法規這麼簡單。我們的法律意見並不重要；真正重要的是，歐盟政府的監督機構有什麼看法。歐盟國家是我們最大的希望，但它們要徵求歐盟統計局（Eurostat）的同意，各種和數據相關的規範，都是由歐盟統計局監督與審核。唯有不拖欠的國家才可以拿到疫苗經費，如果歐盟統計局也同意這是有條件的承諾，那麼法國、德國和其他歐盟國家就可以大大幫助世界，又不用把這筆經費記在正式的帳目上。[7]

當我離開高階國際研究學院時，覺得艾因霍恩幫了大忙，她幫我把原本零散的小點串連起來，確保計畫不會失敗。我向蓋茲報告自己學到的細節，他也準備好和我一起跳下去，說服其他人一起冒險。以疫苗的例子來說，為了結交更多的盟友，首先要在自己的組織爭取足夠的支持。

務必先做好功課，最好是在你行動之前。即使你已經跳下去了，也不能停止做功課，如果無法提出令人信服的答案，別人就不會輕易投入。我終於找到這些答案，感謝蓋茲提出各種疑慮，加上我自己也明白風險有多大，這些都促使我深入了解整個情況。有時候當你尚未掌握所有事實就貿然行動，反而會帶給你一股迫切的衝勁。

爭取重要的夥伴加入

過了幾個月，二〇〇四年十一月，我和蓋茲接到消息，席哈克總統將在愛麗舍宮接見我們，討論疫苗問題。雖然他的幕僚對國際免疫金融設施感興趣，但有人提醒過我，即使總統同意這項計畫，也未必會拍板定案。然而法國擁有AAA信用評等，爭取法國支持至關重要，這關係到兒童疫苗施打大賭注的成敗。[8]過去幾年的努力都是為了這一刻，這也是我第一次和國家元首進行高層會談。

我很興奮能和這麼高層的人會面，內心激動不已，但也擔心自己的穿著配不上愛麗舍宮。當時我已經習慣西雅圖偏休閒的穿著，因為經常出差，那幾套西裝和皮鞋也都磨損了。施凡表示一定要買新衣服才能見席哈克總統，因此出發前，我們一起在住家附近的購物中心買了一件新大衣，還有一雙新的黑色尖頭皮鞋。但是因為趕著搭機前往巴黎，結果忘了帶新鞋，我本來想在開會前找時間在巴黎買一雙新鞋，卻一直找不到機會。坐在金光閃閃的房間裡，我並不擔心提案，因為記得滾瓜爛熟，更擔心的反而是時間不夠，以及會不會被發現鞋底有破洞。蓋茲麻煩我詳細解釋提案，讓席哈克總統聽明白。我的雙腳緊貼地面，身體前傾，幾乎可以聞到咖啡桌上玫瑰的香氣。我就是在這種情況下，向總統介紹我們的提議。

席哈克顯然對這個提案有興趣，一來是這要幫全球的兒童施打疫苗，這樣的目標宏大又明確；二來是債券的提案很新穎，在政治圈也應該可行。他聽得很專心，重申法國對全球發展的長期承諾，表示會支持這個提案。接下來，席哈克陪我們走下金碧輝煌的豪華樓梯，部分原因是為了讓攝影師拍攝他和蓋茲同框的畫面，隨後互相道別。真是難以置信的時刻，雖然當時法國是全球最大的經濟體之一，但是即便爭取到如此強大的合作夥伴，我們還不能歡呼，因為還有工作要做。

隔天我們飛往倫敦，當面會見布朗，一起在他的辦公室討論國際免疫金融設施。這位財政大臣的辦公室充滿歷史痕跡，但裝飾並不華麗，這段談話令人印象深刻。我和瓦德拉見證兩位男士成為夥伴，共同推動他們各自心目中的大業，對蓋茲來說，大業是兒童疫苗接種；對布朗而言，就是國際金融設施。我從那一天起持續觀察布朗這個人，他確實獨一無二，深信自己可以把世界變得更公平，擁有足夠的智慧和信心去改造體制，而且願意冒險，為人善良謙遜，是一個改變世界的人才。

開完會後，我打電話給瓦德拉，祝賀她現在只要歐盟統計局同意這是有條件的承諾，國際免疫金融設施就能實現了。我還說了一件事：既然席哈克點頭了，就沒有需要蓋茲基金會擔保的問題。那幾週，基金會的財務分析師也做過確認，只要有法國和英國的支持，即使沒有擔保人，投資人也會願意購買債券，光是有國家的聲譽和信用評等就綽綽有餘，何況還會有更多國家加入。

想像一下可能性

電話那頭一陣安靜，瓦德拉沉默好一會兒，才說：「我太震驚了，正在努力讓自己平靜下來，想清楚該怎麼反應。」接下來的對話，我記不太起來了，但是氣氛瞬間從歡樂變成絕望，瓦德拉覺得我在最後一刻把她推到懸崖邊，我向她道歉，希望還能得到布朗的支持，但是瓦德拉對我說他們還要重新評估立場。

我搞砸了，從為國際免疫金融設施爭取支持的過程中學到一個道理：如果對方拒絕我，是在透露利益和擔憂；但我還沒有學會的是，如果對方肯定我，可能也有同樣的意思。雖然國際金融設施的未來不一定需要擔保，但是這對瓦德拉來說至關重要，國際金融設施是布朗的構想和潛在遺產，如果有蓋茲基金會等機構當擔保人，確實更有機會成功，對投資人會更具吸引力，也更有可能受到選民歡迎。

掛斷電話後，我在倫敦街頭漫無目的地走著，最後走進大英博物館，停留在明亮的雕塑大廳。我坐在雕塑後方的地板上，打電話給西雅圖家中的施凡，當地還是凌晨。我告訴她，對這個計畫很重要的人物，她身處重要的國家與辦公室，而我卻搞砸了和對方的關係。我甚至懷疑自己會因此丟掉工作。

現在回想起來，我有點反應過度，但當時的我確實有如此強烈的感受。重要合作夥伴非常看重的事，我竟然錯過了，當我們獲得支持，眼看國際免疫金融設施就快要實現時，我對合作夥伴的疑慮就開始漫不經心。但是我應該深入思考瓦德拉及布朗參與的原因，也應該多花一點心思留意彼此的對話，以及我傳達消息的方式。

我沉浸在情緒裡一會兒，黑莓機的鈴聲響起，來電顯示是「克勞斯納」。我的腦海中閃過一絲不安，擔心他是不是接到瓦德拉的電話，連忙接聽。克勞斯納表示沒有接到瓦德拉的電話，我便向他報告瓦德拉剛剛的反應。他立刻安慰我，一切都會順利的：只要國際免疫金融設施實現，布朗就會繼續支持。然後我想轉移注意力，關注正面的事情，想知道蓋茲與席哈克、布朗開完會後到底有什麼看法，希望蓋茲可以稱讚我一下。

克勞斯納說內容很好，但是蓋茲有一個疑問。我心跳加速，緊張不已，連忙問他出了什麼問題。克勞斯納說：「蓋茲真的認為，和國家元首開會的場合，你不應該穿有破洞的鞋子。」我恨不得鑽進大理石地板，然後克勞斯納哈哈大笑。

我跟著他一起笑，從博物館的地板上站起來，我覺得疲憊，卻也受到鼓舞。不久後，我與瓦德拉和好如初，我喜歡和她、布朗合作，布朗會帶領著大家，一起實現國際免疫金融設施的潛力。

我自己先跳下去，在大家的協助下，說服許多利益不同的人，讓他們相信這些美好大業確實有可能實現。我也希望大家相信我，和我一起跳下去，但是這對他們來說不一定容易。當我回到家時，為核心團隊訂製一個紀念品，就像華爾街常見的立方體擺飾，上面刻著幾個字：「想像一下可能性。」

一連串從小到大的飛躍

又過了幾個月，二〇〇五年一月，我和施凡在西雅圖的家中，正要打電話向家人告知我們即將迎接第一個孩子。我打電話給底特律的父母，父親接起電話時，手機跳出一則通知。我拿起黑莓機一看，這封郵件帶來好消息：蓋茲剛剛和德國總理會面，德國也願意支持國際免疫金融設施。

我立刻告訴父親：「我要宣布幾個大消息。」我向他解釋什麼是國際免疫金融設施，從加入蓋茲基金會以來，我一直在努力實現這個目標的關鍵，如今即將實現。我提到德國總理的消息，解釋這對兒童疫苗接種的影響，當我談到這會拯救全球無數的兒童時差點哭了出來。父親向我道賀，這時候有人在旁邊提醒我，我才想起要說的另一個消息，告訴父親，他的第一個孫子確定是男孩，也即將在那個夏天出生。

我在事業上勇敢冒險，啟動籌資機制，同時和施凡準備為人父母。我們和每位家長一樣，準備承擔偉大的責任，以前沒有類似的經驗或知識，但是我們相信會一邊做，一邊找到解決辦法。

約莫在那年八月，長子沙簡（Sajan）出生了，國際免疫金融設施也傳來好消息，歐盟統計局已經批准。[9]這些承諾是有條件的，不必列入正式預算。既然歐盟統計局做出這樣的決議，英國、法國及其他國家就可以履行承諾，義大利、挪威、西班牙和瑞典也跟著加入。[10]雖然最後德國沒有加入國際免疫金融設施，但仍成為全球疫苗免疫聯盟的重要盟友，尤其是在新冠肺炎大流行期間。[11]

全球疫苗免疫聯盟突然拿到一大筆現金，在二〇〇六年至二〇〇七年間，對援助國的撥款金額翻了一倍以上。[12]往後十五年，捐助國承諾的捐款超過九十五億美元。[13]此外，還有其他的創新措施，包括預先市場採購承諾（Advanced Market Commitment, AMC），這項機制可以加強疫苗生產的能力，從此以後，全球疫苗免疫聯盟為開發中國家將近九億八千萬名兒童施打疫苗，大約拯救一千六百萬人的生命。[14]由於資金穩定，全球疫苗免疫聯盟才得以加入預先市場採購承諾，有了這種機制，即使疫苗尚未研製出來，全球疫苗免疫聯盟也可以和疫苗廠商簽訂採購合約，為未來臨時有需要的國家大批購買疫苗。

全球疫苗免疫聯盟最後的成就，不限於兒童疫苗接種，結合預先市場採購承諾機制，後來加速新冠肺炎疫苗的生產與分配。至於國際免疫金融設施的構想，不只在兒童健康派上用場，也應用在其他社會影響力債券，例如氣候變遷、食品安全、教育和永續等議題。[15]

為了保護這麼多的兒童免於重病，蓋茲夫婦必須一再提出簡單的問題（也開了幾張大支票）。為了確保全球疫苗免疫聯盟有足夠與可靠的資金，必須尋求國際免疫金融設施成立的支持。最重要的是，為兒童接種疫苗，需要數十個國家的數千人每天奮力工作，才得以提供這些疫苗。這一切都不是理所當然的，大約花費十年才實現。在這段日子裡，我學到很多，也成長很多，我現在是孩子的父親，也是蓋茲基金會的老將。

我親眼見證簡單的問題富有力量，可以把大膽的想法化為全球計畫，也見證一連串從小到大的飛躍，風險也越大，最後形成多方聯盟，一起做非常重要的事業。我也學會要自己先跳下去，再說服其他人跟著一起跳。關鍵是看出別人的利益和疑慮，做好必要的準備，以化解這些疑慮。

蓋茲夫婦的大賭注非常巨大，需要冒險，否則這種規模的目標不可能由單一機構完成。我們說服許多利益不同的人一起跳下去，包括慈善家、援助工作者、律師、金融家、國家元首及大型組織。他們並非同時一起跳下去，也不是出於相同的原因，但是他們都願意冒著風險，支持這個非凡的願景，讓每個生命都有平等的價值。

如何說服他人一起跳下去？

當今的挑戰太複雜了，任何可能的解決方案都充滿風險。對許多人來說，這些風險太大了，不敢承擔。要推動大改革，必須設法說服別人跟著你一起冒險。這時候你通常要先跳下去，證明自己願意承擔風險，別人才會更有信心做同樣的事。如果他們依然有顧慮，你要繼續安撫。

即使一切順利，你仍要記住，冒險這件事對你和夥伴來說壓力都很大。當你說服別人一起跳下去，無論有沒有成功著陸，降落的過程都會讓人神經緊繃。你必須留意自己做出的承諾，以及所有人承受的壓力。

自己先跳下去，當然會有風險，有時候甚至會跌跤，但是為了改變世界，值得冒這個風險。

以下是說服他人一起冒險的技巧：

- **創意突破**。走出核心團隊，向外部徵求意見，這是你的首要任務，也是非做不可的事。
- **自己先跳下去**。有時候唯有你跨越自己或你們團隊的舒適圈，才有機會說服別人加入。
- **把疑慮當成挑戰**。面對潛在合作夥伴的謹慎和不安，你不該嗤之以鼻，也不該看成拒絕；相反地，這可以讓你看到提案的弱點，促使你加強論據，把那些搖擺不定的人全部納為盟友。

- **好好做功課**。履行承諾前的準備工作，一定要做好。
- **記住你的承諾**。飛躍的壓力很大；善待你的盟友。

第三章

讓旋轉門一直開著——打破壁壘，讓合作更順暢

當你正為一個大目標苦苦奮鬥，卻發現自己不被接納時，這種感覺糟透了。

二〇〇二年，我走進蓋茲基金會會議室，突然覺得真是在適當時機來到適當的地方。在那裡，我學會設定遠大的目標，還有提出一個個簡單的問題，確定自己該做哪些飛躍才得以實現目標。現在是二〇一〇年一月，我即將步入白宮的橢圓形辦公室，世上有許多重大決策都是在這裡拍板定案。而我在這裡，即將學習團隊合作的價值，以及發掘他人的優點。

不到一週前，我剛剛宣誓就職，成為歐巴馬政府旗下美國國際開發總署（U.S. Agency for International Development, USAID）署長。這個單位有八千名員工，在全球一百多個國家設有辦公室，主導美國對全球發展和民主的貢獻。[1]不久後，島國海地發生大地震，導致超過二十二萬人死亡，美國政府對這場災難的回應成為媒體焦點，而身為署長的我自然也是。[2]危機爆發初期，歐巴馬總統打電話通知我，美國對海地地震的回應全權交給我處理。

災難的規模大到令人難以置信。海地距離美國海岸只有一千兩百八十七公里左右，包括家庭、社區、重要設施，甚至政府部門等全國基礎設施全部倒塌。不僅有人死亡，還有三十萬居民受傷，無數人受困瓦礫堆中。許多倖存者急需食物、乾淨的水、住所——這些都是生活的基本需求。[3]大家不知所措，我們正忙著應對。

對歐巴馬總統來說，我們別無選擇，但有些大賭注就是這樣，事件發生了，不得不面對。海地地震不適合傳統的應對方式，因此我要仿效蓋茲基金會的做法，但是速度更快、風險更高，還要被媒體放大檢視，並且承受地緣政治的壓力。不過既然總統已經承諾，我們就要找出解決方案，建立一個大聯盟，並且追蹤成果，以拯救無數生命，為無數流離失所的人提供住處和食物，終結那些早在海地肆虐數十年的疾病。二〇一〇年一月，海地面臨的所有問題，我們不可能全數解決，但我們想解決最迫切的問題：應變能力不足。

白宮助理通知我到橢圓形辦公室時，我完全沉浸在那一刻。前一晚，我和應變小組討論到深夜，一起蒐集數據，監控首波行動。我環顧整間辦公室，比想像中還要明亮安靜，然後看到堅毅桌（Resolute Desk）後方，副總統喬・拜登（Joe Biden）和總統歐巴馬正凝視著窗外。

拜登背對著我，對歐巴馬說：「我們確定要讓沙赫負責這件事？他剛來不久，也才三十多歲。」我聽到副總統提議另一個人選，是某個機構的負責人。我站在那裡，愣了整整一分鐘，不知道該怎麼辦。歐巴馬看到我進來，轉身看著我，邀請我坐下，但我的心裡還在盤算著，是要走出去，還是躲到沙發後面。

我能理解拜登的想法。我當時三十六歲，雖然在蓋茲基金會嶄露頭角，也在華盛頓待了幾個月，但是仍未經過考驗。我**確實**覺得對自己想做的事準備不足，我有滿腔的抱負，想要改革美國的災害應變能力，以及在海外促進全球發展，因此我為上任後的一百天制定一項計畫，打算大刀闊斧地進行機構改革。但是海地的災難爆發後，一切計畫都落空了。我還在摸索管轄的機構，卻要親上火線，協調巨大的救災工作，這關乎難以抉擇的道德問題。

在美國的首都圈，每個人都想要「主導」某個問題或職責，這麼做也是有道理的，例如區分各種專業，明確劃分責任。但這往往出於驕傲與權力，甚至是兩者的結晶，有一些首都圈的人靠著犧牲他人利益和封閉的小圈子，保護自己的地盤，想要主導一個龐大的部門或在某個議題上呼風喚雨，尤其是危機爆發期間，特別想要掌控一切。

在我走進橢圓形辦公室，聽見副總統輕聲表達的疑慮之前，早已明白海地的情況不是我一個人可以控制的，世界上沒有人有這個能耐。但是聽到他的話，我明白再也沒有時間按照自己的步調來摸索了，我必須向外求助，並且設法善用這些助力。我要彌補自己欠缺的能力，組成可信的專家團隊，這些專家知道一些我不明白的事，唯有如此才有可能達成海地需要的結果。因為風險太高了，這是唯一的辦法。

未來幾個月裡，我迫於情勢而不得不學習一個課題，而且從那時候開始，我經常回顧這個課題，就是在那個時刻，有很多事都很危急，大家真心想要伸出援手。為了接受這些幫助，你必須讓大家覺得被接納與尊重。

每一個工作場域都會以各自的方式，區分誰是自己人和外人，但是如果你想要做大賭注，就必須找到方法去加入、建立或管理大型團隊，有時候這些團隊甚至是亂無章法的。為了讓每個人好好發揮，最好要讓大家覺得自己是團隊的一分子。獨自前行可能很光榮，但是一起前進才會有力量和規模。

「迅速、和諧、積極」的應變方式

現在時間倒轉回一年前，我坐在西雅圖的派拉蒙劇院（Paramount Theater），這個華麗的表演場地經常有百老匯音樂劇巡迴演出，觀眾引頸期盼。我和施凡有幸拿到門票，跟著現場其他數百人，一起見證當時是參議員的歐巴馬成為美國白宮的新主人。我抱著三歲的沙簡，施凡則用BabyBjörn的背帶背著幾個月大的安娜（Amna），儘管如此，我們仍沉醉在歷史的一刻，美國史上第一位有色人種的總統宣誓就職，我們聽了他的就職演說，全身都起雞皮疙瘩。

讓我感動的不只是歐巴馬的言辭，眼前的那個人不只是美國新總統，還有可能成為我未來的老闆。就職典禮前幾天，我正在蓋茲基金會主持會議，助理突然打斷我。前愛荷華州州長湯姆．維爾薩克（Tom Vilsack）來電，他從很早開始就支持歐巴馬，邀請我到新政府的農業部工作。

很多人認為這份工作根本不值得考慮，當時蓋茲基金會已經實現對全球疫苗免疫聯盟的大賭注，為二十一世紀的慈善事業設定新方向。基金會憑藉著遠大的抱負、深入的分析、創新的策略、龐大的資源，以嶄新的方式推動大規模變革，可見在華盛頓州西雅圖有特別的事正在發生。

然而在華盛頓州華盛頓特區倒是陷入空想的陷阱，當我在醫學院幻想著政治圈，在高爾競選活動夢想著白宮時，白宮看起來是實現最大變革的途徑。但歐巴馬上任後，等待他的華盛頓特區有時猶如一場惡夢，大家不主動解決問題，而是拚命抱怨問題，責怪別人毫無作為。當時美國政府面對許多挑戰，包括恐怖主義、金融危機、氣候變遷、種族分裂，整個政府陷入困境，被動消極，毫無成效。

歐巴馬卻認為這個時刻蘊含著可能性，希望讓政治和政府真正發揮作用，我相信他可以打破華盛頓特區的困局。歐巴馬這位年輕有抱負的總統，想把握這個關鍵時刻採取行動，讓我熱血沸騰。雖然即將離開蓋茲、史東席佛、波維爾和其他人，但我已經學到一些無價的東西：徹底改變世界是有可能的。如果能將這些經驗帶到白宮，為某些政府部門注入活力，這可能成為地球上最強大的善行力量，這個前景太有意義了，令我難以抗拒。

結果我在農業部待了一陣子，和國務卿希拉蕊．羅登．柯林頓 (Hillary Rodham Clinton) 在多項全球飢餓倡議上密切合作。希拉蕊是一位非常聰明、經驗豐富的全球領導人，她深切關心所服務的人民，並會指導與她一起服務人民的人，包括我。有一天早上，我接起黑莓機，另一頭傳來希拉蕊的聲音，她希望我去主導美國國際開發總署，我太驚訝了，這是我夢寐以求的工作。

地震發生前一週，我步入美國國際開發總署，這個單位早已走過輝煌歲月。最早由約翰．甘迺迪(John Kennedy)總統創立，象徵著美國對外的積極作為。在其近五十年的歷史中，這個世上第一、也是最大的發展機構，幫助解決了一九六〇年代與一九七〇年代普遍存在的飢餓和貧困問題，在一九八〇年代提倡了民主和機會，並在一九九〇年代協助整合東歐和後蘇聯國家。

然而數十年來，不斷刪減預算和重組，美國國際開發總署也付出代價。歐巴馬總統的母親曾經參與專案，所以他希望我們找回初衷，再次向大家展示美國的價值會抵達世界最貧困的地方，就像總署的標誌那樣伸出援手。[4]

海地發生地震，對我、美國國際開發總署及美國都是一場考驗和機遇。海地政府長期深陷困境，一遇到地震幾乎全軍覆沒：幾乎所有政府機關的建築物都倒塌了。[5]近代發生類似的緊急事件，通常是由聯合國負責主導。世界各國會設法支援，但需要聯合國的人道事務協調專員組織。只可惜那次地震也震毀聯合國位於太子港（Port-au-Prince）的辦事處，造成一百多名聯合國工作人員死亡，嚴重衝擊聯合國的緊急應變能力，因而拖累全世界的應變能力。[6]

美國是唯一的希望。從一開始，歐巴馬總統就決心全力以赴，他承諾美國將支援遠在兩小時外車程的鄰居，證明美國可以善用自身的力量，以「迅速、和諧、積極」的應變方式，促成道德上的善行。他呼籲大家一起做大事，而美國國際開發總署要負責統籌應變計畫。「迅速、和諧、積極」這句話，成為我的口頭禪。

一開始要做到「迅速、和諧、積極」並不容易，這場災難喚醒了群眾，我的新電子信箱快要塞爆了，收到署內將近八千名員工的想法和聲援。雖然有這麼多的員工，但是我幾乎不曾深入合作。由於海地鄰近美國，和美國的關係密切，無論是總署內部，或是其他政府機關或美國民間，大家突然都想要救援海地。

為了充分利用所有潛在的幫助，我必須改變。我在蓋茲基金會工作將近八年，習慣了蓋茲以好戰、競爭的方式尋找前進的道路。我們認真工作，把事情做對，努力證明自己是對的，並為此感到自豪。我利用自己的工作、數據、想法，甚至冒險，勝過別人，說服更多人共襄盛舉或聽我的意見。但是當我要領導重要的政府機關時，要學會在危機中和許多陌生人一起工作，以及迅速轉化大量的援助，化為一股和諧而積極的動力，共同拯救生命。

接受各界援助

從拜登提議換人的那一刻，我立刻就投入工作了。我走進橢圓形辦公室，聽到副總統對歐巴馬說：「你可以交給富蓋特來做。」雖然剛接觸這份工作，但我知道他說的「富蓋特」是誰：克雷格．富蓋特（Craig Fugate）曾任佛羅里達州消防員，當時是聯邦緊急事務管理總署(Federal Emergency Management Agency, FEMA）署長。歐巴馬聽到拜登的建議後，並沒有反對，也沒有同意。

後來，我在幾個議題陸續和副總統密切合作。拜登熱情、慷慨、睿智，也是「不會胡說八道」的人，接下來數週與數年，我和他長年相處，他是我在華府認識的人之中，最棒的夥伴、盟友及守護者。但我感受到他的疑慮，走到橢圓形辦公室的米色沙發上默默坐下，這時候前一天在白宮戰情室（White House Situation Room）發生的事，突然閃過腦海。

前一天，我和幾位高官開會，包括國務卿希拉蕊、國防部長勞勃．蓋茲（Robert Gates）、參謀長聯席會議主席麥可．穆倫（Mike Mullen）上將，我請求軍方動用「C-13運輸機」快速部署搜救隊。由於海地太子港機場嚴重毀損，只能求助於美國軍方，立刻動用運輸機援助海地。

我的請求沒錯，但有一個問題，世上並沒有C-13運輸機。資料卡的墨水暈開了，其實我想說的是C-130運輸機，這樣就算跑道受損，飛機還是可以起飛，更何況美國搜救隊也需要搭乘C-130運輸機。在場每個人都保持禮貌，沒有人發言糾正我，但我對自己的失誤感到懊悔，即使不到幾小時，運輸機真的來了，機上載滿搜救隊員。

現在回到橢圓形辦公室，其他與會者陸續到場，除了國務卿希拉蕊外，還有現任國土安全部長、前亞利桑那州長珍娜特．納波利塔諾（Janet Napolitano），以及富蓋特，這些人走進橢圓形辦公室，一起坐在沙發上，把我從前一天的記憶拉了回來。歐巴馬坐在壁爐旁的扶手椅上。即使面臨危機，臨時召開會議，總統依然目標清晰、情報正確、異常冷靜。他特別有能力掌握全局，洞悉某個問題（例如海地地震）對美國整體利益的影響。

歐巴馬總統想掌握最新消息，拜登坐在他旁邊的椅子。納波利塔諾是美國最傑出的公務員，氣勢磅礴，迅速報告她的部門做了哪些應變準備，雖然國土安全部的辦事能力佳，但包括聯邦緊急事務管理總署在內的大多數部門，主要負責國內事務，而不是海外熱點問題。富蓋特可能感受到我的敬意，也察覺歐巴馬想要更了解海地的局勢，所以插話道：「讓沙赫做一下簡報吧！」

簡報很順利，我沒有再說出「C-13運輸機」。但是當我走出橢圓形辦公室時，心裡很清楚必須換一個方式做事。以前華府的人只想看到剛才開會的那一種簡報，聽起來有條有理，但真實情況並不會那麼完美無瑕。而現在爆發危機了，如果想要在海地救人，盡美國政府最大的能力，執行有條理的應變計畫，一定要改變做事方式。我在橢圓形辦公室的那一天，還不是很明白要如何「改變」，卻很清楚自己不可能「主導」一切。

會議結束後，我主動詢問富蓋特能否留下來聊聊。我對富蓋特的印象很深刻，他並不在意誰可以在總統面前出風頭，因為他更重視簡報的品質。我希望在海地救災這件事，我們可以密切合作。富蓋特想到更好的建議，他提議搬到我們的行動中心，每天和我並肩作戰。當他抵達美國國際開發總署時，我不僅感到安心，還覺得興奮。富蓋特帶來經驗和信心，以及聯邦緊急事務管理總署過人的能力，最重要的是有他親自坐鎮，這象徵著應變計畫的主軸是太子港現場的救災成果，而非華府的權力鬥爭。

接下來幾個月，我和富蓋特成為絕佳夥伴。我也和許多人建立密切正向的關係。穆倫上將邀我去五角大廈的「坦克」會議室，參加參謀長簡報會議；此外，我的盟友還包括負責地面軍事回應的聯邦南方司令部副指揮官肯．基恩（Ken Keen），以及才華橫溢的謝麗爾．米爾斯（Cheryl Mills），她是國務卿希拉蕊的顧問暨幕僚長，有效地協助管理國務院。

大家通力合作，日以繼夜地籌備大型應變計畫，透過C-130運輸機和其他飛機派遣兩萬名美國平民與軍事人員，為流離失所的海地人建立安全區。同時，我們派遣七百名城市搜救隊，穿梭在瓦礫堆中搜尋生還者。空軍也在四十八小時內恢復太子港機場的功能，讓我們用更快的速度動員更多裝備和人員。[7]

世上沒有一個人可以「主導」這麼大的賭注，我負責統籌美國史上最大的人道救援計畫，學會了一件事，就是要盡量接受大家的援助。我必須設法找援助、追蹤後續、表達感謝，還要努力結交新的盟友，這麼做的好處遠遠大於風險。

養成記錄數據的習慣

當我第一次帶富蓋特巡視美國國際開發總署的行動中心時，就知道這個地方不是理想的指揮中心。總署位於隆納雷根大廈，距離白宮只有幾條街，這棟石灰岩建築在華府是較新的建築。然而指揮中心在九樓，一點也不現代：只有幾面白板、一堆隔間辦公室，還有五個展示不同時區的模擬時鐘。後來有越來越多人進駐，穿著美國國際開發總署救災應變小組（Disaster Assistance Response Team, DART）的工作服，這裡變得熙熙攘攘，卻依然缺乏亮點。

那時候對我來說，幾乎每個人都是陌生人。我只帶了助理尼尚特・羅伊（Nishant Roy），他從空軍退役，充滿鬥志，跟我一起從美國農業部轉調過來。不久後，我開始依賴經驗老到的蘇珊・賴克爾（Susan Reichle），她曾經派駐哥倫比亞，負責管理民間與軍方合作的機構，懂得針對共同的目標，把各種團隊凝聚在一起。從地震發生那一刻起，賴克爾一直在行動中心指揮作戰。

從一開始，我、富蓋特、賴克爾都希望能有優質的數據，而且是從現場持續蒐集真實的數據，然後妥善應用，進而研擬策略並引導行動。這是我在蓋茲基金會學到的重要教訓，無論是疫苗計畫還是後來的糧食計畫，從現場傳來的確切數據比什麼都重要。唯有如此，才可以衡量金錢和行動是否用在刀口上。

危機立刻教會我一件事：人道救援數據的蒐集和通報，不一定符合我們的期望。政府通常會發布最新情況報告，列出一連串的數據，凸顯出當天和前一天的不同，但是我們希望明確評估當地的需求，確認海地地震引發的問題是否充分解決。例如，我們要知道有多少人需要配給基本的白米，為了讓大家有飯吃，我們必須在哪裡投入更多的資源。

我想發揮數據的價值，所以派羅伊前往海地，充當我們的眼睛和耳朵，向行動中心提供最新資訊。羅伊極具親和力，懂得和人打交道，加上他有從軍的經歷，可以和當地的軍方人員打好關係。羅伊才抵達幾天，數據就開始湧入。我想好好整理數據，確認我們的目標，突然想到「計分卡」可以追蹤救援情況。

第二天，計分卡誕生了。我們在每個工作層面詳細記錄，定期追蹤當地的水和糧食、衛生設施、瓦礫清除情況、醫院收治等。比方水資源的指標，會記錄有多少營地拿到水，還包括配送的水量、需要多少消毒氯錠來淨化飲用水，甚至還估算配送這些水要耗費多少汽油。然後我們會列出目標（必須是可衡量的數字）、迄今為止的進展（用百分比表示），以及實現目標需要的行動（完整列出）。

這些文件非常重要，有了這些數據，我可以在白宮和其他地方做簡報，還可以協調如此多元的大團隊，執行包山包海的國際救災應變行動。[8]計分卡是一種工具，能夠衡量我們有無妥善合作，來改善海地人民四分五裂的生活。災難的範圍這麼大，團隊又這麼多元，每個人都需要計分卡，確保所有資訊都記載下來。

以數據為主的管理模式，並不是什麼新方法。政府機關大多有自己的衡量指標，但是我從海地的救援工作領悟到，持續做計分的工作，大家才會有共識。我們的數據完全公開，不僅在行動中心流通，也和政府各部門共享，而不是讓每個部門各自掌管數據，有些人擔心我們的做法並不明智，因為災難爆發初期，數據通常不會立刻變好看。但主動分享數據，即使透露了失敗，仍有助於建立信任，這攸關團隊最後的表現，也可以喚起民眾對重要議題的關注，因為我們的賭注太高了，只有這個辦法。

掌握主導權往往從掌握數據開始，所以大家都不想分享數據，只要沒有公布成績，就無法評判表現或追究責任。我們公布數據，可能會有人未經允許就擅自洩露我們的指標或濫用數據，但是並沒有發生嚴重的外洩事件。事實上，分享這些資訊，反而凝聚了我們多元的大團隊。

你也可以像我們一樣，養成計分的習慣，只需要一張紙和一支筆，雖然計分卡可以做得很花俏，畫一堆圖表，添加各種裝飾，但是其實只需要畫一個表格，分成三欄，填入你正在測量的成果、目標、進度。日復一日做下去，就會明白哪裡做得好，又有哪裡需要求援。

讓每個人都感受到歡迎和接納

危機爆發後才過了幾週，美國國際開發總署的行動中心就變了樣，變得一團亂，到處是咖啡杯、網路線，一堆多餘的桌子和書桌。人們穿著各式各樣的服裝，從軍裝到其他機構的T恤、背心、帽子，他們就和總署人員擠在同一個辦公空間。從亂糟糟的辦公室可以看出，我們已經變成一支龐大又混亂的團隊。

要把大家聚在一起並不容易，政府要遵守規定，無論是分享人員、平台、資訊，都是一大挑戰。加入這個團隊必須填寫表格，貢獻越大的機關要填寫的表格越多。例如美國國際開發總署動用C-130運輸機救災，必須向美國國防部支付費用，一般來說，每次飛機起飛都要申請授權許可，並同意支付費用。但是透過團隊合作，我們就能簡化流程，省略一些文書工作。

多元融合的大團隊通常亂七八糟，這不是每個人都能忍受的，比方說像富蓋特就喜歡小一點的決策圈，而我會向每個人徵求意見，甚至聽取那些不請自來的建議，因此行動中心變得有一點隨意。有一次，兩個大男人差點就要大打出手，我不得不站在中間，避免他們繼續激烈爭執。

雖然還是有一點官僚作風，也遇過幾次劍拔弩張的時刻，但我確實覺得，把大家聚集在一起，可以把工作做得更好。不久後，我看到一位軍官坐在一位外交官旁邊，軍官打電話到洛杉磯，和消防隊員暨都市搜救專家通電話，討論一種新技術，然後再進行電話會議，教太子港的現場人員使用。白板上寫滿資訊和構想，可以激發我們未來幾小時、幾天，甚至幾週的行動。

有一天，我從白宮趕回行動中心，看到一條長長的人龍等著進入大樓。我立刻弄清楚前因後果：位於九樓的跨機關團隊可能導致一樓堵塞。我自己也走過那條路線，因為美國國際開發總署的員工可以自由進出，如果跑出去買咖啡，或是跑回家和家人吃晚餐，只要刷一下政府識別證，就可以重新進入。但是一位派駐總署的軍官，卻必須排隊等待臨時許可證，才可以通過旋轉門（這些是現代的電子安全門，所以並不是真正的「旋轉門」）。每一天，我都會看到外部人員大排長龍，等待許久，而總署同事卻可以從旁邊快速通過。

我詢問有什麼解決辦法，結果聽到的改善措施反而比現在更繁瑣，於是我繼續追問旋轉門能不能一直開著，方便大家進出。大樓保全團隊非常盡責，表示會仔細評估。大概是因為我直接開口，加上他們也關心救災進度，大門最終還是打開了。旋轉門一直開著，每次進入大樓，大約會節省十分鐘，而且這傳遞一則訊息：我們都是團隊的一分子，平起平坐。這種做法把人與人團結在一起，提升信任感和同志情誼，讓救災任務得以順利進行。

在擁擠的行動中心工作，雖然偶爾會感到不適，有時會發生口角，但是一切都很值得，因為大家都全力以赴。有一次，華盛頓發生暴風雪，道路可能冰封，大多數團隊主動住到附近的旅館，走幾步路就能到辦公室。如果只要讓旋轉門一直開著，每天為大家節省幾分鐘，就可以培養這種奉獻精神，當然值得。

從此以後，我的座右銘就是「讓旋轉門一直開著」，這句話的應用範圍非常廣，不只是大樓保全。每當合作受阻，妨礙到我的團隊、夥伴或盟友，我都會主動詢問：旋轉門該不該打開、牆壁該如何打掉，好讓合作更順暢。

更重要的是，讓旋轉門一直開著，還發送一個重要訊號。如果現在的目標是秉持「迅速、和諧、積極」的美國精神，來回應海地的災難，根本沒有什麼事能阻擋我們。我希望讓每個人明白，他們都是團隊的一分子，而且最終成果凌駕於華府的繁文縟節之上。只要願意在華府多走一點路、多冒一點小風險，想必每個人都會全力幫助海地。

如果你正在參與大賭注，無論你是領袖或合作夥伴，總能下一些工夫激發合作夥伴的最佳表現，即使專業領域不同，仍要傾聽他們的意見，從中學習。這需要耐心，但是為了建立信任，一定要讓每個人都感受到歡迎和接納，如同每個人都擁有值得貢獻的寶藏。

創造歸屬感的過程

為什麼我要強調「讓旋轉門一直開著」？其中一個原因是，那種被團體排擠的感覺，我再清楚不過了。

我對政治和華府的興趣，從年少時期就開始了。我會偷聽父親練習英語，試著模仿隆納·雷根（Ronald Reagan）總統的錄音演說。對父親來說，聽雷根總統的演說，不是出於政治立場，而是為了學習英文。我們全家人，包括妹妹、母親在內，都試圖模仿美國腔，好融入美國社會。

而我小時候聽總統演說的原因則和父親不同，對他來說，政治與語言及口音有關，如果你的腔調聽起來像國家領袖，你就屬於那個地方；對我而言，政治是一條找尋歸屬，為國家奉獻的道路。我在美國出生長大，發音比父親更像雷根總統，但奇怪的是我這種長相的人卻很少參與地方或全國政治。

在政治圈的參與程度其實很重要，我青少年時期，福特汽車公司派遣父親到賓州費城郊外，管理一座位於農村的電子工廠。雖然我們家曾在底特律地區的移民社區生活，但在這裡顯然是異類，我幾乎每一天都有這樣的感受。

我就讀的中學只有幾個學生是有色人種，我剛升上六年級的前幾個月，導師一直唸錯我的名字，我經常糾正他，但他還是習慣唸自創的版本。然後有一天，新聞播報印度新總理的消息，那位總理剛好也叫拉吉夫，隔天早上導師說看了新聞，終於搞懂正確發音。

基於上述原因，我對政治的看法和同年齡的人不同。我躺在賓州家中客廳的地板上，看著電視上的雷根總統和其他政治家，很少看到與我相似的臉孔，所以從來不曾感覺我屬於美國。隨著年齡增長，我對政治的興趣不僅是發動大變革，還包括建立更包容的社會，把界線往外推，讓更多人受到歡迎。政治是改變國家的方式之一，讓包括我自己的孩子在內的其他孩子，不用再面臨名字被唸錯，甚至其他更糟糕的情況。

施凡也有同樣的訴求，所以我們在就讀研究所時發起一項倡議，希望提升印度裔美國人在政治圈的比例。這也是我暫時離開醫學院，加入高爾競選團隊的原因。但也是出於相同的原因，讓我在投入競選活動的前幾個月感到萬分沮喪，因為在高爾的競選團隊裡，我始終難以參與重要的工作。

儘管如此，我還是結交到一些好朋友，不久就和來自紐約，聰明伶俐的菲利普・雷恩斯（Philippe Reines）打成一片。雷恩斯也是外來者，這是他第一次參加重要的競選活動，但他很快就向大家證明自己是才華橫溢的作家，並且活力十足，擅長管理新聞媒體團隊。我們會和同年齡的人一起出遊，包括來自麻薩諸塞州的年輕演說撰稿人傑夫．努斯鮑姆（Jeff Nussbaum）。工作結束後，就跑到鬆餅屋（Waffle House）喝咖啡，夢想未來可以在白宮工作。

到了選舉之夜，我們這群年輕的助手雖然還沒有成為資深人員，但是已經變得舉足輕重，至少在我們自己的心目中如此！在納什維爾的那個雨夜，選舉結果受到質疑，重新計票似乎已成定局，我們被推上火線，想辦法應對、撰寫簡報與演講稿、和記者打交道。當我們把眼光放遠，這場失敗的競選活動對人生和歷史的意義並不大，但歸屬感會讓工作變得有趣，只要你和朋友或同事團結起來，一起為大事努力，就會有歸屬感。

我還學到一個深刻的經驗：團結起來就可以成就非凡，但前提是要讓每個人都覺得自己屬於這裡，受到同一件事吸引和激勵，否則永遠不可能發揮潛力。既然是一個團隊，如果還在區分內外，勢必有人會覺得不受重視，所以我才希望旋轉門一直開著，旋轉門不開放的話，不僅僅浪費時間，也是整個團隊的損失。我希望讓每個人都受到重視，這樣大家才會全力以赴。

重複講一樣的話

地震後過了幾天，我坐在國務卿希拉蕊旁邊，一起搭機降落在太子港。希拉蕊是個好主管，對我和團隊裡每個人總是不辭辛勞地指導、守護及鼓勵，希望每個人都可以精進。我也喜歡她的幾位貼身顧問，包括米爾斯和雷恩斯，後者就是我剛剛提過，我們曾在高爾競選團隊共事，後來他加入了希拉蕊的團隊。

這些出差行程總是馬不停蹄，十分忙碌。上一刻我還在遭受重創的機場，與海地總統勒內．蒲雷華（René Préval）一起散步；下一刻，我就見到美國軍方或民間的救難隊，和他們互相交流。各種參與救援行動的人道主義組織，都有可能和我會面。然後我還拜訪美國大使館人員，其中有一些是美國國際開發總署的員工。我也忙於會見一些名人，因為他們也來共襄盛舉，提供必要的協助，例如以烹飪和善行聞名的廚師何塞．安德烈斯（José Andrés），以及演員與社運人士西恩．潘（Sean Penn）。

對我來說，最震撼的參訪行程莫過於親眼見到海地人，無論是在機場、人滿為患的收容所和醫院，或者被地震震毀的社區，我都可以見到當地人。至今依然記得，有一家診所在戶外搭建急診室，我和一位母親交談，她的腿上有一道很深的傷口，恐怕需要截肢，但她最關心的其實是孩子，她有一個孩子仍在廢墟中生死未卜。

從海地搭機返回美國途中，我、希拉蕊、米爾斯、雷恩斯互相交換筆記，回顧所見所聞。我們去海地多聽多看，這樣才知道該如何支持我們的團隊。希拉蕊有這方面的長才，她總會找到最實用的資訊，運用國務院龐大的資源，來滿足地面團隊的需求，而我也希望能做到同樣的事。

我們也試圖將訊息傳播到團隊與機構之外。在一趟深夜回程航班上，我被告知白宮派我和聯邦南方司令部副指揮官基恩中將，在隔天早上參加五個晨間政論節目。雷恩斯看著我大喊道：「今晚別想睡好覺了，明天一早還有很多事情要忙。」

我就像華府的許多人一樣，長大後經常收看《與媒體見面》（*Meet the Press*），而且我知道一定要觸及我們的目標受眾，不僅僅是美國納稅人，還有成千上萬的國會和政府機構人員，這些人都是行動的一部分。不過由於連續幾天不眠不休，我擔心自己是否會有好表現。雷恩斯用大量的溝通消除我的疑慮，讓我放心，過度溝通的好處值得我克服疑慮，多了能夠小睡的一晚。

幾個小時後，天還沒亮，我就出發前往錄影現場。雷恩斯坐在後座，遞給我一杯咖啡。他協助我準備訪談，到時候我會在攝影棚受訪，基恩中將也會從太子港遠端連線。我滿臉疲僡，但仍堅守紀律。施凡開玩笑說，兒子沙簡看我的訪談可以順便學算術，數數看我在每次訪談中，究竟說了幾次「迅速、和諧、積極」。

最後，雷恩斯猜對了，施凡也說對了（我果然說了好幾次「迅速、和諧、積極」）。管理這麼大型的團隊，過度溝通（Over-communicating）是必要的。但是要怎麼做呢？這需要積極聆聽和接受不斷重複的訊息。不是每個人都可以直接參與行動中心，所以我要確保美國國際開發總署的數百人、美國政府的數千人，以及美國和海地的數百萬人，都清楚我們如何定義目標、我們有沒有實現這些目標，以及當挫折接踵而來時，我們又是如何克服難關。

領導一個大型的分散團隊，你必須找到方法，向每個人傳達訊息，尤其地理位置相當分散時。團隊越大、越分散，就越需要溝通，有時候甚至要重複說一樣的話，進而突破障礙。這種溝通方式可以釐清你的立場，讓大家看清楚你的重點，如果以救援海地的例子來說，就是在特殊危機時期用心聆聽與服務海地人民。這也會讓大家明白，你是如何定義成功的。

集結所有必要的人，凝聚團隊精神

到了二〇一〇年二月底，我們的團隊在創新和合作方面做得可圈可點，有計分卡可以證明。[9]不過團隊合作的過程並非一帆風順，就像任何複雜的任務，我們難免會有不同的意見，例如何時從海地撤軍。但最終我們還是能做出決策，因為我們的團隊主動建立信任，讓其他人願意信任我們。

派遣美國海軍的安慰號（Comfort）醫療船就是一個例子，該船上有一千張病床。安慰號在地震發生後十天內，迅速抵達太子港，船上的醫療人員總共治療近一千位病人，完成八百多次複雜的手術。[10]海地的醫院倒塌受損，這艘停靠在港口的白色醫療船，有三個足球場那麼長，確實帶給海地人安慰，實至名歸。

不過到了三月初，該是重新評估的時候了。我查看計分卡，考慮美國國際開發總署為了維持安慰號在海地的運作，甚至把病人空運到佛羅里達州的醫院，這些都要耗費大筆資金。現在這時候，同樣的金額可以有更好的去處，例如加強海地長期的衛生體系。雖然安慰號提供實質和象徵性的安慰，但是這些資金在海地會有更好的用途，既然如此，就不該繼續派遣安慰號，於是我建議安慰號可以回國了。

但這不是我一個人可以決定的。某個週日，我參加一場電話會議，大家一起討論安慰號的去留，國家安全官員也在現場，包括受人敬重與經驗豐富的美國衛生與公共服務部長凱薩琳·西貝利厄斯（Kathleen Sebelius）。美國衛生與公共服務部成立一個小組，建議是否重新部署安慰號及何時適合。西貝利厄斯說：「雖然我不是醫生，但我認為必須讓安慰號留在那裡。」然後另一個人也插話道：「我也不是醫生，但我同意西貝利厄斯的看法。」很快地，其他人也同意這個論調。

我在職涯中不太會為了證明自己的論點，搬出醫學院學歷，但是無數的深夜和週末，一直撥打類似的電話、召開類似的會議，我已筋疲力盡，頓時忘了禮儀。我脫口道：「好吧！我是醫生，花費數十萬美元進行斷肢再植手術根本沒意義，這些錢可以拿來重建整棟醫院的側廳。」

我回想起這段往事，至今仍感到尷尬，因為我一直想避免老派的醫生形象，不想裝得自己好像無所不知。幸好尷尬的那一刻很快就過了，一起通話的人都有感受到，我和團隊只想為海地人民創造最好的結果，最終我們達成共識。幾天後，安慰號拔錨離開。[11]

當一群充滿熱情的人投入同一個專案，意見難免會有激烈碰撞和分歧。但是只要讓旋轉門一直開著，就有機會創造足夠的友誼與理解，讓風波平息或至少換個角度看事情，體諒對方只是太熱情，而非固執己見。當人們感覺彼此屬於同一個團隊，更容易帶著善意一起前進，因為大家都明白，每個人都只是想要盡一份心力而已。

地震發生後，過了將近六個月，我們終於感覺到短期目標已經實現了。光是靠美國軍隊、人道團體及海地全體與個人，就治療四萬多名病人，進行數百次轉診，把病患運往其他醫院進行密集治療。[12]最終海地兒童的飢餓率，也明顯低於地震發生前的水準。我們持續追蹤消毒氯錠，結果發現這是一大創舉。由於使用這些消毒氯錠及其他因素的影響，海地人的健康確實有所改善：海地人腹瀉的發病率下降一二％。[13]我們還成功為一百萬個高風險的海地人，施打霍亂和肺結核之類的疫苗，否則這些人根本沒有接種疫苗的機會。[14]

隨著海地的緊急狀況逐漸平息，海地政府、聯合國及其他合作夥伴，終於能在島上恢復人道救援行動。很顯然地，我們尚未克服海地的所有問題。海地一直是危機四伏的國家，現在更甚以往。然而當海地有救災的需求時，無論是在廢墟中搜救生還者、把水送到偏遠地區，還是建造收容所，我們成功動員整個美國政府的力量。這一切行動沒有受到任何情緒的干擾，還有實際成效。

真正自豪的成果

既然情勢沒有那麼緊急，我會希望提供海地長期的支援，於是向保羅．法默（Paul Farmer）求助，這位具有革命精神的醫生創辦非政府組織「健康良伴」（Partners in Health），專門服務海地和其他國家。我與他結識多年，他是一個打破常規的人，直言不諱。我問他接下來該做什麼，他直接回答：「那就好好重建吧！」

法默建議我們在太子港興建世界級醫院，那時候海地幾乎什麼都缺，興建世界級醫療設施感覺是一種奢侈。但法默認為這是可行的，他向我解釋這家醫院在未來五年、十年，乃至五十年的貢獻。我聽了很認同，法默有很多建議都值得採納。

地震發生三年多後，太子港北部開設米勒巴萊大學醫院（Hôpital Universitaire de Mirebalais）。[15]這是一家不得了的醫院，無論是醫療服務或設施，都可以媲美美國任何一家醫院，而且在島上做了很多好事，尤其是在天災發生後，例如二〇二一年大地震。[16]雖然沒有人可以確定，本來要重新部署安慰號的資金，是不是都直接轉移到這個新機構，但美國國際開發總署是預算有限的小機構，必須懂得取捨。

在海地，我們嘗試不同的做法，不僅僅是興建醫院這件事。我們與富蓋特還有其他團隊成員高效合作，不在乎誰主導哪些領域或是功勞會被誰搶走，而是試圖集結所有必要的人，一起實現大賭注。因此我們分享數據，互相合作溝通，幾乎沒有摩擦，只有少數幾次爭吵。我們傾注整個政府的力量，最後的最後有超過五百個非政府組織，以及一百四十個國家參與救援。[17]

一路上，我學會讓旋轉門一直開著，這能讓我們接納各種潛在的幫助，所以成就更大。這是在對大家說，我們美國國際開發總署的團隊（以及身為署長的我）不可能知道所有的答案，但我們確實能在短期內拯救成千上萬的生命，並且長期改善數百萬人的生活。一旦我做出這個決定，只要邀請大家參與，專注於成果，秉持過度溝通的精神，我所建立的團隊就會盡量發揮多元性，避開最嚴重的官僚困境，拿出更出色的表現。這些寶貴的經驗，我會繼續在未來的工作中繼續貫徹。

我們也向大家證明，恢復活力的美國國際開發總署能夠實現更遠大、更亮眼的成就。我們在海地的救援工作，不僅激發更多的行動力，讓大家感受到問題的急迫性，也順便向外界證明，我們再次接掌大型專案。海地應變計畫所展現的團隊精神，確實深具感染力，讓這種創新、合作、有抱負的精神，得以傳播開來。

這些成果對未來深具意義，但我最自豪的事並沒有被新聞報導出來。地震應變計畫結束後，又過了幾年，我打電話給法默，因為我要去海地一趟，希望帶著兒子沙簡同行，一起參觀米勒巴萊大學醫院。法默同意了，他還堅持親自為我們導覽。海地因為災害、貧窮和治理不當，所以是一個亂七八糟的國家，但我們發現那裡的新生兒醫療中心竟然和美國大醫院不相上下，早產兒容易死亡，但是現在受到專業醫護人員的照顧，而且是專業又有愛的照顧，所以能存活下來。醫院裡那些年輕病患就是最棒的見證者，他們證明法默的建議是對的，也彰顯團隊合作的重要性，並且讓我們明白，為全人類展開大賭注有多麼重要。

要怎麼讓旋轉門一直開著？

我經歷那幾個月的動盪，即使過了再久，讓旋轉門一直開著的理念，依然在腦海中揮之不去。這是一個小小的動作，並不是什麼大革命，但對我來說，這是放諸四海皆準的心態：當你面對大危機，這種心態可以讓大家站出來，共同解決問題。學習接受各方的援助是一門重要的學問，尤其是要推動重大任務時。這種心態是必要的，可以建立一個更大規模、更有能力的團隊。只要團隊成員有了歸屬感，就會有最佳表現。

那時候我剛進入美國國際開發總署，立刻接下海地的任務，無疑是一大挑戰。我非常幸運，上天給我無數的好機遇：有好的上司，例如歐巴馬總統和希拉蕊國務卿，還有幾個像雷恩斯這樣的好友，在我有需要時伸出援手，而且海地救援行動比其他事務獲得華府更長時間的關注。

那一刻，我能做的事就是把一群想要幫忙的不同團體和機構的人，組成一個團隊。如果你也有同樣的抱負，不妨這樣做：

- **接受幫助。**你想做的事情越大，越能激發別人的行動。接受幫忙並不是示弱。如果有人想要承擔領導的角色，想建議你不同的行動方向，也沒有關係，這代表團隊會有創新的動能。
- **養成計分的習慣。**設定目標，並公布出來，這是一個層次。嚴格衡量成果，向每個成員展示成果，又是另一個層次。因此要把所有可能的進展都清楚衡量，然後讓每個人知道。
- **冒一點小風險，信任別人。**如果你只是口頭說團隊合作，卻任由分歧加劇，任何人都會察覺到。冒一點小風險，讓其他人融入團體。
- **過度溝通。**你必須向任何有洞見的人取經，確認該如何實現你的目標，並且向所有人訴說你的計畫。外部的建議和溝通可能需要時間，但是終究都會有所回報。

第四章

觸及對方的真心
——做好隨時和人連結的準備

二〇一三年，我在衣索比亞，搭乘一輛白色Econoline廂型車。我坐在副駕駛座，車上有一大群共和黨議員，廂型車很快停了下來。

我曾在慈善機構執行疫苗計畫，後來到政府單位處理海地問題，這些事剛好觸動我的良心，也符合我渴望的大規模變革。

我在衣索比亞，這是我待在美國國際開發總署的第三年，踏上另一段探索之旅。這一次，我比以前更清楚自己在做什麼，可以走得更長久。我這趟出差是為了捍衛某個地區，因為這裡在兩年前面臨一連串危機，包括武裝衝突、乾旱和飢餓，這些危機互有關聯，結果導致二十六萬人死亡，深深觸動我的心。[1]

這段旅途既漫長又曲折，我得知在家族最近幾代也遇過糧食不足的問題。我先前往印度比利吉里蘭加納山區，親眼目睹營養不良的可怕。我在蓋茲基金會工作期間，推動改造非洲農業的倡議。後來我到海地見證了飢餓加上地震，情況慘不忍睹，我甚至讀到一些報導，描述民眾為了生存而不得不吃土。如今從國會大廳到企業辦公室，都試圖提出新的方法，讓美國換個方式引領世界，餵飽數億飢餓的人口。

美國的全球人道救援使命，主要是從糧食援助開始。第二次世界大戰過後，美國農產豐饒，曾經餵養飢餓的歐洲。[2]往後美國對外的援助計畫，主要就是把剩餘的農產品輸往海外，以解決飢餓問題。

但是現在世界變了，飢餓的本質也變了。我坐上那輛廂型車是為了結盟，改變美國對抗飢餓的方式。我們不只是在危機時刻，從美國捐贈糧食，而是要研擬永續的倡議和計畫，投資農業科學、技術及創新，幫助貧窮國家的農民提高農作物產量，以免社區發生飢荒。這有賴美國國會兩黨攜手合作，重新制定我們對外援助的法規，讓這個新願景得以實現。

我們在衣索比亞的司機倒是有著不同的盤算，我們剛訪視完人道救援團體的農村專案，司機就希望趕在暴雨前返回首都。不幸地，我們剛轉過一個彎道，天空立刻暗了下來，雨滴劈里啪啦地打在車頂上。司機的雙手緊握方向盤，早知道接下來會發生什麼事。果不其然，車底下的泥土路很快就變得泥濘，車輪卡在厚厚的泥濘裡空轉。

突然下起暴雨，後座傳來老人家沙啞的聲音：「好了，七十歲以下的人都下車推一把。」

這句話出自奧克拉荷馬州資深參議員吉姆．殷荷菲（James Inhofe）之口，當年他七十八歲，對自己的笑話哈哈大笑，而我們其他人則下車，踏在厚厚的泥濘裡。我的老闆明明是民主黨總統，如今卻要聽共和黨議員的口號，和其他人一起毀了鞋子，挽救回程。[3]

大膽的賭注就是要找殷荷菲參議員這樣的人一起，他有不一樣的影響力、人脈和想法。而我的期望就是聯合殷荷菲和其他許多盟友，重新安排美國的資源，投入最新的科學，以及最有希望的做法，影響那些最容易發生飢餓的地區，特別是非洲。我當時已經從海地和其他地方學到，要建立這樣的聯盟，就必須找到共同的目標，激勵他人朝著這個目標邁進。

只不過華府日益分裂和分心，要找到彼此的共同點越來越困難。海地地震觸動人們的同情心，以天大的災難、迫切的緊急事件把大家凝聚起來。但是飢餓和營養不良的問題存在已久，有些人已經開始認為，這種情況太複雜了，根本無法解決。儘管如此，飢餓仍然是一個為大賭注量身訂做的問題，需要新的解決方案、公共和私人合作夥伴，以及數據測量。但當時，國會兩黨議員都在努力關注這個問題或採取行動。

那時候我仍喜歡辯論，還喜歡辯贏，不斷堅持自己的觀點，直到對方投降為止。但是要處理飢餓問題，我學會換一種方式，讓別人願意站到我這一邊。雖然我喜歡深入的辯論，以及更深入的試算表，但有時候一場觸及真心的對話更有效。當我觸及真心，學會適時停止辯論，開始建立真正的友誼，甚至在這個問題吐露真實的情感時，讓我找到意想不到的盟友，還有對抗飢餓的新方法，以及一段真正的友誼，即使在華府，充滿派系鬥爭，我還是能突破重圍。

有時候做大膽的賭注，可能要接納意想不到的夥伴，你合作的對象可能是從未想過可以共享立場的人。這麼做往往不是為了辯贏對方，而是要找到共同的靈感與使命。一個多元的大聯盟可以讓變革持續下去，但是你必須弄清楚自己的使命，然後主動和別人分享。

營養不良與發育遲緩的隱憂

我還是小孩時，「大」這個字有重要的含義。我們美國的家是許多印度親戚的落腳處，他們可能是暫時來美國玩，或是準備在美國定居。每個人都有獨特的地方，例如對商業的熱愛、對醫學的理解、看棒球的興趣，但是有一件事放諸四海皆準：和那票印度親戚相比，我長得特別高大，但是其實我的身高還不到約一百八十三公分。無論是在密西根州，或是小時候到印度旅行，我都很享受自己比叔叔和其他表兄弟更高大的感覺。

但長大以後，我才終於明白這是有原因的。部分是因為美國和印度飲食很不一樣，就算有充足的糧食（我的印度親戚確實不缺糧食），但是由於印度食物缺乏微量的營養素，例如鐵、鋅及維生素A等維生素和礦物質，這些都是支持大腦與身體的重要營養素，一旦攝取不足就有可能長不高。至今仍有超過三分之一的印度兒童發育遲緩；在特定的某些地區，這個數字甚至逼近二分之一。[4]

我是在蓋茲基金會推廣疫苗後，才真正明白發育遲緩的問題。等到疫苗計畫成功後，蓋茲夫婦指示我，思考如何善用華倫．巴菲特（Warren Buffett）捐贈給基金會的大筆捐款（這份大禮到目前為止已經超過三百六十億美元），來改變全球貧窮的情況。對一個數據人來說，飢餓的統計數據嚴重到無法忽視。大多數成年人每天大約需要兩千兩百大卡熱量，還要定期攝取大約三十種微量營養素。我們得出一個結論，如果要善用巴菲特的大禮，最好試著改造農業，徹底終結地球上的飢餓問題。

到了二十一世紀，要獲得充足的營養依然很困難，雖然富裕國家有充裕的糧食，但是全球最貧困的八億人口，依舊仰賴家裡的農田來生產糧食，這是他們的收入和生計來源。[5]由於這些農田與富裕國家的高科技農場相比，效率較低，產量也不高，他們仍然需要自己購買大部分食物。當價格上漲（因為一些外部因素，例如發生戰爭，或氣候變遷的極端天氣），那些拿八成收入來購買糧食的窮人就有可能挨餓。[6]

很少人像諾曼．布勞格（Norman Borlaug）博士那樣，如此用心改善地方的農業條件。布勞格在愛荷華州的農場長大，最後成為農業科學家。[7] 布勞格提出許多洞見，其中之一是關於普通小麥，他發現普通小麥的構造太缺乏效率，容易感染疾病，並且經常因自身重量而倒伏，所以開發出一款抗病的半矮化品種，產量因而大幅提升。[8]

綠色革命的奇蹟

如果布勞格只做到這樣，就已經稱得上是傳奇人物，但他的貢獻不僅止於此，他長年在洛克斐勒基金會工作，鼓勵各國種植他研發的半矮化小麥，並利用其他先進科技解決全球飢餓的問題。他花費很多年的時間，試過任何可行的方法，在拉丁美洲和亞洲推廣他新發明的種子與農耕法。據說他和盟友為了播種，證明種子的價值，使出渾身解數，例如要農民參加摔跤比賽，才可以獲得播種的機會，他甚至把種子偷偷帶上飛機，默默播種，或是善用地緣政治的競爭情勢。[9]

一九六〇年代，布勞格的半矮化小麥和巧妙的推廣手法，開啟所謂的綠色革命（Green Revolution）。[10] 這些努力和其他農業發展，曾經一度在南亞與拉丁美洲阻止挨餓發生，拯救十億人口。[11]例如從一九六五年到一九七〇年，印度和巴基斯坦的小麥產量幾乎翻倍，大幅降低糧食價格。[12]布勞格功不可沒，榮獲諾貝爾和平獎、總統自由勳章、國會金質獎章，全球有無數人對他感激涕零，只是永遠不知道他的大名。[13]

綠色革命在拉丁美洲和亞洲相當成功，但全球有一個大洲，也就是非洲，幾乎沒有任何改變。綠色革命之所以會錯過非洲，有幾個原因：缺乏基礎建設、土壤類型複雜多變，還有非洲政府並未積極參與。[14]此外，布勞格在成功之後，世界持續發展，全球倡議的優先順序改變了，支持地方農業一途不再是對抗飢餓的主力。

結果在二十一世紀初，非洲農田的玉米產量只有美國農場的六分之一。[15]非洲領導人想要扭轉現況，蓋茲基金會和洛克斐勒基金會也開始推動新倡議，支援非洲農民。二〇〇六年，我因為這份工作有機會當面見到布勞格本人，當時布勞格高齡九十二歲，距離他過世只剩下三年。布勞格很清楚這些數據，對我們的新工作瞭若指掌，他希望大家再大膽一點，扭轉非洲農民的現況。

布勞格為了說服我，想要觸及我的心，他握住我的手，看著我的眼睛說：「到了我這個年紀，你只會在乎自己是否盡了最大的努力。憑藉著背後的資源，你可以完成這件事。」我後來經常會想起這段話。

我加入美國國際開發總署時，還以為可以說服美國政府重新投入支持農業，尤其是非洲。自從這個單位成立後，曾經有一段理想主義的時期，但是後來美國對拯救飢餓的宏願越來越薄弱。一九六〇年代，美國農業發展預算以現代的標準換算，大約是八十億美元，但在我加入時，大約只剩下二十三億美元，當中包括伊拉克和阿富汗戰時的大規模發展。[16]此外，農業發展一度是這個單位的重點專案，如今卻早已轉移焦點，以致美國國際開發總署對貧窮國家的援助，主要從基礎設施和民主體制著手。但二〇〇八年的全球金融危機，使人們陷入糧食不安全的境地。全球有超過九億人口營養不良，相當於全球一三％的人無法持續獲得充足、有營養的食物。[17]

我站上美國參議院的審查聽證會，這主要是一個多人專家小組，由國會議員組成，我就好像參加求職面試的人。從頭到尾的聽證會還會在C-SPAN電視台直播，我解釋美國要擴大農業發展規模，讓世界各地享受這些進步的原因，還提到想要發揚布勞格農業開發的願景，幫助世界上其他有需要的地方。[18]

我在發言時，看到共和黨與民主黨議員頻頻點頭。共和黨對民主黨任命的人選總是很嚴厲，民主黨也是如此，可是當我提到美國對外援助必須善用數據，採取商業化策略，比如幫助農民突破農耕技術，就可以預防飢餓，共和黨議員聽了這些內容後似乎特別贊同，於是我認為可以在這個大賭注的背後，建立強大的兩黨聯盟。

只不過我差點搞砸了。

放下過去的成功

二〇一一年，共和黨在美國眾議院取得多數，他們提出第一項重要的立法提案，正是大幅刪減總開支，美國對外援助發展的資金也大幅減少，但這些經費正是美國國際開發總署的命脈。[19]

他們提議的削減幅度，一度危及總署的存亡，感覺是在攻擊我們的工作，而我對農業的大賭注頓時了無希望。我們剛協助建立一個名為「餵飽未來計畫」（Feed the Future）的新專案，這顯然會提高美國對國外農業的投資。專案執行頭兩年，已經幫助一百八十萬個非洲小農，大多是擁有一小塊農地的女性，仰賴農耕維生和就業，餵飽未來計畫提供她們先進的種子、肥料及設備。這個專案才剛剛起步，如果缺乏穩定長期的資金，還沒有開始前進就會深陷泥淖。

我看著那個大賭注和其他專案有可能告吹（光是糧食援助的預算，立法部門就預計削減三〇%），於是做了在那個職涯階段自然而然會做的事。我蒐集所有最好的數據，想要以最有力的證據為基礎來建構我的論點。我和團隊花費好幾天，估計預算削減可能的影響，然後就帶著數字來到國會山莊。

我前往眾議院的撥款聽證會，報告我們的調查結果。我告訴專家小組：「我們估計，而且是非常保守的估計，（預算案）將導致七萬名兒童死亡。」我清楚列出具體的數字：三萬名因為刪減瘧疾計畫而死、兩萬四千名因為削減疫苗接種計畫而死，另外一萬六千名則是因為缺乏營養和其他原因，一出生就會死亡。

這立刻引發迴響，其中一則新聞標題寫道：「美國國際開發總署官員表示：共和黨法案恐殺死七萬名兒童。」[20]其他記者也跟進報導。有人在推特（Twitter）上轉發，包括白宮裡的人在內，不少民主黨人都為我喝采，感謝我如此大膽，以生動的手法解釋預算刪減會造成的影響。但是共和黨人憤怒不已，罵我剛愎自用、偏袒民主黨，並且不顧別人的感受。[21]

我看到了兩條前進的路。我可以加倍努力，成為偏袒民主黨的戰士，在推特和有線新聞台贏得辯論，善用數據與分析搏取政治優勢，證明我（和民主黨）有道德正當性。但是我還有另一條路，也可以實現大賭注，就是停止越陷越深，專心突破困境，盡量修復傷害，爭取兩黨對全球飢餓倡議的支持。這條路要求我修補關係，試圖與共和黨人還有其他人，建立更優質、更深入的關係，這些關係不僅僅是利益交換或強調技術細節，而是有共同價值觀與共同利益。

實際上，我別無選擇。

我必須挽救美國國際開發總署的預算，而且動作要快。有時我稱為「道歉之旅」，第一站是眾議院議長約翰．貝納（John Boehner）的辦公室，我見到當時貝納的幕僚長貝瑞．傑克遜（Barry Jackson）。他非常專業，經歷過無數次的黨派之爭，但傑克遜直接告訴我：「你的言論很有攻擊性，因為你並沒有尊重我們的道德價值觀。」後來貝納議長走過來，我表達懺悔之意。傑克遜建議我，走出議長辦公室修補關係。

接下來幾週，我彷彿見了那一整年會上福斯新聞（Fox News）的每位議員，我和新當選的強硬派茶黨成員共進晚餐，我坐在他們的參議院辦公室。二〇一一年撥款法案通過時，美國國際開發總署獲得足夠的共和黨票，最後用在全球保健和救災計畫的資金反而適度增加。[22]由此可見，努力對外溝通確實很有效。

從表面上看來，這個故事透露華府和政治圈是有問題的，為了拯救成千上萬的人命，我必須安撫受傷的自尊。但我認為這個例子就是政治圈的常態，因此我們期望領導人可以看見連結，然後加強連結，並利用這些連結來推動共同利益。

無論怎麼看，這個事件都讓我明白自己需要成長。我的論點並沒有錯，因為數據是對的，我錯在把共和黨人視為要戰勝的人，而不是要理解的對象。如果我想要帶領大家前進，在看待共和黨人（與其他所有人）時，也要一起看到他們身上的複雜性。

要做出這樣的改變，真的不容易。我之所以來到華府，部分是因為善用論據和數據去說服他人。我透過計分卡與指標，凝聚所有走進旋轉門的人，組成救援海地的大型聯盟。但是如今我必須學會，展示真正共同的立場，並和政府的政治對手某種程度上建立連結。

最難做到的一件事，就是放下過去成功的策略和方法。當你面對頑固的對手，即使盡了最大的努力，對方仍不為所動，這真的很折磨人。但是如果你有實現大賭注的決心，就不會放棄，而是會換一個方法試試看。

把對方看成有血有肉的人

我努力對外溝通，預算終於有了起色，但是我正忙著和朋友討論，該如何在華府爭取更長久的支持。我從小就關注政治，但在親眼見識華府日益嚴重的黨派鬥爭時還是很驚訝。多年來，一直有人在宣傳，歐巴馬總統不是在美國出生，有這些假消息不就證明政治正在分化嗎？共和黨人與民主黨人之間的文化、種族及經濟分歧正在擴大。

在這種氛圍之下，我覺得最好要找一位值得信賴的中間人。這時候有人介紹沃德・布雷姆（Ward Brehm）給我認識，他多年來一直待在華府，為共和黨效力，處理非洲飢餓等問題。布雷姆從明尼蘇達州的保險業大賺一筆，四十二歲那年跟著教會去非洲一趟，從此愛上了非洲。他愛上非洲大陸和非洲人，展開五天的精神之旅，穿越非洲最偏遠的地區，後來他成為喬治・W・布希（George W. Bush，即小布希）總統的顧問，針對非洲發展問題提供建議，也包括飢餓問題。[23]

對布雷姆來說，只要我尊重共和黨人的道德與精神價值，和他們建立連結，共和黨人應該會發自內心支持我們的努力。他幫助安排與共和黨人的會議，主要是參議員，我們認為可能會找到一些共同點。其中一些人，例如奧克拉荷馬州參議員殷荷菲，似乎很喜歡找我老闆的麻煩，他曾經煽動美國人懷疑歐巴馬的公民身分，[24]後來和我一起去衣索比亞，他還要求我下來推車子。由於那樁競選事件，加上許多共和黨人曾經想刪減美國國際開發總署的預算，所以我有許多同事都不信任包括殷荷菲在內的共和黨人。因此，有時候我只好私下與殷荷菲和布雷姆見面。

剛開始幾次會面，我不急著訴說自己的論點，因為我去見他們，不是為了遊說，而是為了聆聽。有布雷姆在場會幫忙引導談話，導向我們各自從政及參與政策制定的初衷。從這些對話中可以看出，有很多人是受到基督教信仰的感召，以及基督教對傳教和慈善的重視。這些人所重視的問題，飢餓位居前列，因為這和《聖經》的教義密切相關。一次又一次的會議，我聽到《羅馬書》第十二章第二十節、《路加福音》第三章第十一節等經文。會議的最後，我們通常會手牽手，由布雷姆帶領眾人禱告。

開了幾次會後，我終於可以自然而然地分享自己的從政動機。我從小在美國和華盛頓長大，一直都是個異類，那些害我格格不入的事物，我一直好想要擺脫，包括我的家族史和信仰。更何況我是一個靠數據辯贏的人，突然要在大家面前展現脆弱，讓我有一點緊張。但是後來我發現，分享我們家族發育遲緩的故事，或是我在旅行中看到的不公不義，比任何試算表都更震撼，這幫助別人更能理解我，也更欣賞我努力的目標。

深入對談，觸及真心

為了深化這些對談，我想嘗試其他方法來觸及別人的真心。如果我只是在百忙之中抽出半小時在辦公室開會，這不是建立連結最好的方法，於是我使出渾身解數，親自參加密西西比州立大學（Mississippi State University）的糧食安全活動，當場見到參議員泰德．柯克蘭（Thad

Cochran），參加南卡羅萊納州的廣播節目，和參議員林賽．葛瑞姆（Lindsey Graham）討論外援；曾經和殷荷菲一起在衣索比亞陷入泥濘中，我們那次到非洲，一起去拜訪他最好奇的基督教援助團體，我們想打擊飢餓問題的感覺更強烈了，他後來說：「我只願意和沙赫一起走過泥濘。」[25]

殷荷菲終於邀請我加入參議院的禱告小組，大約有二十五位議員，大家在每週三會抽出一小時，聚集在國會大廈一個隱蔽的小房間裡。每週三的禱告會創造一個難得的機會，讓共和黨人與一些民主黨人，以及像我這樣亂入的外來者齊聚一堂，手拉手禱告，不允許官方業務、工作人員或記者參與。[26]

起初我聽到這種公然的宗教活動，本來還有些猶豫。雖然我是在印度教家庭長大，但是偶爾也會參加基督教會的主日學，了解基督教的基本教義，可是我很少在公共場合公開談論正式的宗教信仰，也不認為自己曾深深研究神學，不過殷荷菲和布雷姆的盛情難卻，我很快在週三早上與一群參議員共進自助早餐。

在未來幾個月和幾年，我開始珍惜這些聚會，雖然與會者經常說這只是為了交朋友，但我覺得也是昇華心靈的機會。我不會在這裡分享我們私人聚會的細節，但我會說當我們建立連結時，大家都是有血有肉的人，而非政治家；大家都是在服務信仰、我們的同胞與更多的人類，而不是迎合某個黨派。結果這樣相處起來更自在了，可以盡情訴說憂慮和恐懼。

在那些早餐會與聚會，就像我的許多一對一拜訪和出差，並沒有開啟新的辯論，而是開始談論個人與事業的挑戰。當我習慣這麼做時，發現別人對我更放心了。我們似乎在每個層面都天差地遠，但在這些聚會過後，我們可以建立信任的基礎，而這份信任感非常重要，讓我建立一個大聯盟，並特別針對改變美國對外援助方式，進而拯救全球最飢餓、最弱勢的人。

如果你不認識對方，對方也不認識你，就不會信任你。可是要組成聯盟，信任比任何事都重要，但在這個兩極分化的時代，信任實屬難得。信任建立在共同的基礎上，將對方看成有血有肉的人，而不是職位、政黨或其他任何標籤。建立信任時，找到一個雙方都尊重的中間人可以有所幫助，就像我找到布雷姆。

在還沒有需要之前，提早建立關係

二〇一一年八月，美國空軍軍機準備降落在達達阿布難民營（Dadaab Refugee Complex），有數百人正穿越肯亞沙漠，大多是婦女和兒童。[27]達達阿布難民營距離肯亞與索馬利亞的邊境大約八十公里，北非爆發大飢荒期間，那裡是主要的人道援助中心。[28]早期數據顯示，索馬利亞近一半的人口，相當於三百七十萬人正面臨糧食危機，其中大約七十五萬人有餓死的危險。[29]

我參加當時副總統夫人吉兒．拜登（Jill Biden）博士籌備的行程，她不遺餘力地幫助各地的弱勢群體，這次是為了呼籲大家關注非洲嚴重的大飢荒，其中一站就是難民營的急性營養不良中心，快要餓死的人都會在那裡接受治療。

在那裡，我站在一張病床旁邊，和一位女士交談，她拿著藍色杯子餵四歲的兒子喝水。這個孩子的體重不到九公斤，不僅在中心接受照顧，還成為一項重要發明的受益者。這款神奇復甦膏名為Plumpy'Nut，是法國兒科營養師發明，然後由美國國際開發總署和合作夥伴支持開發。[30]

我透過口譯和那位母親交談，發現她的眼神不斷飄向床尾，床尾有一小包蓋著藍布的東西。那個母親說那塊布蓋著的也是她的孩子，早上剛剛離開人世。我聽了震驚不已，那個孩子還來不及趕到難民營，就在途中活活餓死了，[31]他就這樣錯過活命的機會，但如果已開發國家的孩子遇到同樣的事是可以救活的。

我至今依然忘不了那個小小的布包，我一生見過無數事情，從印度比利吉里蘭加納山區，再到阿富汗等地的戰爭，但是沒有什麼比親眼看到孩子因為飢餓而消瘦，甚至餓死，更令人難受的，這種飢餓明明是可以預防和治療的。

那天稍晚，我帶著吉兒博士和代表團的其他成員，一起去看美國國際開發總署的其他計畫，包括我們援助的抗旱作物與新的灌溉系統，這些就如同Plumpy'Nut，長期下來可以減少那位母親面對的苦難，但是短期內，計畫仍有可能失敗，我親眼看見孩子死亡，心情還是很沉重。

有一天，飢荒更嚴重了，有人通知我附近有一艘載著美國大公司嘉吉（Cargill）好幾公噸大米的船隻，正準備運往市場，嘉吉主導穀物和其他食品的生產與分銷。我可以派人道救援團隊求援，但還是決定親自出馬，打電話給嘉吉執行長葛瑞格・佩奇（Greg Page）。32

一年多來，我為了餵飽未來計畫，一直和數十家食品與農業跨國公司打交道，包括嘉吉在內。我針對糧食問題，努力和民間打好關係，這種做法在總署不受認同，因為許多同事都認為這些企業也是問題的一部分，企業太重視利潤，卻罔顧人道主義和環境問題。

但是在我拜訪佩奇位於明尼蘇達州的辦公室，以及我們後續幾次的談話中，我發現自己和他都迷戀數據：大家都知道他對商品市場很有一套。如果我可以從對方的身上學習，並且一起成長，這樣的關係讓我最自在，我和佩奇的關係就是如此，這是我快速找到共通點的方法。

因此過了將近一年，我再次打電話給佩奇，不必從零開始。我迅速帶過索馬利亞的應變計畫，他聽到一半就打斷我的話。佩奇清楚情況，他一直在追蹤，並且理解索馬利亞、肯亞及衣索比亞的局勢，早就知道要把合適的食物送到合適的地點，是多麼困難的一件事。

我告訴佩奇：「我們認為嘉吉的船隻最適合緊急救援，無論是地理位置或糧食數量都剛剛好。」然後直接問他：「你會考慮做一些不一樣的事，來幫忙解決這場危機嗎？」佩奇的回答簡單扼要：「這就是我們在做的事。」嘉吉已經建立龐大網絡，能夠按照時間與預算將產品從世界的一端運到另一端，而且佩奇想要吸收這次的費用。[33]

佩奇不只是改變船隻的航向，最後嘉吉蒐集一萬公噸的糧食，如果每二十三公斤裝成一袋，相當於有四十二萬五千袋，所有的貨物都在孟加拉灣卡基納達（Kakinada）上船，運往印度洋。整個計畫耗時兩個多月，但是當這艘船抵達時引發巨大迴響，餵養肯亞九個地區共一百萬名索馬利亞難民。[34]

募捐不是永久的解藥，但是二〇一一年大飢荒的應變計畫印證了，如果想要改變美國對抗飢餓的方式，有賴更多美國人參與。嘉吉不是唯一一家企業；有幾家跨國公司都提議要培訓非洲農民使用新技術。這一切都是從一小通電話、短暫的會面及小小的請求開始，我們常常忘了當面接洽的重要性，直到有一天我們真正有需要，恐怕就來不及了。

那一天，可能是你需要求援，也可能是要拯救別人的生命。最好不要等到情況嚴重了，才開始建立關係，如果可以，在危機發生前就先找到共通點。

不斷尋找對的人

不久後，人生中最棘手的情況就被我碰上了。我在美國國際開發總署開會，身旁坐了十幾位來自美國各地海事工會的人。會議室牆上掛滿糧食救援計畫的照片，色彩鮮豔，相當醒目，包括醫院裡的難民、正在使用新水泵的農民、吃著美國捐贈糧食的兒童，但是這群海事人員卻愁眉苦臉。

他們的表情會如此陰沉，是因為美國調整對抗飢餓的方式。現在的方法主要是把美國糧食運往國外救濟上億人，此舉也為這時候坐在會議室裡的這些美國海事工人提供穩定工作。但是這種體制對貧窮國家不利，非洲農民和其他人深受其害，畢竟外國捐贈的糧食品質較好、成本較低，非洲當地的農產品根本無力競爭。更重要的是，運送大批糧食花費的每一分錢，其實有更好的用途，例如發給當地人禮券，鼓勵他們購買當地生產的糧食，反而可以餵飽更多人。[35]

因此我們想向當地農民買穀物，刺激他們的產量，扶植當地農業。這個調整措施稱為在地化倡議，惹毛了從現狀獲益的美國人，最大的抱怨來自承包商，他們運用人脈拿下無數的國外發展標案。這些承包商和工人開始向美國國會的朋友抱怨，然後這些人再向我抱怨，揚言要阻止改革。正如尷尬的會議所表現的那樣，工人們也擔心出貨量減少會影響他們的工作。

但是如果我沒有陳述自己的論點，絕不輕言放棄，我希望可以和一些工人與工會代表坐下來，一起尋找共通點。結果並不理想，我提供的數據無法說服他們；我問起他們的家人，沒有人看我一眼；我努力說幾個笑話，也沒有半點笑聲；最後，我請大家看會議室裡的照片，希望他們了解美國做了哪些善事，喚起他們的驕傲，只可惜沒有人轉頭觀看。

幸好我沒有放棄，指示團隊持續調查有誰在關心這個議題，又有誰從中獲益。我希望找到一個心胸更開放，和我們有共同目標的人，最後找到馬士基（Maersk）這家丹麥大型船運公司，對方一直和美國航運界保持密切關係。馬士基商務長史蒂夫・舒勒（Steve Schueler）曾在微軟工作，[36]我不常向蓋茲開口，但是這一次請他幫忙引介。

後來我前往哥本哈根和舒勒會面，他當面向我解釋，馬士基在美國註冊的業務，主要是看在感情，而不是金錢。從一九一九年開始，馬士基一直在美國營運，所以有長達數十年的時間都負責運送美國援外的糧食。[37]想必你已經猜到了，我把試算表帶在身上，證明這筆運輸費用只占馬士基航運收入的一小部分。近年來，美國援外的糧食逐漸以小容量的運輸為主，例如Plumpy'Nut的體積就很小，因此這些物品所占的空間遠小於大體積的穀物，我懇請舒勒為了全球糧食安全，犧牲一點利潤。[38]

舒勒答應會調查這件事。馬士基和美國海事工會關係密切，最後替我們說服工會，工會終於妥協了。一些在地化改革總算通過。根據新規則，美國國際開發總署可以和非洲農場購買糧食，來餵飽成千上萬的人。結果美國對飢餓的救援計畫更平衡，非洲的農場也更有韌性。[39]

這段經歷教會我，有時候不可以輕言放棄，直到最合適的盟友出現為止。成功的關鍵有時候是找到對的人，這可能需要動用一切資源認真做研究，深入挖掘歷史，偶爾還要靠運氣，就如同我遇到的情況。那個對的人可能不是你接洽的第一個人，就連到了第五十一個人，還是無法接上線，但是只要持續尋找和嘗試，絕對會找到有能力，也有意願幫忙的人。

建立一個為使命奮鬥的大聯盟

二〇一四年初，我應美國國家祈禱早餐會（National Prayer Breakfast）之邀發表演說。這是一年一度的盛會，源自德懷特．艾森豪（Dwight Eisenhower）總統執政時期，廣邀商界、民間及政治圈的菁英。美國總統和副總統通常都會出席，電視也會轉播主題演講，這讓我有一點緊張。真正的聖人德蕾莎修女（Mother Teresa），就曾在某年發表演說。

接到德州共和黨議員路易．戈莫特（Louie Gohmert）的電話後，我更緊張了，他是早餐會的主辦人之一，在我演講時會先開場。戈莫特以前曾對其他宗教人士說過一些很不禮貌的話，例如宣稱穆斯林婦女移民美國，是為了生下恐怖分子。[40]

我找老友努斯鮑姆一起，反覆修改演講稿，我們從高爾競選活動就認識了。但問題是我喜歡講政策、秀數據，而那些觀眾期待我聊一聊信仰。演講當天早上，這整件事害我緊張不已，我旁邊坐著副總統拜登，他把手放在我的手臂上，說笑話給我聽，並且安慰說我演講的內容一定很值得聆聽。拜登的鼓勵對我幫助很大，但我還是沒有放鬆警戒，直到戈莫特說完開場白後才終於鬆了一口氣，他的開場寬容優雅，完全在我的意料之外。

演講中，我談到我們建立不尋常的聯盟，跨越黨派一起對抗飢餓和貧困，共同支持美國國際開發總署的工作，影響無數人的生活。我聊到數十年前到比利吉里蘭加納山，以及後來前往達達阿布難民營，親眼見識人間的苦難。我也提到好撒瑪利亞人（Good Samaritan）的比喻，鼓勵在場每個人共同努力終結極端貧窮，依照當時的定義，每天生活費不到一．九美元，大部分開支都花費在食物上的人，就可以歸類為貧窮人口。[41]

三年前，我反對預算刪減，冒犯許多共和黨人，如今有許多觀眾，甚至包括戈莫特都站起來，為我的言論鼓掌。我很確信，他們的反應熱烈主要是因為我們一起完成的偉業，而不是因為我的演講。我們建立一個非常規的聯盟，包括共和黨人、民主黨人、商業和宗教領袖在內，改變了美國應對全球飢餓的方式。

又過了一年，白宮打電話請我幫忙聯絡共和黨人，希望可以通過《全球糧食安全法》(Global Food Security Act)，讓這項工作能夠長期進行。我拚命打電話拜託結交的許多盟友，包括殷荷菲在內，幾乎所有參議員都支持通過。這項法案受到熱烈支持，歐巴馬總統簽字時，甚至還開玩笑說大家也太興奮了。[42]他簽名的那支筆最後送給我，依照傳統，簽名筆通常會送給催生新法案的人，後來這支筆一直放在我的書桌上。

這個珍貴的紀念品不僅讓人想起法案想要實現的目標，也讓人想起一路上提供幫助的人。這項政策是一個非傳統的結盟，十多年來致力於解決這個問題的結果，包括保守的共和黨人、進步的民主黨人、商業和宗教領袖、科學家、活動人士，甚至搖滾明星。我感謝這些盟友，包括布勞格、參議員吉姆．英霍夫(Jim Inhofe)、克里斯．庫恩斯(Chris Coons)和艾米．克洛布查爾(Amy Klobuchar)，我在美國國際開發總署的繼任者蓋爾．史密斯(Gayle Smith)，以及U2主唱波諾(Bono)成立的ONE Campaign，感謝他們幫助對抗飢餓。

立法後，我們有許多計畫終於常規化，餵飽未來計畫不用再擔心經費了。光是餵飽未來計畫，到了二〇一五年已經幫助近九百萬座農場，學習農業技術和知識。[43]餵飽未來計畫關注的國家，有兩千三百萬人擺脫極度貧窮，有三百四十萬名兒童不再營養不良，就沒有生長遲緩的問題。[44]總之，這項工作幫助超過一億人擺脫糧食不安全的狀況。透過個人化並取得成果，我們還協助建立可持續的支援系統，重振美國應對飢餓的方法。

往後幾年，即使政黨輪替，國會仍再度批准《全球糧食安全法》，讓這項法律延續下去。[45]二〇二二年俄羅斯攻打烏克蘭的野蠻戰爭引發糧食危機，但是多虧《全球糧食安全法》的部分條款，讓美國能夠強力因應。[46]總體來說，這確保美國有能力投資農業，防止危機發生，否則後果不堪設想。這個重要遺產建立一個長久的大聯盟，為正確的道德使命奮鬥。

我想改變整個體制，但必須先改變自己。光有正確的論點還不夠，我要學會如何連結、如何分享、何時對外溝通，以及和哪些人結盟。當我開始習慣分享自己的價值觀和弱點，一切都變得更容易、更順利了。公開談論家庭與信仰，對我來說不是天生就會的事，我必須額外練習，例如參加祈禱早餐會，才可以慢慢敞開心扉。

但是做了這些事改變一切，我也在過程中建立真正的友誼，幫助我換一個角度看待美國政治，在華府確實可以成就大事。我也學會當一個更優秀的倡議者，分享我的家族曾經面臨的挑戰。因為我觸及人心，結交到意想不到的盟友，我們一起組成強大的聯盟，試試看可以做出什麼好事。

要怎麼觸及他人的真心？

觸及真心必須從某個人開始，就是你自己。

這並不容易，尤其是剛出社會時，你通常想要立刻切入正題，直接陳述你的理由，深怕給人一種不夠聰明或不夠專注的感覺。因此如果要你觸及真心，可能會猶豫再三，擔心這麼做會不夠專業、成熟或從容。

但是如果不能觸及真心，就永遠得不到你想要的（以及大賭注需要的資源）。你必須學會讓對方放鬆自在（主動了解對方前進的動力），也要讓自己放鬆自在（了解自己前進的動力）。

以下是一些觸及真心的方法：

- **保持開放的心。**盟友可能出現在你意想不到的地方，重要的是你必須有隨時和人連結的準備，即使對方不是你期望的隊友，只要你們有共同的目標和熱情，就可以建立連結。

- **停止越陷越深。**當你犯錯時，就要承認錯誤，向對方道歉，無論是當面致歉，或是想辦法創造合作的機會。與其僵持不下，為自己吸引注意，還不如就此打住，結果反而會更好。
- **找到可信的中間人，讓更多人相信你的賭注。**找共同的朋友，幫忙開啟對話，如果遇到瓶頸，有中間人居間協調，還可以讓對話持續。
- **勇敢示弱。**公開表達你的價值觀、希望和恐懼，將有助於其他人也這樣做。
- **提早開始布局，不輕言放棄。**在你還沒有需要前，提早尋找共通點。不要輕言放棄，直到你找到合適的盟友為止。

第五章
釐清你押注的對象
——留意與測試夥伴的可信度

有時候有一顆想要做好事的心（不只是改善問題，而是解決問題），可能會忽視潛在的陷阱。疫苗計畫、人道救援及糧食安全的經歷，教我做人要天真、樂觀，這是實現大賭注的必要條件。但是如果只有天真，可能會搞砸。

這個教訓是我從下一段旅程學到的。

二〇一三年十二月某天，我前往剛果民主共和國東部，去看看戰爭留下的深刻傷痕。這趟出差及前一天搭乘一小段直升機，開啟一段大賭注、高潮迭起的旅程——這個過程充滿深刻的複雜性、高度的期望，和一些來之不易的教訓。

沿著寧靜的基伏湖（Lake Kivu）驅車前進，回首來時路，我看到岸邊有紅色、橘色和黃色的屋頂，與藍色的湖水和天空形成鮮明對比。這裡的景色是如此鮮豔，但其實有一段黑暗的歷史，包括兩場戰爭，從一九九六年至二〇〇三年仍有五百萬人因此死亡。[1]

我很快就會看到，戰爭的創傷癒合得很慢。

在聯合國兒童基金會有一個創傷兒童支援中心，讓我遇見心理受創的孩童，他們小時候都曾經歷嚴重的武裝衝突。其中大多數的孩子，父母慘遭殺害，老家的村莊盡毀。一旦成為孤兒，女孩經常遭到強暴，而男孩則淪為童兵，被下藥、洗腦，當成殺人機器。如今他們都二十多歲了，跟著治療師與培訓師一起努力，重新展開在剛果民主共和國的新生活。

診所的工作人員走進修復中心的男子宿舍，叫來幾位年輕男性和我們打招呼。我記得最清楚的是，他們都魂不守舍，非常詭異。在場有數十位年輕男子，不嬉笑、不玩鬧，反而心情沉重，焦慮不安，但他們不是長大，而是被掏空了。導遊向我們解釋，希望可以喚醒他們的人性。

那天下午，我發現一個可行的辦法。我拜訪幾位年輕男女，他們剛剛當上技師，之前在東剛果倡議組織（Eastern Congo Initiative）上過機械課程，這個非營利組織是由導演班・艾佛列克（Ben Affleck）和政治人物惠特尼・威廉斯（Whitney Williams）共同創辦，一直受到美國國際開發總署支持。[2]由此可見，雖然剛果民主共和國晚近的歷史對這些孩子造成莫大傷害，但只要給孩子適當的機會，還是有能力過更好的生活。

前一天我搭乘直升機，參訪印加三號（Inga 3）水壩發電計畫。我認為只要這個計畫成功了，基伏湖附近的居民，乃至剛果民主共和國其他地區，都會有更光明的未來。印加瀑布的落差驚人，在十四．五公里內下降九十公尺，繼印加一號（Inga 1）、印加二號（Inga 2）水壩後，即將興建印加三號，可以發電四千八百千瓩，足以為數百萬個美國家庭供電。[3]剛果民主共和國急需電力，如果印加三號可以發這麼多電，就能提供廉價的電力，否則剛果民主共和國有九一%的地區沒電，而非洲大部分地區也都缺電。[4]

印加三號水壩堪稱現代開發領域最大的賭注，也是最複雜的一個，因為這要克服非洲人的缺電問題。除了水壩之外，還有其他許多的倡議正在緩慢地填補這個差距，例如太陽能爐、柴油發電機或行動充電站。可是光憑印加水壩一個計畫就能供應大量電力，滿足剛果人與非洲許多人的需求。

但是印加三號大壩的規模太大了，必須讓政治、經濟及制度三股力量有著近乎完美的配合，並且與領導者採用新方式進行深度合作。當我連結非洲的夥伴、開發銀行、中國領導人，以及最重要的美國政府，試圖建立不一樣的聯盟時，卻沒有提早發現許多警訊。

因此，我推動印加三號大壩時學到很多東西，超出自己的期待。我是從失敗中學習，大賭注本身，一來要冒險，二來要嘗試看似不可能的事，一旦徹底失敗，風險往往很大。在這種情況下，我必須認清自己押注的對象，預想事情會有各種出錯的可能。

當你進行大膽投注時，賭的不是技術，也不是受益者（反正只要計畫成功，這些人的生活都會變好），你賭的是合作夥伴。印加大壩的經驗告訴我，你的賭注強度取決於最弱的合作夥伴，一定要不斷確認弱點在哪裡，以免事情搞砸，但是即使再小心，仍有可能錯失，眼睜睜看著一切付諸流水。

樂觀相信人們願意支持大變革

我和各國領袖來回磋商，探討該如何解決非洲電力短缺的問題，我會見當時奈及利亞財政部長恩戈齊．奧孔約－伊衛拉（Ngozi Okonjo-Iweala），她是一個很了不起的人：永遠保持樂觀，有深厚的道德情懷。她取得哈佛大學（Harvard University）學士學位與麻省理工學院（Massachusetts Institute of Technology, MIT）博士學位，在世界銀行任職二十五年之久，統籌好幾項計畫，化解貧窮國家的糧食和金融危機。她是奈及利亞第一位女性財政部長與外交部長，因為推動行政透明和打擊貪腐而聲名大噪。[5]

我們推動「電力非洲計畫」（Power Africa）時，曾經徵求許多非洲領袖人物的建議，奧孔約－伊衛拉就是其中一位，這項計畫集結政府和民間的力量，一起擴充非洲的潔淨電力，[6]就和餵飽未來計畫一樣，列出具體可衡量的目標，指明每個專案會觸及多少非洲人口，將釋放多少瓦特的電力。奧孔約－伊衛拉等人樂見其成，卻覺得這些數字不夠大。

他們對規模的渴望，可以用一個字彙描述：印加（Inga）。

只要是熟悉非洲的人，都知道這個字彙的出處。印加一號和印加二號大壩，分別建於一九七〇年代與一九八〇年代，利用印加瀑布強大的水流。印加三號大壩堪稱大升級：比原來三百五十一千瓩的電力，整整多出十三倍以上。[7]第三座大壩是大躍進，而有「大印加」（Grand Inga）之稱，可以產生四十百萬瓩的電力，以極低的成本為撒哈拉以南非洲十幾個國家供電，而當時這些地區都缺電。[8]

從印加大壩拉出來的電線不僅是潔淨電力，還會穿越非洲大部分地區。有了這些電線，就能照亮不敢走在暗街上的女性、夜深就無法學習或幫忙家務的兒童，以及無數的小型企業（這些企業為東剛果倡議組織培訓中心的年輕男女創造就業機會）。這些電線會幫助剛果民主共和國的礦業部門，開採當地無與倫比的黃金、鈳鉭鐵礦、鋰和銅，為該國創造財富，對現代數位世界來說，這些礦藏是電路板不可或缺的材料。印加大壩的電線，北至奈及利亞，南至南非。撒哈拉以南非洲有高達七成的人口，相當於全球六億人，一直缺乏現代經濟必備的電力。[9]

當試著了解印加大壩，想像電線蔓延到非洲各地時，點燃了我的興趣。這座大壩的規模，可以鼓舞華府和全球許多人。我還發現，全球發展資金最大的金主世界銀行，也曾參與印加一號和印加二號的修復工作，數十年來，一直想實現大印加的目標，卻未能解決複雜的變數。印加大壩計畫確實有疑慮，卻幾乎沒有人嘗試克服問題，因為大家都陷入空想的陷阱。

印加大壩真的有成為大賭注的潛力。我手上有一幅電線的地圖，每次向上級推銷這個專案，總會拿出來使用，甚至包括歐巴馬總統在二〇一三年搭乘空軍一號出訪非洲期間。這是一個可大可小的解決方案，可望釋放剛果民主共和國與非洲的巨大潛力。根據我們對發展的了解，電力對人類生活的影響是很可觀的，包括改善健康、教育、就業及安全。我們還預計印加大壩也是對抗氣候變遷的大功臣：降低對柴油發電機的需求，每年會減少六千三百萬噸碳排放，相當於美國減少一千三百萬輛車上路。10

電力非洲計畫偏向漸進式改善，而印加大壩才是真正在解決問題，我看著這些數據，想著輸電線，一時太關注這個專案的潛力，卻疏忽合作夥伴。印加計畫有賴特殊的結盟，涉及國家、機構和個人，各方的意圖不盡相同。更何況我們要建立聯盟的國家，距離長期撕裂的內戰還不到十年。

以前的我會自己先跳下去，然後觸及真心，說服個人和機構擱置自身的利益，一起做大事。這種方法在這裡也行得通嗎？當時這個專案的問題太多，可靠的合作夥伴卻太少。我們也不知道誰會為一百二十億美元買單，[11]對美國來說，這筆錢太大了，當時美國投入的電力非洲計畫，也只是印加大壩的一小部分而已。雖然世界銀行也可能共襄盛舉，但仍有賴美國與中國的合作，可是兩國的地緣政治關係如此針鋒相對，這兩個國家做得到嗎？

我對印加大壩有信心（恐怕是過度自信），一來是我對規模的渴望，二來是我對人性的觀點，所以相信大家能在這些問題上達成共識。我們已經成功救援海地，解決飢餓問題，奠定穩固的基礎，可以再繼續前進了。這些成功的經驗讓我更加樂觀，相信人們對大變革的開放態度。

有沒有合作夥伴能讓這個計畫持續？

無論是我還是美國，印加大壩都不是第一個大壩專案。

我加入美國國際開發總署時，這個單位已經插手阿富汗事務，阿富汗從二〇〇一年以來一直在打仗。到了二〇一〇年，我們團隊冒著極大的風險，試圖為阿富汗人建立更美好的未來，甚至有一些同事犧牲生命。雖然有一些進展，安全也有改善，但是面對死灰復燃的塔利班（Taliban），阿富汗政府和安全部隊束手無策。塔利班在一九九六年至二〇〇一年控制阿富汗，包括禁止女孩受教育、嚴懲違規者，以及庇護策劃九一一恐怖攻擊的蓋達組織（Al Qaeda）人員，二十多年來，他們成為與美國、阿富汗和盟軍作戰的叛亂分子。[12]

在我加入的一個月前，歐巴馬總統對阿富汗許下重大承諾，下令增派三萬名士兵前往阿富汗，以武力對抗叛亂活動。[13]這項策略成功的關鍵，在於和阿富汗政府合作，甚至包括善變的總統哈米德．卡爾扎伊（Hamid Karzai），以安撫阿富汗人的恐懼與失望。因此這樣的策略還需要「部署大量非軍事人員」，因此美國派遣很多國務院、美國國際開發總署的人員，還有民間承包商到阿富汗，希望改善治理、教育、農業及基礎設施（特別是能源設施），以爭取阿富汗人支持。

就算有天時、地利、人和，這也是一項大工程，更別說阿富汗的情勢惡劣，例如阿富汗政府無力維護安全，卡爾扎伊政府太過腐敗，令人放心不下，所以這個計畫的難度又更高。

當我們追求這個策略時，有些人希望擴大規模。華盛頓或喀布爾（Kabul）安靜的會議室，召開一場又一場會議，美國軍方強烈主張，一定要重建卡賈基大壩（Kajaki Dam），這是一九五〇年代的水力發電專案，位於阿富汗首都喀布爾西南部。戰爭爆發前，卡賈基大壩已經荒廢。美國除了要修復兩台現有的渦輪機，還要增加一台大型渦輪機，以釋放這個水壩的發電潛力，為赫爾曼德省（Helmand Province）的一百四十萬居民提供五十一千瓩的電力。[14]

只可惜就像一些人說的，赫爾曼德省是「塔利班的地盤」，阿富汗政府從未在那裡樹立權威，就算在阿富汗其他地區也很難做到。對美國軍事領袖來說，這正是投資大壩的關鍵所在。理論上，如果卡賈基大壩能夠為坎大哈（Kandahar，阿富汗最重要的城市之一）提供電力和能源，可能會改善人民的福祉，同時實現美國與阿富汗的共同目標。

還記得我在第一次聽到這個專案時，內心充滿疑慮，如果連安全都有問題，該如何參與這麼大型的專案？光是運輸設備就要經過一段崎嶇不平的道路，這是多大的風險和開銷。有一次，我去參訪工地，大約距離坎大哈美國基地有九十公里，在參訪過後憂慮就更深了。我乘坐一架巨大的美軍直升機，機上士兵全副武裝，敞開貨艙門，隨時保持警戒，確認塔利班有無發動攻擊的跡象。我對戰爭較為陌生，但是在國際發展領域卻有豐富經驗，看到這種情況，已經可以預見我們不可能用合理成本，以安全或永續的方式重建大壩。

無論在華盛頓或喀布爾，許多人都有同樣的疑慮，也都表達出來，但是阿富汗戰爭的決策權掌握在美國軍方手中。有一次，我聽高階將領表示，如果沒有這座大壩，戰爭十之八九會打輸，因此像我一樣抱有疑慮的人根本無從反駁。

最後，阿富汗政府確實無力維護安全，也無法解決本身的貪腐問題，這座大壩得以完工，完全是靠美軍和阿富汗民間的努力。龐大的開支、無盡的延宕，大壩經常淪為美國國會與新聞媒體的攻擊目標，有些人稱為戰爭中浪費公帑的「經典案例」。[15]

美國和美國國際開發總署確實在阿富汗做了很多好事。到了二〇一四年，我們團隊在阿富汗各地興建五百六十所學校，招收八百萬名學生，其中有三七%是女孩。[16]此外，有四萬名女性就讀上大學，包括美國國際開發總署創辦的阿富汗美國大學（American University of Afghanistan）。[17]我們還幫忙興建基礎設施，包括阿富汗的電信產業，讓九〇%的人口享受手機服務。[18]這一切的成本，還不到整體戰爭成本的三%。[19]

卡賈基大壩向大家證明了，只要有足夠的資金和投入，就連看似不可能的任務也有可能實現。但即便如此，並不代表這就是好的賭注，因為當地的政府和制度結構不夠好，無法維護這些成果。而我們明知問題的癥結，卻未能公開坦承，最後導致卡賈基大壩這樣的錯誤政策，以及阿富汗戰爭這種更大的失誤。果不其然，二〇二一年塔利班再次接管阿富汗，他們不僅控制大壩，還把女性逐出大學。

你必須睜大眼睛看清楚自己的賭注，那些最不投入的合作夥伴往往會導致計畫失敗告終。重要的是，你不僅要考慮什麼有可能實現，還要認真考慮有沒有合作夥伴可以把成果維持下去。這個問題不容易回答，尤其像我們這樣的人總會用最樂觀的眼光看待別人，但是你仍然要拋出這個問題，不斷地追問自己。我從過去的經驗學習，試圖應用到未來的大賭注，也不一定會成功，務必記住。

留意你發現的警訊

電力非洲計畫推出後，過了幾個月，我在白宮開會，主要是關於非洲和印加大壩。會後，當時擔任總統國家安全顧問的蘇珊．萊斯（Susan Rice）把我拉到一邊，萊斯是重要的人物，經驗豐富、專注細節，不惜以直接的言詞指出薄弱的論點，她對非洲及其政治領導人的了解更勝於我。

當時世界銀行、美國國際開發總署等組織，花費很多年時間鎖定印加專案，敲定數十項重要細節，涵蓋技術、財務和政治。我為了尋求更多幫助，聯繫通訊錄裡的每一個人，前英國首相布朗建議我如何進行前置工作、國際金融公司（International Finance Corporation, IFC）負責人蔡金勇也幫忙和北京打交道。[20]

我們還在努力累積技術和財務知識，但是萊斯早已對剛果民主共和國瞭若指掌。多年前，萊斯見過剛果民主共和國總統約瑟夫．卡比拉（Joseph Kabila）。卡比拉的父親本來是總統，後來遭到暗殺，而後該國陷入長期的內戰，只好由年輕的卡比拉繼承父親的職位。[21]大家一度認為，卡比拉可能成為改革者，但是該國首都金夏沙經常有貪腐的嫌疑，二〇一三年國際透明組織（Transparency International）的清廉印象指數（Corruption Perceptions Index）評選一百七十七個國家，剛果民主共和國名列第一百五十四。[22]雖然萊斯欣賞我的樂觀和希望，但是她有數十年的經驗，能夠用務實的眼光看待剛果民主共和國。我提起即將訪問該國時，萊斯露出懷疑的表情。

我發現這個警訊，卻沒有理會。

清廉問題一直是剛果民主共和國政府高層的心頭大患，而我相信我們會解決這個問題。在和非洲領導人討論印加大壩時，我直言不諱地表示需要他們的幫助，從貪腐中保護每一分資金。世界銀行為此籌備新的發展機構，由可信的領導人一起監督，包括出身迦納的前聯合國祕書長科菲．安南（Kofi Annan）等。雖然這個發展機構受到世界銀行的認可，但尚未開始運作，剛果民主共和國政府也尚未同意條件，這都會影響整個專案的進度。[23]

我在籌備這次出差時，還發現一個不尋常的訊號。美國大使館聯繫剛果民主共和國政府時，卡比拉總統辦公室一直沒有答應會面。打了好幾通電話，還是沒有安排好。美國國際開發總署署長每次訪問其他國家，幾乎都會和國家元首見面，討論主要計畫或緊急危機。因此整個情況有點奇怪，如果剛果民主共和國很重視印加大壩，為什麼對印加大壩的會議竟是一副漠不關心的樣子？

我在當地逗留短短幾天，不是總統作陪，而是由總理馬塔塔・彭約・馬彭（Matata Ponyo Mapo）接待，他相當於剛果民主共和國的第二領導人，[24]人們習慣稱呼他為彭約，是一位經驗豐富的技術官僚，在該國的官僚體系步步高升。彭約看起來比較正派，他有三個孩子，對孩子感到驕傲，他領導剛果民主共和國，相信該國的未來會更加光明，而他講述的語言正是我熟悉的國際發展與數據。

在這次出差期間，我先前對會面的疑慮大致上都消除了。這是正式的訪問，會議嚴肅認真，也有實質內容，在我看來這是該國對印加大壩的熱情回應。[25]我和彭約、發展事務官員、企業高階主管開會，發現每個人都很熱心，願意做一切必要的事來推動印加大壩專案。我們飛往印加瀑布，感受那裡的地形，瀑布發出隆隆聲，地面充滿能量。隔天，我前往飽受戰爭蹂躪的東剛果，參觀轉銜中心，那裡專門輔導童兵和戰爭暴行的受害者。

我經過這次訪問後總算明白了，卡比拉之所以猶豫不決，不是因為剛果民主共和國對印加大壩沒興趣。我要離開時，彭約前來送機，他提到總統希望通個電話。雖然我們通話的時間只有短短幾分鐘，但是卡比拉的態度很親切，承諾很快能再見到面。儘管對方起初避不見面，用一堆客套的儀式敷衍我，但他最後打的那通電話無疑是一劑強心針。但也提醒我，這就是卡比拉的厲害之處，他是這個大賭注的關鍵合作夥伴，他的行為和利益都將發揮決定性影響。

飛機從金夏沙機場起飛，我回顧這趟出差的感受。我滿心期待要改革整個體制，幫助數百萬剛果人。我的理智告訴自己，這個專案可能是美中關係的一大勝利，一來改變非洲的經濟前景，二來解決氣候變遷的問題。但是有幾個原因讓我覺得不太妙，例如我對關鍵合作夥伴的動機了解得不夠深入。

去一趟剛果民主共和國後，我消除了一些疑慮，但卡比拉和該國政府高層仍是個謎，我沒有太大的把握。押注印加水力發電廠等於押注剛果民主共和國政府，但當時我的心中有一個疑問，我們能否建立一個夠大的聯盟，有足夠的透明度與制衡力量來促成這個專案，和剛果民主共和國政府合作？

押注越大，越需要可靠的領導人，大賭注絕對要有可信的夥伴，但那時候我還不確定卡比拉是不是這樣的人。你可以信任頭腦、心靈和直覺，在最理想的狀態下，這三者會給你一致的答案，但有時候這三者並不一致。當你感覺不太妙時，就應該重視這些疑慮，讓自己暫停一下，重新思考一切的後果。

一路上要持續測試夥伴的可信度

先前造訪剛果民主共和國的旅程還沒有完全消化，我在二〇一四年一月中就降落在北京機場。儘管我有時差，卻仍堅持在複雜的政治環境裡，努力為印加水力發電站建立合作夥伴關係。為了達成這個目標，我們要拉攏兩大組織：一是世界銀行，二是中國，但是美國和兩者的關係卻剪不斷，理還亂。

這個專案的核心是世界銀行，還有那位猶如鐵人的行長金鏞（Jim Kim），我和他相識十餘年。金鏞博士曾在全球執行ＨＩＶ／愛滋病專案，後來成為達特茅斯學院（Dartmouth College）校長。二〇一二年，歐巴馬總統提名金鏞博士領導第二次世界大戰後成立的世界銀行，該銀行的宗旨是廣為支持經濟發展，以及像印加大壩這類專案。

那一年，世界銀行斥資五百二十六億美元，在全球各國執行專案。[26]光是在剛果民主共和國，世界銀行就承諾投資四億六千五百萬美元。[27]世界銀行的優勢在於規模、長期和標準化：能夠長期持續投資，並且監督進度。金鏞博士全力支持印加水力發電站，承諾會提撥一些資源來評估專案的可行性。但世界銀行有一個問題，就是所有的股東握有發言權，可以決定哪些專案獲得最大的支持，而這些股東都是全球主要經濟體，包括美國和中國在內。印加大壩的規模太大了，當然也要徵求它們的同意。

我飛到北京的原因之一，就是要讓中國成為團隊的一員。早在七個月前，歐巴馬總統曾在加州棕櫚泉（Palm Springs）附近的陽光莊園（Sunnyland），和中國國家主席習近平會晤。[28]會議中，雙方直接討論中國的崛起，歐巴馬總統等人鼓勵該國成為全球社會更負責任的一員，尤其是中國國力持續成長。美中之間的關係有一些高度爭議的元素，但是兩國領袖都渴望找到妥善合作的領域。歐巴馬和習近平發表聯合聲明，內容正面積極（雖然有一點謹慎），不排除可以在氣候與全球發展的專案合作。

培養夥伴關係其實有莫大的潛力，但是不容易做到。北京已經拿出證明，願意透過「一帶一路」倡議，砸重金援助非洲，贏得友誼和資源。儘管需要額外的資金，但這些投資卻不一定對接受援助的一方有利。中國提供的不透明貸款通常附帶嚴苛的條款，絕非無償援助，導致許多人受到北京的牽制，同時中國公司有時會賄賂官員，推動傷害勞工或環境的專案。[29]此外，中國公司通常會僱用自己國家的人，而非當地的勞動力，導致許多好處變得毫無意義。更何況中國伸出援手，也是為了掌握稀土和其他有益資源，毫無透明度可言。

與此同時，美國的法律有明文規定，凡是在國外執行的專案，務必符合環保、反貪、保護人權的標準。印加大壩這樣的專案，無形中會面臨許多阻礙，部分是因為每個規則的背後都有負責把關的利益團體，比方環保組織、人權護衛者、國會議員，希望大家好好遵守規定。但也因為這樣，美國的專案成為全球心中的黃金標準，如此一來，每一分資金都會用來促進發展，例如加強反貪腐、為當地人創造就業機會、改善環境等。

我在北京開的第一場會議，是和中國首席經濟顧問劉鶴會面，他當時擔任中央財經領導小組辦公室副主任，是北京最有權勢的領袖之一。劉鶴顯然渴望一個大專案，他希望這個專案可以對外宣示，中國即將參與全球的發展。但是我明確表示，中國的融資要符合美國的規定，包括環保標準和《海外反貪腐法》（Foreign Corrupt Practices Act），該法禁止政府機關賄賂外國的政治人物。[30]劉鶴的回應則是中國政府和企業可以接受這些規定，這在當時很難得，中國終於願意朝向透明度與反貪腐邁進。

然而，其他跡象就沒有那麼吉利了。事實上，自從陽光莊園會議以來，只過了短短六個月，美中關係急劇惡化。美國長期以來一直傾向和中國交流，而非孤立中國，但是中國在南海的軍事部署引發美國恐慌，美國國防部、白宮及美國的亞洲盟友無不懷疑中國的意圖。[31]

這種情況在所難免，合作夥伴關係受制於各種力量，其中一股重要的力量和人際有關，比方雙方的付出和接受，例如像劉鶴這樣的互動對象。此外，這也受到更大的力量影響，例如不同機關、組織、國家之間的政治關係。時機也影響很大，今年行得通的，明年未必有效；今天管用的，明天可能就失效了，因為這些關係和角力瞬息萬變。

即使明瞭到各種政治關係（無論是機關、地方或國際）都有可能改變，事情也不一定會順利。當我從中國回到華府，警告訊號越來越響亮，幾乎可以感受到雙方的不信任正在加深。雖然美中關係沒有正式的變化，但是民眾對中國的每一步疑心越來越重。我認為局勢瞬息萬變，無法促成穩固的合作夥伴關係。

你下賭注的那一刻，可能也覺得局勢正在變化，而且大多數力量不在掌控之中，所以你能做的很有限。你只能先跨出一小步，試試看有什麼進展，一路上測試你和夥伴的信任感，但重要的是，如果發現雙方缺乏信任，要勇於承認。

找到可能「拒絕」的人

我從北京返美，美國參議院正好在舉行小投票。美國與剛果民主共和國、中國的合作實在太複雜了，一直懸在我的心頭，但不知怎麼的，我竟然錯過一件大事。美國佛蒙特州民主黨籍參議員派屈克．萊希（Patrick Leahy），同時是參議院撥款委員會的重要成員，這個委員會負責決定美國國際開發總署等機構的開支限額，他特別在一次大投票中安插一個小修正案。修正案的內容是：「根據美國的政策，不得用貸款、補助、策略或政策，支持建設任何大型的水力發電站。」[32]

自從印加大壩專案啟動後，我們在環保和國際發展的圈子收到很多關心與指教。我們要認真處理這些問題，證明印加大壩和我們期待的一樣有貢獻，我們迅速回應每一個疑慮，環保人士一向擔心水力發電站可能會破壞環境，因為有些大壩會淹沒山谷，危害魚類及其他野生動物；至於人權護衛者擔心的則是，在大壩建設與蓄洪期間可能會淹沒村莊，附近居民恐將流離失所，生活受到影響。

幾個月來，與大自然保護協會（Nature Conservancy）和其他機構一起確認真相，徵求並吸取環境和人權界的意見，並解釋我們的計畫。經過我們的分析，印加大壩對環境和居民的貢獻確實特別大。但是賭注越大，就需要越多的合作夥伴、資源和突破，也會有越多人反對，其中一些反對的人，你可以提前或在途中發現。

但是有時候，反對勢力會突然冒出來。

在我心目中，萊希和其他國會議員一樣親切。參議院對美國國際開發總署大力監督，曾引來我的同事與前幾任署長不滿，但是我從未抱怨，因為萊希非常公正，致力於全球發展和總署的人員與使命。直到今天，他還是非常支持我。但是萊希很擔心水力發電，我們可以理解他反對的原因，而我希望透過分析報告與拉攏一些環保團體，讓我們的計畫更具說服力。此外，這項倡議並不需要依法到國會山莊表決。然而，萊希決定應該這麼做。

但萬萬沒想到這個修正案會以七十二票對二十六票通過，我們的計畫觸礁了。[33]無論我和團隊再怎麼發揮創意，問題還是很複雜，沒有真心可以觸及，也沒有旋轉門可以一直開著。因為這次投票，之前的努力、會議、通話和出差全部付諸流水。我太擔心剛果共和國與中國的情況，卻忘了我們在國內也缺乏穩固的支持。最後，世界銀行推動印加大壩的關鍵投票，美國選擇棄權，這不是直接反對，但是可以明顯看出美國政府不會幫忙結盟，促成這個計畫。[34]既然美國退出了，就不可能募集數十億美元來興建印加大壩，印加計畫因此陷入停滯。

我曾經以為，只要提供數據證明印加大壩會幫助數億非洲人，大家聽了就會支持，至少不太會拒絕。我以為，我們會有時間來蒐集論據。但是我應該更敏銳一點，從萊希對水力發電的看法預測他會有什麼行動，我早該想到參議院可能會選邊站。當時我還沒有學會，建立大聯盟這件事應該從國內開始，國內的拒絕可能會推翻整筆交易。

無論是什麼大計畫，一旦從你沒想過的方向吹起意想不到的逆風，就可能一發不可收拾。這就是要有敏感度的原因，你必須弄清楚誰可能會拒絕，讓整個計畫無疾而終。在這個例子裡，我不該小看萊希和參議院拒絕的潛力。你必須弄清楚為什麼某人，甚至是親密盟友，可能會反對你認為正確的事情。唯有如此，你才會盡量避免挫折或事先做好準備。

當大賭注面臨失敗

印加大壩計畫是一個深刻的教訓，讓我親身體會，大賭注失敗是什麼感覺。這股刺痛扎得非常深，想逃也逃不掉，經歷這種失敗真的很痛苦。有好幾週的時間，我一直在腦海裡反覆思考事情是怎麼發生的，我錯失了什麼。

過了幾個月，再度有人點醒我。二〇一四年八月，歐巴馬總統主持第一屆美非領袖峰會（US-Africa Leaders Summit）。這個活動持續數天，邀請數十位非洲國家元首和政府官員，一起到華府討論貿易、投資、民主及安全。活動在美國國務院舉行，把會議廳改造成華麗又前衛的舞台。[35]

大部分的會議都很有成效，創造一個連結彼此或重新連結的機會，促成一些攸關非洲未來的大計畫。我在會議室裡走來走去，向老朋友和一些熱情的新朋友打招呼，讓我想起非洲一些負面的過去。那一天，沒有人比卡比拉總統更渴望和我對話，他希望有幾分鐘的時間可以聊一聊印加專案。我有點猶豫，但還是答應了。

我們找了一個角落私下會談，卡比拉問我印加大壩還有可能繼續推動嗎？我直說看起來不妙。但是卡比拉總統竟然滿懷信心，他說如果要合作的話，還有一種方法，但不是透過官方管道溝通，建議我透過非官方的電子郵件信箱（一個Hotmail帳號），還要經過他的一位朋友，是當時剛果民主共和國駐南非大使。

這是最後的打擊，讓我有更深的體會。回顧我以前的大賭注，開始發現印加大壩不太對：總有跡象提醒我，這個計畫充滿不確定性和不穩定性，似乎隨時會崩潰。這個遠大的專案，並沒有集結所有成功的條件。

我應該早點留意剛果民主共和國、美中關係及國會山莊的跡象，弄清楚我押注的對象到底是誰。真可悲，我賭注的對象並非這場大賭注的受益人，例如那些當過童兵的年輕人。此外，我應該多注意結盟的其他細節。但是即使我做到了，要強迫別人改變、說服別人共襄盛舉，我的能力還是很有限。人從來不是容易押注的對象，有些人會突然變心，有些人卻堅持己見。美國國會從未考慮針對這個議題進行表決，但無論國會的態度如何，要達成像興建印加三號這樣大而複雜的事，絕對不能透過個人的Hotmail帳號洽談。

賭注越大，失敗就越大。我在印加專案投入大量的時間和心力，結果卻失敗了。失敗本身就令人難以忍受，更糟的是在大眾的目光下、在國家元首和參議員注視下，這個應該對人們有好處的大型計畫失敗了。但我意識到兩件事：首先，非洲電力計畫規模較小，但仍對非洲人民產生巨大影響；其次，我很幸運很快就失敗；因為當時非洲的另一邊即將爆發危機，還好我趁早結束失敗的專案。但是我依然相信，會有人找到方法為剛果民主共和國人民帶來電力與希望。

你想必知道（而我應該早點明白），要讓大賭注成功，需要天時、地利、人和。這當然很複雜，還是會面臨挫折或者時機不對。你必須學會注意每一個跡象，確認每位關鍵人物的決心和能力，這樣的經驗有時候就是要從失敗中學習。

要怎麼認清你的夥伴？

這一節可以叫做「如何避免失敗」，但事實上失敗是難免的。如果你有遠大的目標，在你的職涯中勢必會碰到印加水壩這樣的專案，永遠沒有完成的一天，甚至連起步的機會也沒有。這對你來說可能是家常便飯，但無論如何，不要為了避免挫折，隨便下修目標。沒錯，失敗很丟臉，但這是追求遠大目標的代價。你必須願意接受失敗，否則會陷入空想的陷阱，一再下修目標，只希望沒有人看到你失敗。

話雖如此，你還是能好好實現大賭注。當面對複雜的問題，有時候你明明沒有做錯事，其他人還是會反對你，甚至攻擊你。這就是所謂的大賭注，必然會面臨複雜的挑戰。

重要的是，要弄清楚你在和誰打交道，以下是我學到的方法：

- **腳踏實地。**之前的成功不保證下一次的大勝利。
- **誰是領導者？**動機很重要。沒錯，有些人寧願累積財富，也不願做善事，幫助無數人。好好做功課，確認哪些人會受益，以及會如何受益。
- **測試信任感。**聯盟的基礎就是信任，所以你需要確認合作夥伴之間是否有足夠的信任感，再來擴大規模。壓力是最棒的考驗。
- **盡快承認失敗。**一個沒有前景的計畫，多花一分鐘也是浪費。失敗猶如苦藥，難以入口，你要學會接受失敗的風險，繼續展開下一個任務。
- **揪出有可能拒絕的人。**我不該讓自己措手不及。想一想，你的計畫可能被誰設局或破壞？找出一切潛在的風險，制定應變方案，如果真的遇上了，你就會知道如何應對。

第六章

不是所有嘗試都會有結果

——運用精確方法，及時測量成果

二〇一四年十月，我登上民航機前往極度恐慌的疫情熱區。我遇到印加三號如此失敗的專案，留下難以抹滅的痛苦。但最重要的是，這些失敗不會阻止我前進，我還是會努力解決重大的問題。就在那個大賭注快破滅時，另一個可怕的新挑戰出現了：西非爆發大規模的伊波拉疫情。

我準備起飛時，其實還在學習，而且是在飛機上學習。有時候工作手冊並不管用，即使你和團隊已經針對新的危機，確定有哪些適當的應變方式，但是只要情況生變或現場臨時出狀況，都有可能推翻先前的假設。你不得不嘗試，有時候推動大賭注本身就是化解危機的新方法。這一次，我們要對抗地球上最致命的病原體。

當時每天在賴比瑞亞蒙羅維亞（Monrovia）等地，以及其他鄰國，無數人死於伊波拉病毒，刷新歷史紀錄。在美國，有一個名叫托馬斯．鄧肯（Thomas Duncan）的賴比瑞亞人，他也感染這種致命病毒，卻隱瞞接觸史，成功入境，之後在德州達拉斯的醫院死亡，成為美國首例的伊波拉死亡病例；[1]還有一位接案新聞攝影師也感染伊波拉病毒，前往內布拉斯加州的醫院救治，最後成功存活。[2]

美國這一波恐慌是我前所未見的，一部分的恐慌確實情有可原：如果伊波拉病毒有很高的致死率（統計以往的疫情，死亡率高達九〇%），而且症狀極為可怕，患者的眼睛會流血，就像恐怖電影裡的場景。西非疫情規模也是前所未見，如今病毒還蔓延到美國境內。更糟糕的是，一些人為了自己的利益，還在火上澆油。唐納．川普（Donald Trump）當時還是紐約房地產大亨，同時也是真人秀的明星，就為了吸引關注而這麼做。而隨著期中選舉逼近，一些共和黨人也拚命在推特發文，或在福斯新聞露面，煽動民眾恐慌的情緒。[3]

一旦有恐慌情緒，問題就會變得更複雜。過去數十年來，西非國家一直治理不當，深陷危機之中，未能保護自己的人民，或是防止因此引發的經濟、社會和政治效應。至於國際援助組織一向是國際應變計畫的主導者，也開始擔心自身的安危。我們面對右派的嚴厲批評，以及不絕於耳的質疑，必須制定一項可信的計畫來因應這些挑戰。同時，我們也害怕這種疾病，擔心可能會大爆發，在全球造成大流行。

二〇一四年十月中旬，我飛往賴比瑞亞，當時感覺我們可能快要找到一個控制疫情的策略了。就在前一個月，歐巴馬總統已經公開承諾，美國與第一線統籌機構美國國際開發總署，將竭盡全力帶領全球，拯救生命並確保病毒不再繼續傳播。為了實現這個必要的大賭注，我們必須在變幻莫測高風險的危機中，努力找尋新的方法，測試新的解決方案。

創新這件事在民間部門格外受重視，還會獲得獎勵，但是大家還記得疫苗債券、海地救援和飢餓問題的例子嗎？福利機構和公部門確實比較保守，特別是面臨危機時，習慣依照標準作業流程，這是為了降低不確定性、避免不必要的辯論，以及兩者帶來的人際失和。

我強烈質疑伊波拉問題的標準作業流程，雖然有一些同事看了我們團隊的方法，表達不同的意見，但也促成新的合作關係、新的數據和新的做事方法，我們從西非盟友那裡學到的東西，完全不亞於從美國專家學到的。這也讓我有機會搭機直接進入疫情爆發的核心地帶，當時有無數人死在街頭，我親自到現場看一看哪些措施有效、哪些無效。我們的實驗成功與否，決定全球可以多快阻止這些死亡，以及病原體會不會在全球大流行。

危機爆發時，你難免會面對意料之外的大賭注。如果想要成功，在你還沒有掌握知識前就要大膽積極行動。在那些時刻，一般人習慣依賴過去有效的方法，但你真正需要做的是不斷嘗試，直到找到正確的解決方案。對抗伊波拉的戰役，帶給我一個前所未有的教訓。

疫情引發的極度恐慌

iPhone經常在我最不希望時響起。二〇一四年六月，距離我搭機前往西非還有四個月，我和施凡帶著沙簡、安娜及二〇一一年出生的賈沙（Jaisal）這三個孩子，回到家鄉密西根州，好久沒有度假了。我們去密西根湖邊，那裡有一座睡熊沙丘州立公園（Sleeping Bear Dunes State Park），有好多沙丘可以健行。

我們決定去度假，部分原因是手機及手機傳來的緊急通知，想給自己幾天的時間，暫時遠離一切。這趟旅行還有另一個目的：我要和施凡促膝長談。在這麼短的時間內，有太多變動。十多年前，我和施凡搬到西雅圖，夫妻倆都投入慈善事業，致力於把世界變得更好。後來我們搬到東岸，生下三個孩子，夫妻一起轉戰公部門。

我們需要評估當下的位置，以及未來的目的地。施凡待在美國教育部，表現相當出色，不久後將負責華盛頓一所特許學校，她手上的諮詢業務蓬勃發展。而我一路跌跌撞撞，偶爾沮喪、失望，但是因為有那些同事和挑戰，我深愛美國國際開發總署的工作。我很樂意在那裡多做幾年，但卻錯過家裡太多的大事，例如家人的生日、假期、親師座談會。

帶孩子遠足前，我和施凡把自己想做的事都說清楚。這麼多年來，我一直在尋找合適的工作，擔心自己有沒有走在正確的道路上，這是我覺得正確的工作，現在卻要考慮離職，覺得很艱難。如果我離職，想不到應該做些什麼，但我認為是時候嘗試新事物了。我和施凡都覺得是離開公部門的時候了，等我回到華府，就要和總統、國務卿約翰．凱瑞（John Kerry）及我的團隊說清楚。

這些年來，有許多計畫因為一通電話而打亂，這個計畫也不例外。如果來電顯示的名字不是金鏞，我可能不會接聽。金鏞和我合作過很多案子，包括印加大壩，所以他會直接切入正題。我接起電話，他說：「我現在極度的恐慌，西非的伊波拉疫情很嚴重，但是全世界都沒有發覺。」

我問金鏞：「你覺得情況怎麼樣？」我們都知道這不是第一次拉警報，就我們所知，伊波拉疫情的第一個病例發生在二〇一三年十二月，從幾內亞的農村小鎮爆發，不到一個月，就傳言未知病毒在幾內亞境內擴散。[4]但是到了五月初，由國際人員和美國國際開發總署組成的小團隊到當地支援衛生人員，終於控制住病例數，避免一場從農村爆發的伊波拉疫情。[5]這一次看起來只是小疫情，就像過去也有無數小小的疫情，才正要開始就已經結束了，從未造成超過數百人死亡。[6]

當時沒有人知道，為什麼伊波拉會在夏天再度爆發，我們推測可能是病毒變異，或者初期蒐集的數據有問題。那時候爆發的地點比原因更重要：伊波拉病毒已經蔓延到蒙羅維亞，這是有上百萬人口的首都。這種疾病很容易傳染，有三天至三週的潛伏期，在人口稠密的城市裡，可能在一棟又一棟大樓、一個又一個街區迅速蔓延。這個城市又有國際機場，可以出境到其他國家，一旦在蒙羅維亞大流行，有可能蔓延到整個非洲，甚至歐洲和美國。

我對孩子說，我必須錯過這次遠足了。施凡看我的表情，就知道我暫時無法脫身。在某些方面，我感受到自己的生活經歷（從醫學院到我的職涯），都是在為非洲這樣的疫情做準備。我打電話訂機票，準備從密西根州出發。雖然還不知道該怎麼做，但是我有很多疑問。我知道哪些人可以幫忙解答，我即將打電話給這些人。

設法創造選項

我最初找了幾個人，其中一位是無國界醫生（Médecins Sans Frontières, MSF）主席廖滿嫦（Joanne Liu）。無國界醫生這個組織，以及那些全心投入的醫生，非常了不起，他們在危機發生時經常是首批進駐，甚至是唯一進駐的國際救援團體。廖滿嫦是急診兒科醫生，為人直率，盡心盡力，展現了無國界醫生的精神。我很尊敬她，所以我相信當她聽到伊波拉疫情時，絕對會提供我清晰冷靜的評估。

廖滿嫦並未恐慌，因為這不是無國界醫生的作風。她和我解釋，如果任由伊波拉疫情發展下去，最壞的情況會如何，一旦疫情失去控制，就算國際介入也難以控制。無國界醫生就在非洲現場，是少數可以派駐當地的團體，但是它的團隊和物資有限，很快就會不堪負荷。

我趕快打電話給其他團體，包括我們當地的團隊，從他們口中聽到類似的警告和擔憂。當我聯絡非洲最勇敢的領導人之一，賴比瑞亞總統艾倫・強森・瑟利夫（Ellen Johnson Sirleaf），以及鄰國獅子山和幾內亞的國家元首時，他們都正在努力研擬應變計畫，因為伊波拉病毒就像野火一樣，正在迅速擴散。

總體來看，打了這幾通電話，情況顯然格外緊急。自從那次和金鏞通話，到後來幾通電話，我從對方的聲音就聽得出壓力和困難。沒有人確切知道該怎麼做，許多人同時看到三個催化因素，擔心疫情可能失控。

第一，賴比瑞亞的醫療體系已經夠脆弱了，現在又遭受重創，剩下的醫護人員面對死亡和恐懼，正在奮力掙扎。疫情爆發後，醫生和護理師勇敢面對，但是現在有太多人員遭受感染、疑似感染或死於非命。初夏時，有超過三十位的醫護人員死亡，還有更多人缺乏裝備，暴露在危險之中。[7]這些人因公殉職，本身就是悲劇，更糟糕的是，在這個擁有四百萬人口的國家，能夠留在醫院照顧病患和傷者的人越來越少了。

第二，非政府組織不堪負荷，連自家人的安全都保護不了，不可能再派遣更多人到西非。我去找健康良伴的法默，我們在幾年前曾於海地危機一起合作；也找了海倫．蓋爾（Helene Gayle），她是了不起的醫生和公共衛生領袖，也是人道救援組織CARE執行長。這些團隊都表示，沒有足夠的資源來應付疫區大量的病患，更別說大規模追蹤接觸史，控制病毒傳播。[8]其他一些非政府組織有能力參與，也願意參與，但是除非可以保護人員的安全，否則不願意派遣更多的人。一旦工作人員染疫，就算可以空運到瑞士治療，也無法保證安全吧？

第三，缺乏即時可靠的數據，難以確認伊波拉病毒傳播的情況。我們很快就發現，大多數追蹤伊波拉病毒的數據都是基於二〇一四年的標準，早就過時了。我看著手寫的病例日誌，不禁想起我們在二〇〇二年為了全球疫苗免疫聯盟重新稽核疫苗施打紀錄。賴比瑞亞的資料系統尚未數位化，也造成幾個通訊問題。當地基礎設施不足，缺乏快速的數位通訊，就連要追蹤哪些患者的伊波拉病毒檢測已經送到實驗室，都需要打電話確認。[9]

那時候，我們當然知道病例數急劇增加。五月，總共只有七十五個確診病例，但是只過兩個月，就有近十倍的新病例。[10]流行（epidemics），以及我們後來碰到的大流行（pandemics），都需要追蹤病情的擴散程度，但是我們篩檢能力非常有限，從檢測到確認感染可能需要數天，但是在那幾天可能又會傳染給其他人。[11]公共衛生體系一團亂，通訊系統還很原始，大家都像盲人摸象一樣，無法掌握全局。

我和外部專家通話，也看了美國國際開發總署的簡報，心裡很清楚這種疫情的速度和規模已經超出我們的能力範圍。美國和美國國際開發總署面對國際危機，通常會動用資源、先進技術及專業知識來支援第一線人員，這是我們以前應對伊波拉疫情的手法，只可惜就像在海地的例子，現在第一線人員太少了，根本無從支援。

這幾次通話，唯獨有一件事讓我欣慰：在和人交談的過程中，對方大多是我的老友，讓我感到安心。這些都是我認識的人之中，最能幹、最稱職的一些人，大家都是發自內心想要伸出援手。我接收這些訊息後並沒有恐慌，但確實感受到壓力，因為有挑戰，還有未知。

我們非常清楚必須再找其他方法，持續在西非消除伊波拉病毒，一來拯救生命，二來防止擴散。原本打算告訴總統，我計劃辭職，卻沒有這麼做，我又回來處理危機了，坐在白宮的西廂辦公室，聽著歐巴馬總統叮嚀整個團隊，一定要講究科學，忘掉政治噪音，因為政治噪音肯定會越來越吵雜。問題是科學還不夠清晰，我們不得不理解科學，然後信任科學的帶領。可是無論要執行什麼計畫，我們都沒有足夠的人力或平台。

我的職涯走到這個階段，已經有嘗試新方法的經驗，但也從海地、索馬利亞、阿富汗等熱區學到一個教訓：即便在尋常的日子，要一邊執行，一邊創新就很不容易了，更別說是在恐怖危機發生的時候。到目前為止，我們所做的非常有限，頂多就是設定目標，確認在當地可以做什麼。這安慰不了我們，但確實是一個啟動實驗的舞台，想想看如何在那裡擴展能力。

一切都充滿未知，而你最不確定的是自己能否採取有意義的行動。你必須善用別無選擇的局勢，當成你首次創新的機會：有時候第一步就是設法創造更多的選項。掌握你已知的、掌握你想去的方向，然後一步一步來。

找一個安全的地方，提出艱難的問題

美國所有的行政高階主管，凡是與伊波拉危機有利害關係，都在認真聆聽費和平（Tom Frieden）的簡報，他是當時美國疾病管制與預防中心主任，正在解釋一張圖表，他用詞精確，毫不掩飾事態的嚴重性。費和平曾任紐約市衛生局長，在公共衛生界的地位不斷提升，反映了其傳統的世界觀。白宮戰情室的大螢幕上展示著他的圖表，有一條曲線在前幾個月微幅上升，然後急劇上揚。

疾病管制與預防中心預測西非伊波拉的病例數會急劇上升，所以這張圖稱為「曲棍球棍」圖表，病例數急劇增加的曲線就好像一根曲棍球棍。他們預測多達一百四十萬人可能會感染這種病毒，估計約有七〇%的致死率，這樣的話，年底可能會有一百萬人死亡。[12]雖然我的心裡有疑問，但是看了這個預測後，和戰情室的許多人一樣震驚。光是這個數字就讓我們正襟危坐，如果我們失敗了，後果就是這麼嚴重。

大家都看得目瞪口呆，費和平建議循著伊波拉病毒的標準作業流程，這是經過數十年來逐漸發展出來的。既然這種疾病的致死率很高，邏輯很簡單，就是任何可能染疫的人都要嚴格隔離。[13]自從一九七〇年代首次爆發伊波拉疫情，這種傳統方法（分開染疫者和未染疫者）已經是防止疾病傳播的唯一方法。[14]

這不是什麼先進醫學奇蹟，就連從未聽過疾病管制與預防中心或美國國際開發總署的農村居民，也知道要怎麼處理疫情：一旦有染疫的跡象，就會被送到遠處的帳篷或其他住所。如果幸運存活，才能回到村莊，但是大多數染疫者都未能如願。至於較有組織的應變計畫，會設置伊波拉緊急收治中心（Ebola Treatment Unit, ETU）。現代化一點的收治中心，不會只有帳篷，而是會有隔離病房，要求所有人配戴防護裝備，病房有降溫設備，確保溫控得宜，還會設置焚化爐處理遺體，以免疾病傳播。就算有這些設施，我們對染疫者的處置頂多是基本症狀治療，看看誰能存活。

疫情那麼嚴重，我們必須考慮大規模隔離。費和平與其他公共衛生專家想要在西非建立緊急收治中心。我的同事們也優先考慮隔離和興建緊急收治中心，但是我和我的團隊卻深感懷疑，這種方法真的管用嗎？疾病管制與預防中心負責追蹤成果和提供建議，而美國國際開發總署則負責統籌美國在當地的應變計畫，有我們自己的團隊，也會把工作發包給一些民間組織。我們必須轉化疾病管制與預防中心的建議，並且執行這些標準流程，但是大規模隔離既不實際，也不合邏輯。我手邊也沒有更好的計畫，但要直接採取現成的計畫就是覺得不對勁。

白宮針對伊波拉疫情召開一連串會議，讓我有機會遇見安東尼・佛奇（Anthony Fauci）博士，他是美國國家過敏暨傳染病研究所（National Institute of Allergy and Infectious Diseases）所長。新冠肺炎疫情爆發後，他經常在全國電視節目前露面，但他在此之前早就是公共衛生的經典人物，一九八〇年代至一九九〇年代，他幫忙防治ＨＩＶ／愛滋病流行，因而聲名大噪。[15]從此以後，他成為聯邦疫情應變計畫的常客，於是我向他請教為什麼會有標準作業流程。

佛奇建議我閱讀一些文章，我讀了以後還是很不安。隔離流程竟然是源自四十年前，那是處理小農村疫情的慣用手法，但是當前的危機根本就不一樣。一來是規模較大，到了九月，新增數百個新病例，在過去前所未見，先前幾次伊波拉疫情，記錄在案的病例數從未超過四百二十五個。[16]二來是這波疫情波及城市蒙羅維亞，破舊的貧民區爆發越來越多病例，而疾病在貧民區傳播的速度特別快，貧民想要隔離也沒辦法。[17]更何況隔離流程有賴醫護人員和第一線人員執行，但賴比瑞亞極度欠缺這類人手。

這波疫情很特殊，實在很難執行隔離流程。我的團隊只好為**這次**伊波拉疫情，量身打造專屬的應變計畫。我走出政府機關，找民間的朋友和專家聊聊，這麼做是為了諮詢跳脫傳統思維框架的群體。我幾乎每天晚上都在通話，打給法默和蓋爾、在蓋茲基金會的前同事克勞斯納，還有哈佛大學計算遺傳學家帕爾迪斯．薩貝提（Pardis Sabeti）。這些人都不曾在政府工作、沒有被會議追著跑的壓力，或者被官僚主義和墨守成規壓垮的問題，他們一聽到標準作業流程，大多和我一樣有疑慮。

對我來說，這幾通電話就是安全的場所，讓我抒發內心的沮喪，說出我的疑慮和難處。例如一旦進入隔離中心，很少有人出得來，因此賴比瑞亞人不信任這種機構。我每天晚上開車回家時，都會用手機討論這些事和其他進展，我們不信任傳統的公共衛生治理，但是現在風險這麼高，如果要嘗試新的方法，壓力也很大。

透過這些對話讓我有了信心，我到白宮戰情室開會，直接在歐巴馬總統及總統團隊面前，提出一些尖銳的問題和新構想。一開始因為這樣，我與費和平之間有了一些摩擦。這和人無關，單純是看法不同，總統命令我們依科學行事，但是我們有不同的解讀。我們都做好自己的工作，也喜歡關起門激辯。我從未質疑費和平的動機，因為他只是深信我們應該堅守過去確實有效，也經過數據驗證的方法，但我支持另一種方法，希望重視疫區的現況與當地社區的意見。

在每一次危機，你都會發現人有一種天性，傾向回歸那些已經試驗過、公認有效的做法，即使直覺告訴你，這樣做可能是錯的，你還是不得不走保守路線。你看著某些人堅持的方法，怎麼看都覺得不對勁，你和他們周旋時，深深感受到未知及風險。這時候不妨自己在外面組成一個顧問團，你可以向顧問們諮詢，提出尖銳的問題，抒發你的難處。如果你找到對的人，對方會讓你明白有哪些事是你不知道的，他們會幫助你學習，當你做錯了，也會直接告訴你；當你做對了，則會給你信心。

把勇於嘗試的精神融入策略中

我和克勞斯納、法默、薩貝提等人通話時，經常提出一個問題：如果現行的應變流程有錯，什麼才是正確的做法？

法默曾在非洲與海地的第一線工作，他和我一樣也主張疫情應變措施要順應賴比瑞亞的社區結構，當地人與人之間的關係很緊密，這就是我們反對緊急收治中心的原因之一：人們已經夠恐慌了，卻又在這時候破壞社區的完整性。[18]人感到灰心沮喪，就會把氣出在伊波拉的預防計畫上。

對隔離中心不信任，甚至懷有恐懼，不是唯一的問題。賴比瑞亞的葬禮是社區活動，親朋好友會一起坐下來，清洗遺體，並且埋葬死者。做這些工作的人通常是女性，包括死者的母親、妻子、女兒，帶著愛與尊重執行這些儀式。這是一邊在哀悼，一邊向逝者致敬。然而，這種做法經過科學證實有傳播病毒的重大風險，所以政府一度禁止。[19]這樣的法規加上緊急收治中心，都在降低社區的凝聚力，賴比瑞亞人恐怕難以接受。

後來一些美國國際開發署的社區合作夥伴向我通報，賴比瑞亞人可能找到了替代方案。賴比瑞亞人知道葬禮有哪些風險，於是成立殯葬隊，由於這些人經常接觸死者，具有高接觸風險，所以會穿戴防護裝備，通常會按照宗教儀式來清潔遺體，把遺體放入特殊的屍袋，因為有特殊設計，所以能防止病毒擴散，但是對死者仍不失尊重。當疫情快速蔓延時，如果有找到好方法，不用拖很久就能馬上看到效果。到了九月中，美國國際開發總署已經開始動用資源和人力，支持更為安全的葬禮。[20]

實際上，無論是我還是費和平，都不確定哪一種方法的效果更好，他支持成立緊急收治中心，嚴格落實隔離政策；而我則主張成立殯葬隊，因為充滿未知，在那段漫長又緊張的日子裡，難免會發生摩擦。這就是危機的本質，我們都想要遵循科學，只是最後導向不同的目的地。

為了確定有哪些已知的資訊，以及有哪些必須知道的資訊，我把海地地震的那一套重新拿出來使用：把美國國際開發總署的數據整理成一張紙，並且和所有人分享。在白宮，這些常見的一頁報告稱為「儀表板」，一些複雜的危機都曾使用，包括阿富汗戰爭在內。無論彼此的意見是否分歧，只要有了儀表板，至少大家都會看到同一頁，即使不完全同意。

當我們開始研擬數據策略時，我、費和平及各自的團隊，對於什麼資料該列在儀表板上吵得不可開交，還好波維爾在數個月前被任命為美國衛生與公共服務部長。我在蓋茲基金會時，她是我的頂頭上司，現在她成為費和平的上司。於是我、波維爾、費和平一起坐下來討論，未來該如何評估應變計畫的成效。最後有一天早上，我和我的團隊就在我家廚房桌上，擬訂好一份儀表板，一來我們能夠接受，二來我們相信費和平也能夠接受。

這份儀表板涵蓋幾個測量指標。費和平最關心的事情一定會列出來，例如設置多少隔離病房和床位。我建議新增幾項社區干預措施，包括殯葬隊在內。我在乎的不是特定一種方法，而是希望儀表板盡量包容各種新的嘗試。當我們創造新的選項時，這些都在試行並接受檢驗，一旦成功就有可能擴大實施。

我從爭論儀表板的過程中，學會一邊快速結盟，一邊創新，我們的盟友有人道救援工作者、科學家及流行病學家。如果儀表板是協調的產物，當然也要包容各種嘗試。危機發生時，大家都想做有把握的事，但伊波拉疫情的例子，就連最聰明的人也可能罔顧現實，只依賴歷史案例做判斷。我站出來發言，不是因為自己有把握，而是希望大家明白沒有人知道什麼方法有效。儀表板列出一些選項，讓我們有機會嘗試。

無論什麼緊急狀況，在剛爆發時，面對這麼多的未知，一定要把多方嘗試的精神融入策略之中，尤其是快速變化的危機，你必須允許犯錯的可能，努力尋找新的解決方案，認真測量實施的效果，如果成功了，再來擴大實施。

整合作關係

當時我們沒有足夠人力推行隔離措施，或者進行社區創新。由於賴比瑞亞的醫療隊伍遭受重創，加上國際人道組織的人力不足，根本缺乏專業的第一線人員，不可能妥善控制疫情或做實驗。這時候我們需要有能力、有勇氣的個人和機構，來面對嚴重、高傳染、高致命的疫情。

我、費和平、國家安全顧問萊斯，以及白宮戰情室的其他人，一致認為只能靠美軍了。我在政府任職期間，親眼見到穿著美國軍裝的人員，在阿富汗等危險地區展現非凡紀律，讓我相當佩服。他們的能力無人能及：軍隊能接受訓練，無須外援即可派駐當地，有紀律、自帶醫療支援，如果有需要就可以迅速撤退。

但是美國從未派軍到國外處理高傳染疾病，所以情況會比較複雜。我們必須讓參謀首長聯席會（Joint Chiefs of Staff）主席馬丁．鄧普西（Martin Dempsey）將軍，以及國防部長查克．海格（Chuck Hagel）感到安心；否則任何任務都難以展開或維持。我們可以理解國防部的疑慮，因為就連受過訓練的全球應變組織，想到要派人去疫區也會猶豫再三。

我們在戰情室裡辯論，但是辯論的焦點並非要不要派軍，而是該如何派軍。

有些人支持無限期派軍，讓美軍靈活應變，以免伊波拉疫情有任何變化。美軍可以把血液樣本送到實驗室，把病患送到治療中心，但是這些行為都有可能接觸病毒。美國國防部的領導階層，擔心的是風險這麼大，還要執行不夠明確的非軍事任務。我回顧自己與軍隊在海地和阿富汗的合作經驗，認為軍人最適合支援當地、國際、美國國際開發總署、疾病管制與預防中心的團隊，而不是取代他們，如此一來，這些團隊才能夠心無旁騖，正常運作和應變。

我和鄧普西曾在阿富汗合作，我們一起討論該如何讓美軍安全參與。首先，我們確定部隊**不**做哪些事，美軍不治療病人、不執行醫療勤務，而是會把這些任務交給當地專業人士、國際衛生人員，當然還有美國公共衛生服務軍官團（U.S. Public Health Service Commissioned Corps），這是美國衛生與公共服務部派出的醫護人員。[21] 我們終於確定軍隊最好的貢獻方式，一致認為美軍擅長在危險環境興建設施，可以幫忙建造基礎設施，包括隔離染疫者的緊急收治中心、幾間生物危害實驗室，以及位於蒙羅維亞機場的臨時戶外醫院，專門收治染疫的第一線人員。

總統同意這項計畫，但是特別提醒我們，如果有一位軍人死於伊波拉病毒，整個行動就難以維持。我們即將嘗試大規模合作。我們建立一個由數十個國家組成的聯盟來加速應對。這些國家、美國國際開發總署、美軍、疾病管制與預防中心及其他機構，各有各的典範和規定，但是當地人心惶惶，近乎恐慌程度，反而特別需要臨機應變。我們一來要行動迅速，二來要隨時準備好，適應突發狀況。在大聯盟的內部做實驗，就是我們要培養的能力。

有人提議大家一起合作，推出醫療培訓計畫，重建賴比瑞亞的醫療人力和應變團隊。培訓這件事也是美軍的專長，培訓很重要，可以在任何情況增加專家的人手。雖然長期以來，無國界醫生一直和軍隊保持距離，畢竟戰爭與衝突往往是造成許多需要處理的危機，但我們還是說服了無國界醫生，願意暫時與美軍聯手。在蒙羅維亞的賽繆爾多伊體育場（Samuel Kanyon Doe Sports Stadium），美軍和無國界醫生首度合作，一起培訓數千名西非人與國際人員，教他們如何因應伊波拉病毒。[22]

到了十月初，我們還不知道疫情何時會結束。伊波拉染疫的曲線仍在急劇上升。[23]但是憑藉各種創新措施，我們建立跳脫傳統的聯盟，包括無國界醫生等非政府組織、世界衛生組織的技術人員，還有當地團隊，以及最後一刻突然加入的美軍。有一千八百位美軍派駐賴比瑞亞，另外有一千多位還在路上，準備協助當地七百位無國界醫生的醫護人員，以及賴比瑞亞越來越多的工作人員。[24]

我們執行這種應變計畫，必須找到全新的合作方式。總部位於日內瓦的無國界醫生，最不可能和美軍合作。這兩個令人意想不到的合作夥伴，竟然要一起工作，從來都不是容易的事，更別說是在公共衛生危機下，讓軍隊與人道救援組織聯合行動。我們不得不排除一些難題，做出艱難的決定，想辦法實現我們共同的目標，包容每個夥伴的優勢和侷限。

如果你在危機中進行大賭注，恐怕要在積重難返的大組織，迅速整合各種合作關係。不妨先從小規模的對話開始，界定哪些可以做、哪些不可以做，然後說服你的夥伴們（包括新夥伴和舊夥伴），一起迎接新的風險，嘗試新事物，與新人合作。

平衡數據蒐集的品質和速度

當時我們在西非已經有一些合作夥伴，還有一些創新的想法，但卻無法追蹤成果。美國疾病管制與預防中心之類的機構追求經過嚴格驗證的數據，光是確認和發布，就要耗時數天的時間，但問題是病毒快速傳播，如果要確認擴散情況，阻止病毒蔓延，三、四天也很關鍵。我們要做什麼干預，其實都要參考數據，所以寧願犧牲一點精確性，來阻止病毒擴散，拯救生命。

九月下旬的某天早上，我錯過漢斯．羅斯林（Hans Rosling）的來電，他是瑞典傑出的保健專家和數據大師。羅斯林這個人非常特別，我早在多年前就和無數人一樣，看過他引人入勝的講座與簡報，他結合新穎的分析、多媒體動畫，偶爾還表演吞劍（是真的）來增添趣味性。羅斯林很相信數據，他參與許多紀錄片，其中一部叫做《統計的樂趣》（*The Joy of Stats*），還在莫三比克的農村居住兩年，研究名為「綁腿病」（konzo）的罕見癱瘓性疾病，所以他想必很清楚我們蒐集伊波拉疫情的數據可能會遇到的問題。[25]

我回電給羅斯林，他只說：「我要去賴比瑞亞。」羅斯林無私的決定，將是我們的一大助力，當時他六十四歲了，還罹患肝病。

直覺告訴羅斯林，數據不需要完美，只要有足夠的品質就沒有問題，但是數據蒐集的速度要超級快，而且對所有人公開透明。為了支援羅斯林，我們組成非常規的團隊，網羅來自約翰霍普金斯大學醫學院的專家，以及我的老友史蒂夫・范羅克爾（Steve VanRoekel），他當時是美國行政管理預算局（Office of Management and Budget）資訊長，同意暫時向單位請假。他之前待在微軟，一路扶搖直上，後來我為蓋茲工作而有機會認識他。過了幾年，他也來到華府為美國政府效命。

羅斯林和他的團隊，終於開始整合即時病例地圖。這會追蹤幾個指標，包括確定感染者、可能感染者、潛在感染者這些基本數字。不久後，蒐集數據的速度大幅提升，讓我們可以安心嘗試新方法，不用擔心會被疫情曲線超越，可以把能力集中發揮，應用在最需要的地方。不出幾週，我們的團隊成功開發一個覆蓋全國的網絡，結合高傳真和低傳真的技術，一來借助簡訊，二來借助騎機車的年輕人，在村莊之間接力傳遞。這種做法的覆蓋範圍，大到令我們驚訝不已，而它的拼湊性質甚至導致一些不穩定的時刻。有一天，缺了一個數據，我追問後才知道有人的機車剛好沒油了。

這個團隊不只與大使館的同事，以及美國國際開發總署人員聯手，還開始和賴比瑞亞的電信公司合作，透過智慧型手機應用程式開發社區接觸者追蹤系統。CommCare開發團隊推出的應用程式，讓我們可以用地理標籤追蹤社區裡的接觸者，[26]如此一來，一般人也能分享社區病例，為我們的團隊提供可靠線索。此外，另一個團隊則建立簡訊系統，方便國家衛生領袖與農村小診所協調，搭起溝通的橋梁，以免數據在傳輸中白白流失。[27]我們還和美軍合作，加快血液分析的速度，讓血液樣本更快送到檢測實驗室，大幅縮短確診所需的時間。[28]

這些數據並不完美，所以禁不起《新英格蘭醫學期刊》（*The New England Journal of Medicine*）同儕審查的檢驗，其中有大量的數據尚未經過地方政府或國際衛生機構驗證，就已經成為下一波行動的參考。但是在這一次的危機，數據最需要的不是完美，而是速度，即使數字的品質有疑慮，但是能夠蒐集這些數字讓我們感覺有在進步，未來充滿可能性。數據也提早讓我們知道，哪些措施有效或無效，一來早點認清失敗，二來早點擴大規模。

在我們的聯盟內，數據就像締結組織一樣。我們仿效海地地震救援的例子，在華府、跨聯合國機構和其他國家，以及西非到處分享數據，因為唯有這個方法才能讓每個人了解情況，也讓我們有機會嘗試真正有效的方法。這次危機印證了，即使數據不夠完整、有一些缺陷，但是在創新的時期，一定要快速取得數據。

在還沒加入美國國際開發總署之前，我早就看到數據的潛力。無論是泛美衛生組織的塵封卷宗、全球疫苗的電子試算表、海地地震反應的計分卡，還是在追蹤飢餓的情況，我參與大賭注時一直少不了數據。唯有透過測量，我們才知道有在進步，因此如果有值得嘗試的事，就是建立快速、顯眼、透明的數據。至於伊波拉疫情的例子，數據依然重要，讓我們在複雜的運作結構中創造出實驗的空間。

如果你專心追蹤成果，終究會面臨兩難，不知道該追求完美的數據，還是快速的數據。每一種情況不盡相同，但是在大多數的情況下，早一點蒐集數據總比太慢要好。不過，你並不需要降低標準，但是如果你正在和其他團隊合作，能快速蒐集數據（即使有一些瑕疵），絕對會加快實驗和擴大的腳步。

有成效的事，就要大刀闊斧去做

到了二〇一四年十月十三日，我要搭機前往西非，那時候的我已經更有信心了，相信我們應該走在正確的道路上。儘管我即將進入疫情熱區，但是比起六週前毫無計畫的我，已經沒有那麼恐懼了。我現在感覺到我們有充足的合作夥伴和數據系統，社區干預措施也到位了，足以扭轉局勢。我希望此行可以深入掌握當地的疫情，還想向美國人證明局勢正在我們掌控之中。

然而，在等待飛機起飛時，我仍感覺一絲緊張。我待在候機室，電視上播放有線新聞節目，大肆宣揚伊波拉病毒對美國的威脅。川普、紐澤西州長克里斯．克里斯蒂（Chris Christie），以及大批的共和黨議員，紛紛抨擊歐巴馬總統，呼籲回歸孤立主義：切斷與西非的航班，斬斷和世界的聯繫。[29]沒有來自受影響國家的直飛航班似乎並不重要。他們拚命煽動恐慌情緒，但是歐巴馬總統面對西非的疫情仍堅持原定計畫，甚至採取其他措施加強國內的應變能力，包括聘請白宮顧問羅恩．克萊恩（Ron Klain），我在參與高爾競選活動時就聽過他的大名，他是華府最有手腕的幕僚之一，也是對抗伊波拉病毒的有效夥伴。[30]

不可否認的是大家都很焦慮，我對這次出差也有很多顧慮，我的妻子、孩子、同事也都憂心忡忡。華府的人聽說我要前往疫情熱區都擔心我的安危，也擔心我回來之後該不該和白宮的同事保持距離、避免握手，甚至不能去看孩子踢足球。

在一個悶熱的早晨，我終於抵達蒙羅維亞，我把家鄉那些擔憂拋在腦後，全力關注進度，先是在賴比瑞亞，然後是在幾內亞和獅子山。我拜訪由美國人、歐洲人及賴比瑞亞人組成的資料團隊。我一直都有收到他們的報告，但這是我第一次終於有機會和這些團隊當面討論。他們完全符合我的期待，會一起交流想法、快速展開行動、解開數據之謎，我相信這群人會找到解決方法。

然而，我們的創新也有可能失敗。我們考慮發送防疫桶，內有防護裝備、海綿與肥皂，可以清理死者留下的血液和其他體液，但不久後就發現，如果要大規模實施，病毒可能會傳播得更廣、更快速。我們也嘗試改良生化危機防護衣，不僅提供更周全的防護，還可以阻擋西非的高溫和病毒，最後真的開發出來了，只不過製作出來時，危機就已經消退。31

同樣地，我在賴比瑞亞國防部舊址參觀美軍建造的大型帳篷區，總共有三百張床，即將對外開放。這麼大的緊急救治中心在賴比瑞亞有十幾個，這只是其中之一，有一種陰森森的感覺，顯然就是為可怕的事情而建。我看了數據就明白，民眾不想到隔離中心，這一次出差印證我最初的懷疑：雖然隔離病房是必要的，但不會是保護民眾的主力。

然而，當我親眼看到我們有很多創新付諸實現，正在拯救生命，這種感覺實在太棒了。

一連串行動終於讓疫情出現轉折

我到了獅子山，參加由世界衛生組織和美國國際開發總署主辦的防護裝備培訓課程，這是大家努力的成果，旨在培訓當地的醫療工作者，學會正確使用我們提供的新裝備。每週都有一百二十位當地的社區工作者，上課學習正確穿戴口罩、伊波拉防護衣及其他重要安全裝備。[32]

在訪問期間，我還遇到一群最勇敢的人，也就是賴比瑞亞的殯葬人員。一個月前，美國國際開發總署起初先支援一個殯葬隊，到後來協助成立六十五個安全殯葬隊，遍布賴比瑞亞的每一個省。[33]不久後，數據告訴我們，殯葬隊是阻止病毒傳播最有效的手段之一。這種重視社區的方法，除了傾聽第一線民眾的意見外，還要追蹤數據，確實正在發揮效果。

這一趟下來，我看到大家的努力已經扭轉局勢。病例數終於趨於穩定並開始下降。羅斯林和他的團隊看了這些證據，認為社區干預措施是一大功臣。我拜訪西非時，已經過了疫情感染高峰，但是我們當時還不知情，因為那個月光是賴比瑞亞就有三千個病例。[34]可是到了十一月下旬，賴比瑞亞感染人數急劇下降，尤其是在蒙羅維亞的重災區下滑幅度最明顯。我們繼續進行社區預防措施，到了十二月，數字又下降三分之二。[35]

這是一連串行動的結果，而不是依賴單一的防疫措施，當我離開西非時，總算相信問題可能解決。這場疫情仍有可能出現可怕的轉折，例如變得更容易致命或傳播。但是在我離開的那一刻，感覺有一個聯盟正在運作、有一套以社區措施為主的預測計畫，還有強大的追蹤能力，確認我們的大賭注是否實現。

我回國不久，在戰情室每日召開的伊波拉會議上，歐巴馬總統詢問我，為什麼有一些緊急收治中心會閒置。他好奇的是，興建緊急收治中心是不是浪費時間和資源？後來《紐約時報》踢爆，美軍興建十一座緊急收治中心，最後只收治二十八名患者。36

雖然我對緊急收治中心和隔離流程，本來就抱持保留的立場，但並不知道大多都閒置，在九月時也沒有人能料到。於是我告訴總統，這是困難的決定，沒有人可以準確預測哪一些措施會奏效。我告訴他，他做了正確的決定，美國派軍可以讓人道救援組織安心、激勵其他捐助國，也創造創新的機會。緊急收治中心占總應變計畫的成本大約是一五%，這和投保是一樣的道理，誰都希望不會用到，但是如果病例數再度激增，就有地方可以收治病患。我們有實驗的精神，所以比預期還快就擊敗伊波拉病毒，但是當時大家都不知道局勢會這樣發展。歐巴馬聽完後，接受了我的解釋。

不是所有的實驗都會成功，但是如果失敗了，不代表金錢或心力都會白白浪費。我們是在其他戰場打贏這場仗，卻不代表緊急收治中心就毫無價值。實驗的精神就是盡量多方嘗試，然後挑出有效方法擴大實施。你會承擔一些計算過的風險，其中一些有可能失敗，但最終你會找到正確的道路。

有需求才會有發明

白宮隔壁的行政辦公大樓有一個小禮堂，我們經常在那裡的舞台舉辦活動或宣布事情。雖然小禮堂的歷史沒有橢圓形辦公室悠久，但是歐巴馬總統經常會使用，特別是在更新最新消息時。二〇一五年二月十一日，大家都在恭候總統，而我坐在前排，夾在佛奇與費和平之間。過了幾分鐘，歐巴馬總統走到講台上，宣布對抗伊波拉病毒的戰役已經進入過渡期。總統的面前站了一大群人，有人穿著白袍，有人穿著軍裝，總統明確表示，雖然疫情尚未結束，仍有威脅性，但是緊急階段已經結束了。因此美國將撤回大部分軍事人員，降低對西非的投入。[37]

總統發表演說時，危機已經消退，但一直等到隔年六月才算是正式結束，不過賴比瑞亞的病例已經下降九成。[38]美國政府在這次應變計畫花費二十四億美元。[39]總計有兩萬八千六百個確認病例，其中超過一萬一千人死亡，死亡率遠低於以往的疫情，也遠低於疾病管制與預防中心曾經預告的一百四十萬例。[40]最後美國境內只有十一例伊波拉病例（除兩例外，其他都是在西非感染的），而且只有一人死亡。二〇一五年八月，在所有的染疫國家中，每週確診病例只有三例。[41]

那天早上，我離開演講會場，在美國國際開發總署的任期只剩下幾天，在十二月看見病例數下降了，隨即報告總統，我該離開這個職位了。若非命運的轉折，我可能就是站在總統身後，其中一位穿著白袍的醫生或公共衛生人員，而是換了另一種方式參與，我對自己見證的一切感到熱血沸騰。如此龐大、混亂、複雜的一群人，在一個令人恐懼、高壓的環境裡合作，盡情地實驗，隨時根據需要來調整方向。

我們要臨機應變，看證據回應、看進度調整。如果用標準作業流程對抗病毒，其實是很危險的，這是我們早就學到的教訓，而在五年後，我們再度學到更大的教訓。依科學和數據行事，意味著每天追蹤進度，邊做邊學。

我們評估過後，發現社區干預策略是大功臣，改變疾病發展的軌跡。[42]值得注意的是，在賴比瑞亞各地落實安全的殯葬儀式，直接解決傳染的主因（有些地區的傳染率一度高達八〇％）。[43]

伊波拉疫情讓我們看清楚，什麼是必要與不必要的創新。政治和商界領導者都喜歡做顛覆世界的事，因為他們有這個能耐。而整個社會都在讚美「顛覆者」，為了求「創新」而打破常規，似乎特別有意義。確實，顛覆者改變傳統產業的結構，甚至消滅了一些工作，有些企業的創新者因為太晚才意識到變革的必要性，而遭到市場淘汰，例如柯達（Kodak）；當然，也有一些知名的傑出人物因為努力創新，走出低迷，讓財富飆漲，例如蘋果（Apple）的史蒂夫．賈伯斯（Steve Jobs）。

但我們做的是讓人們的生活更美好，最有效的創新往往來自於真正學會傾聽的人，用心傾聽服務的對象。生活在第一線的人可以感受變化的力道、看見新浮現的資訊，也有動力尋找更好的方法。沒錯，我們對抗伊波拉病毒的戰役，最棒的創新不是來自美國人那些電話會議，或是戰情室的腦力激盪，而是來自賴比瑞亞人自己，他們直接身處首都蒙羅維亞，與致命的敵人搏鬥。而美國最棒的創新就是做出明智的決定，向西非虛心學習。

有需要才會有發明，我們應對危機的方法大多是錯的，其中一個錯誤是堅持某個策略，因為自古以來都這麼做；另一個錯誤則是為改革而改革。我們組成創新的聯盟，即使政治喧囂震耳欲聾、充滿未知，還有風險高得嚇人，但是我們必須做的就只有確認已知和未知，然後理性評估，找出正確的下一步。

要怎麼不斷嘗試？

任何大賭注都需要不斷的嘗試，但如果是在大團隊與大一點的聯盟，做實驗會特別困難。合作夥伴越多元，複雜性就越大，相互較勁的聲音也會越響亮。每個團隊都有各自的流程、標準作業流程及做事方法，這都有可能破壞創新和實驗的能力。

可是你已經知道，大賭注特別需要大聯盟。如果想在大聯盟裡創新，你可以這麼做：

- **審查既有流程。**每個領域都有標準作業流程。試著提出尖銳的質疑，如果你還是有疑慮，就要繼續追問下去。
- **從外面找顧問。**如果你正在執行大計畫，尤其是危機爆發期間，你可能很難保持客觀，這時候不妨打電話給朋友和前同事，只要他們擁有相關專業知識，絕對會刺激創新，鼓勵你自由探索，幫助你改善新想法。
- **建立儀表板，鼓勵實驗精神。**我的意思是運用清楚精確的方法，即時測量成果，就好像汽車的儀表板一樣。如果你可以測量什麼有效與無效，那麼新構想就有接受測試的機會，一旦證實有效就可以擴大實施。

- **從小規模的對話開始，建立新的合作夥伴關係。**確認什麼可行與不可行，一次一小步，踏踏看地面是否堅固。
- **快速蒐集數據才是王道，總比沒有數據來得好，也好過慢吞吞的優質數據。**如果我們對伊波拉疫情的數據抱持著完美主義者的態度，疫情反而會惡化。我們手上最好的數據，雖然是來自騎機車穿梭小鎮的年輕人，但是總比沒有數據來得好。
- **不要害怕失敗。**在推翻現有的做法前，你必須先提出可行的替代方案。為了找到這樣的替代方案，你必須多方評估，考慮一些看起來不理想的方案。

第七章

放下你的控制欲

——區分想要的是榮耀或成果？

二〇一四年九月，西非的伊波拉疫情越來越嚴重，印度總理納倫德拉・莫迪（Narendra Modi）正好來訪，歐巴馬在白宮舉辦小型晚宴，我在宴會前夕收到邀請。

那場晚宴成為我職涯的小火花，有一個大賭注正在成功，最後甚至有自主運作的力量。你再怎麼掌控一切，大賭注仍然會從你想不到的地方啟動，它可能會轉彎，可能會沉寂一陣子，甚至到了最後，少了你也沒關係。重要的不是掌控力，而是影響力，如果你想看到大賭注成功，可能要捨得放手。

白宮的晚宴有點不尋常，由於正值印度教的九夜節，莫迪總理正在禁食，只喝了一杯溫開水，而我們其他人盡情享用酪梨沙拉和酥脆的比目魚，莫迪針對歐巴馬政府在非洲的電力計畫發表看法。雖然印加大壩專案不順利，但是電力非洲計畫依然引起南亞政治領袖的注意，莫迪對我說：「我看到你們在非洲做的事，你們也應該來印度做。」

我的思緒突然排山倒海而來。

我經常返回印度探望家人，也曾到印度比利吉里蘭加納山實習，所以聽到莫迪的提議後立刻深受吸引。當時的印度可以一分為二：一半是擁有數億人的現代世界，配備高科技家電、高速網路及充足電力；另一半同樣也有數億人口，卻只能依賴主要電網不穩定的電力，許多人幾乎每天都要經歷停電，[1]由於缺乏穩定平價的電力，他們無法享有現代教育、醫療服務與工作機會。

歐巴馬政府針對印度的能源貧窮問題採取一些初步措施。隨著我決定辭去政府的工作，不得不把這個賭注交由別人完成，美國國際開發總署未來的工作掌握在下一任署長的手上。

要接受這種事情並不容易，人類天生就想掌控，控制欲是一出生就有的欲望，從幼兒時期就開始了，小孩會大叫：「這是我的！」把領土劃分得一清二楚，這種欲望還會持續到老。身為專業人士要如何拿捏好控制欲真的很困難，因為我們有很多想法不只是自己的，可能是在意想不到的時刻突然迸出的火花，或是團隊合作的成果，也可能是同事或配偶的靈感，甚至是老闆的智慧財產權。例如伊波拉疫情的應變計畫，起初危機重重，後來排除萬難，但是這個應變計畫到底該「歸誰」？

然而，莫迪的提議開啟一扇門。晚宴後，我隨即和理查・布蘭（Richard Blum）談話，他是新興市場的私募股權先驅，也是加州參議員黛安・范士丹（Dianne Feinstein）的丈夫。布蘭對我來說亦師亦友，他是極為敬業的慈善家與發展專家，曾在歐巴馬總統的全球發展委員會（Global Development Council）任職。我們每次聊到為什麼一些倡議會成功、下一個發展的機會在哪裡，都可以聊好幾個小時。他問我對什麼最感興趣，什麼事可以讓我興奮到睡不著，我回答：「電氣化。」

雖然印加大壩專案失敗了，加上我要離職，不得不把美國國際開發總署的下一個大賭注交給別人完成，但在我的心中，終結能源貧窮的問題依然是人生使命。對富裕國家的人來說，充足廉價的能源就如同潔淨的水和空氣，早已理所當然。可是在印度等南亞國家、非洲和南美部分地區，有將近八億人生活在黑暗中，每年消耗的能源恐怕還無法點亮一顆燈泡，另外有二十八億的人口，電力斷斷續續或供電不穩定。[2]加州青年下課後，可以開著特斯拉（Tesla）電動車去學習寫程式；而剛果民主共和國的青年則必須冒著觸電的風險，在電線桿上接電線，一切都是為了有電能多點一盞燈，以便天黑後讀書。

我快要離開美國國際開發總署了，卻還是想要解決這些不公不義。我想到的解決方案不僅有擴大的潛力，也不依賴權宜之計，就算距離主要電網很遠，也會有電可用。我還想到該如何結盟，這個聯盟包括有監管力量的政府，以及掌握必要資源的民間企業和投資人，一起推動解決方案，幫助最需要資金的一群人。

自從和莫迪聊過後，我耗費將近十年的時間，致力建立全面電氣化，這項大賭注至今仍在持續。終結能源貧窮的問題非同小可，我們需要找到方法，讓更多人對我們的大賭注有一定的掌控權，一起努力實現。我必須先放下一些控制欲，其他人才會感覺這掌握在他們的手中。把聯盟擴大，讓更多人參與，就會有更多雙手一起推動它前進。

為能源貧窮的人民供電

二〇一六年，我有一個月的時間頻繁進出歐洲的機場，因為我就在二〇一五年協助創辦私募股權公司Latitude Capital，初創資金來自布蘭，還有私募股權巨頭TPG創辦人大衛・邦德曼（David Bonderman），他也是一位慈善家。我經常為了有潛力的專案（主要在非洲），拚命拜訪潛在投資人（主要在歐洲）。我都不記得身處哪一個機場了，反正法蘭克福、蘇黎世、倫敦的機場看起來都一樣，到處都是奢侈品牌的廣告。

業務相當順利，薪水穩定，遠遠超過我在慈善機構或政府部門的收入，我受不了促銷的誘惑，走進一家高檔手錶店，想為施凡買一份華麗的禮物，我看中一款勞力士（Rolex）手錶。

自從我辭去政府的工作後，施凡一直擔任E. L. Haynes公立特許學校執行長，這是一所位於華盛頓特區蓬勃發展的多元學校，從幼兒園到十二年級一應俱全，她每天努力改善數百位大多來自清寒家庭學生的未來。不知為何，我就是認為她現在需要一支華麗的手錶。

二〇一五年，我離開美國國際開發總署不久，和布蘭、邦德曼共同創辦Latitude Capital，我們當時認為這是大好機會，可以為數十億人創造穩定的電力，還可以賺錢。提到人類發展的阻礙，一般人不太會想到能源貧窮。但是極端貧窮就不一樣了，即使不曾親身經歷，也能體會極端貧窮的可怕，認為這是要解決的大問題，[3]但是能源貧窮這個問題（每年可用電量在某個基準線以下），竟然只有少數人知道，但解決這個問題的人力成本卻很高。

在二十世紀，一個社會的經濟流動性要看農業進步的程度；到了二十一世紀是數位經濟的時代，電力比農業更具決定性。如果要參與數位經濟，善用現代科技，每個人每年至少要使用一千度（kWh）的電，然而在全球八十一個「能源貧窮」國家，總共三十五億人口，一年消耗的電還不到這個數量，反觀大多數美國人一個月就消耗這麼多的電。[4]因此缺電的人越來越悲慘，現代生活很仰賴電力，這些人因為缺乏電力，無法享受現代教育、醫療保健、工作機會、舒適，甚至安全的生活。[5]

這就是為什麼我到低收入國家出差，經常會看到搖搖欲墜的中央電力線，民眾不惜違法，在上面掛了數十條臨時電線，把電力接到家裡和店裡，這不僅是違法的行為，也很危險。我也經常聞到柴油發電機的臭味，這是一種昂貴的替代品。人們冒著危險，只是為了獲得一點電力，往往還是不穩定的電力。因此，Latitude Capital確實有存在的道理：那些鋌而走險偷竊零星電力的人，正是潛在的付費客戶，他們都需要更優質、更可靠的電力。

Latitude Capital的工作分成兩部分：一是尋找投資人；二是尋找可以賺錢又可以做好事的專案。我們為了尋找投資人，走遍世界各地，吸引大型退休基金和其他資本管理者，確實做出一些成績。投資人願意投資社會福利，不就是想要投資低收入國家，獲得高報酬嗎？因為這些國家的成長速度比美國等富裕經濟體來得快，但是礙於政治、經濟不穩定，所以投資的風險較高。

至於第二部分，尋找好專案確實比較困難。

過去一百多年，各國供電給人民就只有一條路可走。國家會建立大型集中電網，連接各種大型發電廠，主要是燃氣、燃煤或核能，而有些則是水力發電。這條路確實管用，但是只限較為富裕、治理完善的國家，讓偏遠一點的地區也有電力可用（當時還不用擔心碳排放等外部因素）；相反地，不那麼富裕的國家，礙於貪腐、監管不力和技術不足，始終難以為全國通電。

回歸本心，莫忘初衷

我們創辦Latitude Capital時，剛好出現第二條路。科技日新月異，包括太陽能板、電池儲能、遙控、故障排除等層面，讓一些缺乏電力的社區有機會使用再生能源。這些技術還不夠成熟，尤其是電池技術，但是這些系統更加靈活和環保，有朝一日，社區再也不用依賴大型集中電網，否則大型電網通常要連接大型發電站，對偏遠社區來說，成效並不理想。

只可惜在二〇一六年，第二種模式還不夠成熟，無法實現我們心目中的投資類型。從我們出差和交易備忘錄可以看出，絕大多數的專案還是在走老路，連接大型化石燃料發電廠，為城市客戶供電，而不是關注偏遠或貧困社區那些最缺電的人群。即使如此，我們仍無法向投資人保證報酬，因為有太多風險，諸如匯率波動、未達成長目標、公用事業不付款及政府管理不善。

後來大家領悟到，這不是解決缺電最好的方法，而我也在掙扎，懷疑這份事業是否真的適合自己的人生？我恐怕還需要付出更多的努力，來學習這個人生功課。我是一個會為獎勵制度而努力的人，在金融領域享受比以前更多的收入，並且有機會偶爾購買昂貴的禮物。

此刻我站在機場的一家手錶店門口，已經為施凡挑好手錶，但還是要確認她的心意，於是我打電話向她確認，而不是直接買下來，給她一個驚喜。當我告訴施凡，我挑選哪一款手錶時，通話陷入靜默，然後她問我：「為什麼要送手錶給我？」當她得知我以為她會喜歡勞力士，而且我竟然喜歡那種地位象徵時，她極度不悅。我掛斷電話，向售貨員致歉，這時候開始擔心我是不是混淆了自己的目標。

幾個月後，我和施凡帶著孩子去南非。我們在開普敦（Cape Town）附近，乘坐渡輪前往羅本島（Robben Island），那是曼德拉反對種族隔離制度而坐牢十八年的地方。孩子看著曼德拉的囚室、地墊和小窗戶，而我看著孩子的臉龐，想起曼德拉拜訪底特律時，當時的我只比我的孩子大上十幾歲，我就是因為曼德拉而開始想做對人類有貢獻的事。

回想那個年紀的抱負，對照我在Latitude Capital的工作，我知道該改變了。我那時候看著電視上的曼德拉，默默在心中許下的使命，至今仍然不想放棄。我解決能源貧窮問題，不是為了增加銀行帳戶的餘額，而是要改善那些原本落後的人的生活。

幸運的是，不久後我就接到洛克斐勒基金會受託人斯特里夫．馬希依瓦（Strive Masiyiwa）的電話，邀請我擔任第十三屆主席的候選人。馬希依瓦是一位傑出的商業領袖和忠誠的人道主義者，他將手機傳播到整個非洲，更是一位好朋友。十年前，我們曾一起致力解決飢餓問題，並一直保持聯繫。然而，這個抉擇並不容易；要離開我拚命說服的團隊和投資人，但是這份新工作更忠於我自己，以及我和施凡的人生價值觀，更何況洛克斐勒基金會也有一個能源貧窮倡議，前景大有可為，稱為「智慧電源」(Smart Power)，所以做這份工作，我能夠繼續完成使命，終結能源貧窮。

讓對方覺得這也是他的計畫

三年後，我看著裁縫師傅彎著腰，在一張木桌旁教居民縫紉。印度北部的比哈爾邦(Bihar)，靠近尼泊爾邊境一帶，有一個偏遠的帕薩村(Parsa)，距離恆河岸邊並不遠，露比・庫馬里(Ruby Kumari)創辦的學校是用石塊搭建而成，正要迎接一個悶熱的夜晚。[6]太陽西下，政府的電網不穩定，電力突然中斷，一切似乎都跟著電力消失了，包括機器的嗡嗡聲、燈光和社區的生活。

就在那時候，電力突然恢復。距離學校不遠處有一個整潔的小院子，設置最先進的小型電網，這是和國家電網完全脫節的小型發電站。三排傾斜的太陽能板，全部面向陽光，為附近小屋裡存放的電池供電。這個小巧的創新設施用籬笆圍起來，幾乎沒有噪音，也不會產生碳排放，卻可以讓街道保持繁華明亮，讓市場攤位正常營業，也讓學生在天黑之後繼續學習。[7]

看了這個迷你電網，就相信我們辦得到，我們可以為無數像庫馬里這樣的人們供電，點亮我當晚拜訪的小型醫療辦公室、學校和木工店。由於有穩定的電力，每個地方會迎接更大的可能性。小型電網提供平價的再生能源，讓庫馬里能夠把原本不穩定的臨時裁縫工作，轉變成一所裁縫學校，培育村裡的年輕人，同時為她的孩子創造更穩定的生活。

庫馬里的故事及迷你電網的奇蹟，絕非理所當然。

過去十年來，亞什文・戴亞（Ashvin Dayal）為此奔走，統籌智慧電源的印度團隊。戴亞是印度發展專家，曾經管理洛克斐勒基金會亞洲辦事處，後來才接管能源貧窮計畫，他們設法證明有其他方法可以為帕薩村這些地方供電。以往渴望用電的人不得不購買或租用柴油發電機，可是昂貴、吵雜、高汙染，但是如果不用發電機，就只能依賴國家不穩定的電力。

洛克斐勒基金會團隊相信，只要智慧電源拿出合理價格，主打穩定供電，顧客絕對會接受。可是要達到這個目標，就需要大規模創新。戴亞等人很清楚，他們不可能獨自破除所有的限制，掌握每一個創新層面；更何況基金會沒有時間，也沒有專業知識，因此他們必須尋找一起突破現狀的受助者和夥伴。

這些初期的合作計畫通常是串連當地的一些機構，而那些機構不在乎利潤，只顧著擴大供電範圍，所以幫了智慧電源團隊不少忙。這些先驅合作計畫展現出科技的潛力，證明唯有開發創新的產品，才能與發電機和電網競爭。

因此戴亞和他的團隊終於明白，什麼是他們心目中的成功。他們希望建立功能完善的迷你電網，採用高效率又低廉的零組件。他們期望的合作夥伴，必須和自己一樣也想追求商業突破與技術進步。他們洽談合作時採用小型獨立合約，只想著必要的零組件，從而降低風險，降低失敗的機會成本。洛克斐勒基金會團隊也使命必達：流體動力學博士齊亞．可汗（Zia Khan）負責基金會的創新計畫，與合作夥伴一起搭乘破舊的船隻，穿越洪水氾濫的恆河，將迷你電網的零組件送到村民手中。

迷你電網的革命

儘管如此，創新仍需要時間。早期的迷你電網原型，成本高又低效率。早期的型號還沒送到用戶手中，就已經流失將近一半的發電量，加上缺乏有效的電表，帳單也算得不準確。後續也難以維護，因為村莊距離城市太遙遠了，如何用合理成本監控並維護太陽能電網，一直是一大挑戰。有些電池長期使用下來（有時還是高溫環境），就會突然故障。因此，早期的成本是天文數字：我們太陽能發電的成本竟然高達一度〇．七五美元，而主要電網的成本大約是一度〇．一美元。[8]

最後，經過一次又一次的合作，迷你電網計畫逐漸成形。比哈爾邦的當地人創辦一家小公司Husk Power Systems，總部設在美國科羅拉多州柯林斯堡（Fort Collins），負責開發內部資料管理系統，可以用上百種方式追蹤數千名用電客戶平時使用迷你電網的情況。[9]位於華盛頓特區的公司Spark Meter，負責打造電表，可以追蹤客戶極小的用電量，讓客戶依照自己使用的電量，透過電話繳交電費。[10]OMC Power則調整自身的商業模式，開始服務行動通訊基地塔，這是相當穩定的收入來源，對附近的村莊也有貢獻。[11]

儘管有這些進展，但不是每個電網都會成功，尤其是在早期，地理位置會攸關成敗：有些村莊的需求或空間配置，剛好不適合迷你電網，導致一些安裝好的設備還要找時間拆下，再重新安裝，整個過程很花錢，也令人灰心。此外，柴油發電機產業強烈反對，有一次很莫名其妙，有一個迷你電網的電線全部被人剪斷了。

我走在帕薩村，見證這份事業促成一場革命。村莊希望有電可用，不一定要依賴傳統的國家電網或柴油發電機。迷你電網的電費特別有競爭力，最終達到一度約〇．二五美元，比國家電網更穩定，也比柴油便宜許多。[12]價格的降低主要是因為集體採購零組件，改善電網管理的品質和效率，以及改進儲能裝置。雖然還是比國家電網來得貴，但是調查結果顯示，用戶為了供電穩定，寧願多付一點電費，因為有穩定的電力就可以為急需的社區創造工作機會。

這不僅在帕薩村成功了，在公開市場也獲得支持。OMC Power 妥善管理洛克斐勒基金會資助的電網（就像帕薩村的迷你電網），日本大型集團三井物產看了之後也來共襄盛舉，收購 OMC Power 業務的大多數股份。[13] OMC Power 因為這筆交易，必須把一部分的專長撥給其他專案和地區使用，但這也代表迷你電網是可行的。此外，洛克斐勒基金會真正的目標，並不是單方面和 OMC Power 合作，而是希望開拓康莊大道，在全球各地終結能源貧窮。OMC Power 目前營運三百五十個發電站，另外還有一千個在建設中，總共服務印度北部兩個邦，超過兩萬五千名客戶。[14]

為了尋找解決辦法，偶爾要自己創造方案。正如伊波拉疫情的例子，當地領導人發現新的方法來防止致命病毒傳播，因為有需求才會有發明。我們在發展迷你電網的過程中，合作夥伴也是自己想辦法突破以往的技術障礙。這在慈善事業是慣例，我們會提供資金，但是成功要靠他們自己。OMC Power 向大家證明，做這件事是可以賺錢的。這個例子就是和各種夥伴合作，一起實現創新。關鍵在於，要讓對方覺得這也是他的計畫，他推動這個計畫的力道，絕對會超乎你最初的想像。

習慣分享

孟買的泰姬瑪哈宮殿飯店（Taj Mahal Palace Hotel，被大家稱為泰姬飯店），距離帕薩村有九百英里（約一千四百四十八公里），超級遙遠。一百多年以來，這座繽紛的大建築專門接待電影明星和皇室成員。泰姬飯店極度奢華，早在一百多年前開業時，就用電驅動大風扇與華麗電梯，這在當時的印度是創舉。我去過那裡幾次，其中一次是和歐巴馬總統等人一起參加特殊的家庭活動——在二〇〇八年飯店恐怖攻擊前後。

二〇一九年，我在那裡會見塔塔集團（Tata Group）董事長陳哲（Natarajan Chandrasekaran）。塔塔集團有一百多年的歷史，向印度及全球數億顧客販售琳瑯滿目的商品，包括鋼鐵、汽車〔捷豹（Jaguar）和路虎是旗下兩大全球品牌〕、化學品及飯店房間等，而塔塔電力（Tata Power）專為印度及亞洲其他地區供電，服務無數的客戶。

當時我在泰姬飯店見到陳哲，洛克斐勒基金會的合作夥伴早已在印度安裝大約一百六十個迷你電網，速度令人刮目相看，但還是太慢了。這確實改善數千位村民的生活，讓他們獲得穩定的電力，但是要擴大規模（把這個解決方案帶給數億缺乏穩定電力的印度人），我們必須想辦法進一步降低成本、維持服務能力、大幅提升營運效率。最後戴亞團隊制定一項計畫，預計在好幾個邦架設一千個迷你電網，並且開始尋找合作夥伴，盡量擴大規模。

我和戴亞都認為，塔塔電力是我們需要的合作夥伴類型。塔塔集團早就是我們智慧電源的合作夥伴，同心協力提升迷你電網的性能。更重要的是，塔塔集團最擅長拓展業務。印度有十三億以上的人口，如果想賺大錢就要提高市占率。塔塔集團擴展規模，首先是為了業務成長，但是在印度，這也關乎培育中產階級，會促進國家發展，在未來幾十年，中產階級會持續購買塔塔集團的產品。

我們和塔塔集團開過幾次會，然後開始制定計畫，從我們確定的五萬個村莊，再篩選出五分之一，相當於一萬個村莊架設一萬個迷你電網。談判持續進行，我終於聯繫到陳哲，之前還在美國國際開發總署工作時，我第一次到印度出差，和他有一面之緣。

那天下午，我們在泰姬飯店坐下來談，陳哲立刻表明，他感興趣的並不是架設多少個迷你電網，而是對我們的模式有信心，相信可以幫助農村數億人獲得電力，在印度廣泛實施。不過，陳哲忍不住問我：「為什麼不架設五萬個迷你電網？」我笑了笑，表示這是我們的最終合作目標。

首先，塔塔集團同意架設一萬個迷你電網，差不多可以服務兩千五百萬人，以及數十萬家企業和小農場。該公司計劃投資十億美元，擴大洛克斐勒基金會的迷你電網模式，並大幅降低客戶的成本。[15]儘管基金會願意投注大量資金，但是塔塔集團不看重這些錢。起初，他們的團隊只想獲得洛克斐勒基金會的專業知識和運作模式，讓他們快速上手，並且透過穩定供電，推動其他更賺錢的專案。

因此在洛克斐勒基金會內部，有一些董事嚴厲質問這筆交易。他們擔心為了談成合資，會把得來不易的專業知識轉移給對方，所以有一些董事很好奇，我們在這個專案是否仍握有掌控權及獲利空間。我可以理解他們的觀點，也同意最理想的情況應該是解決印度的能源貧窮，同時保留收入，支持基金會未來的投資補助專案。

可是在那時候，我們不可能這樣和塔塔集團洽談，所以我安撫大家，我們的目標與塔塔集團一致，都是速度和規模。如果想要發揮影響力，在印度每個村莊架設迷你電網，最快的方法就是找一個使命不同，但同樣都追求規模的合作夥伴。對一些人來說，依賴一家唯利是圖的企業總覺得惶恐不安，但這才是最聰明的辦法，可以讓智慧電源計畫服務村民，提供村莊電力。我們不得不分享知識和專業，讓別人陪我們一起實現抱負。

一群重視全人類福祉的人，不太會想要和大型集團合作。如果一直在從事社福工作，很容易會把一些企業看成問題的一部分。但是如果你想要幫助更多人，就必須說服別人共襄盛舉。為了實現這個目標，你可能要踏出自己的舒適圈，放棄一些掌控權和控制權，這無非是為了發動大變革，享受變革帶來的好處。你要習慣和各種合作夥伴分享，尤其是影響力特別大的夥伴。

學習、調整、共同成長

二〇二一年十月，我待在蘇格蘭格拉斯哥（Glasgow）一間從Airbnb租來的公寓，正在隱密的房間裡用iPhone打電話。那是第二十六屆聯合國氣候峰會（Conferences of the Parties, COP）前夕，又是一場聯合國重要的氣候會議。隔天我就要向世界領導人、科學家、金融家和社運人士發表演說，介紹洛克斐勒基金會的計畫，我們預計把終結能源貧窮的工作拓展到印度以外的地區，而且進一步超越迷你電網的範疇。但此刻的我並沒有在練習演說，而是在昏暗的公寓裡說服一位夥伴，把這個大賭注做得更大。

自從洛克斐勒基金會開始和塔塔集團合作，那兩年有好多事情都變了。新冠肺炎疫情讓世界停擺，造成五百多萬人死亡，起初還沒有疫苗可用，各國強制鎖國或封城。富裕國家為此投入數兆美元，加強社會安全網，但是低收入國家缺乏資源，無法採取這些措施，結果有數千萬人變窮了，沒東西可吃、沒疫苗可打、沒錢付電費。在疫情發生的第一年，將近九千萬人突然沒電可用。[16]

我們待在洛克斐勒基金會，看到太多社區落後了，有些社區甚至拿過我們的補助，參與過我們的計畫，結果卻還是退步了。在這個時刻，我們認為有必要大膽行動。我們的理事會投票決定，把年度支出增加三倍，三年內總計有十億美元，其中一部分資金來自七億美元的商業債券。這是基金會成立一百零八年以來，首次利用資本市場做慈善。[17]

我們正思索如何善用這筆資金，幫助人類重新站起來，但只要回頭看一看帕薩村，想想如果可以終結能源貧窮，將在全球釋出多少的機會？這一刻促使我們大膽行動，無論是技術、價格或地緣政治似乎都已經到位，可以針對能源貧窮展開大賭注。這樣的計畫所需的經費，遠遠超過我們手頭上可用的五億美元，但是我們認為當自己全力以赴時，就可以吸引其他合作夥伴，一起重新想像世界，為數十億人供應能源。

只不過我們立刻發現，解決能源貧窮的問題並不是每個人心目中的當務之急，尤其是在疫情期間，加上氣候危機越來越嚴重。戴亞指派桑達．布麗吉特－瓊斯（Sundaa Bridgett-Jones），前往全球各地與潛在的合作夥伴聯繫，她曾在美國國際開發總署任職近十年，在洛克斐勒基金會的工作時間也差不多十年。然而當全球陷入疫情，開口募捐數億美元來終結能源貧窮的問題，幾乎是不可能的任務。

後來我們見了宜家家居基金會（IKEA Foundation）執行長佩爾．海根斯（Per Heggenes）一面，這個單位是全球瑞典家居巨頭宜家家居（IKEA）的慈善機構。這麼多年來，海根斯努力幫助世界上一些最弱勢的人，包括移民和難民，這群人比任何人更容易受到氣候變遷極端天氣的衝擊。我們和海根斯及其他潛在合作夥伴對話，馬上就知道他們願意一起合作，但是希望把重點放在氣候變遷。只要我們能證明這些迷你電網不僅會終結能源貧窮，還可以大幅減少全球碳排放，宜家家居基金會和其他組織就有興趣加入。

理論上，戴亞、布麗吉特－瓊斯和許多同事都覺得可行：我們計劃部署的系統幾乎不會有碳排放，但我們要先做更多的準備。我們成立一個小組，認真研究這個計畫對氣候的影響。我們需要找出可靠的測量方法，確認計畫的減碳潛力，我們以前只計算供電情況，但現在還要估算未來會降低多少碳排放。結果發現，如果全球八十一個能源貧窮國家，用傳統高碳排的工業模式來終結能源貧窮的問題，到了二〇五〇年，這些國家的排放量將占全球排放量的七〇%，這樣就算富裕國家拚命減排，也難以遏制氣候變遷。[18]

找夥伴和資源一同實現目標

但是如果要避免這種事情發生，同時從更環保的能源為民眾提供必要的電力，光靠迷你電網並不夠。所幸再生能源技術正在迅速發展，讓富裕國家實現綠色能源轉型。「大都會電網」(metro grids) 可以為整座城市供電，拜新型水電技術所賜，可以在保護環境資源的同時，善用河川來發電，否則以前這些水力就會白白閒置。此外，將電池放置在國家電網上，可以盡量用再生能源來發電。由於這些突破，就可以組成合適的聯盟，幫助整個經濟淘汰化石燃料。

我們做完準備工作，不約而同認為唯一的出路就是調整。我們改變計畫名稱〔全球智慧電網（Smart Power Global）再也不合適了〕，並開始自稱全球人類與地球能源聯盟（Global Energy Alliance for People and Planet）。我們把使命擴大，也連帶修訂成敗的衡量標準，承諾為約十億人提供電力，創造一億五千萬個綠色就業機會，減少四十億噸碳排放。

不久後，宜家家居基金會看見洛克斐勒基金會付出的心力，同意出資五億美元。[19] 我們確實是一個聯盟，宜家家居基金會和洛克斐勒基金會有共同的目標：不僅是終結能源貧窮，還要在全球各地實現能源轉型。一場終結能源貧窮的全球運動，正好趕上當今能源轉型大潮流，也就是逐步淘汰化石燃料，然後過渡到再生能源，以因應氣候變遷的挑戰。如果有按照我們的計畫，一步步完成能源轉型，絕對可以一石二鳥，同時減少能源貧窮與碳排放。

宜家家居基金會加入後，我打電話給安德魯．斯蒂爾（Andrew Steer），他是貝佐斯地球基金會（Bezos Earth Fund）主席暨執行長，這是亞馬遜（Amazon）創辦人傑夫．貝佐斯（Jeff Bezos）和蘿倫．桑契斯（Lauren Sánchez）的慈善計畫，專注於氣候變遷，[20]而我們想要實現能源轉型，正好符合貝佐斯地球基金會的目標。儘管如此，斯蒂爾、貝佐斯和桑契斯仍有許多疑慮，但在我們前往格拉斯哥參加第二十六屆聯合國氣候峰會前，戴亞和我們的團隊打了漂亮的一仗，解答對方所有的問題。

當我參加第二十六屆聯合國全球氣候峰會期間，在格拉斯哥公寓打電話確認貝佐斯地球基金會是否加入聯盟。我鬆了一口氣，斯蒂爾答應加入。有了貝佐斯地球基金會的保證，我站在講台上宣布總額高達一百億美元的承諾，其中包含幾個國際開發銀行貢獻的資金，正如我在演講時說的，一起「為所有人實現能源轉型」。[21]

我們建立這個全球聯盟，需要臨機應變，隨時調整目標、策略及潛在合作夥伴。這種流動性至關重要，尤其是要建立一個大聯盟，展開必要的變革，克服全人類的大挑戰。這並不容易，必須做更深入的準備工作，調整我們自己的模式，甚至更改聯盟的名稱與使命。

如果你過於執著原來的構想，就很難和別人一起學習、調整及成長。我們攜手宜家家居基金會和貝佐斯地球基金會，組成一個全球聯盟，和他們分享掌控權，讓計畫變得更切題、更有影響力。當你面對大賭注，有時候就是要調整使命，找夥伴和資源一起實現目標。

勇敢放手

如果你正在構思並啟動一項大計畫，到了某個階段，你必須勇敢放手，甚至和優秀的隊友告別。

職涯的每一步及一場又一場的會議，人難免會有掌控一切的衝動，例如掌控**你的**想法、解決方案和專案。但是為了成功，你必須懂得放手，和別人分享掌控權。大賭注的目標，不就是為了解決全人類的問題嗎？這麼大的目標通常要爭取外援，放下你所建立的東西。以全球人類與地球能源聯盟為例，這個大膽的計畫不再屬於洛克斐勒基金會或我個人。

二〇二二年十月，我的信箱傳來一封電子郵件，戴亞寫了一封告別信，還好不是他要離開基金會，或是要與我告別。他特地寫下這封信，宣布基金會的兩百九十多位員工中有三十人即將離開，成為全球人類與地球能源聯盟的全職員工。

我看到離職隊友的名單，這些人早在全球人類與地球能源聯盟定名前，就為這個機構奔走，我對我們的成就感到自豪，但是想到他們要離開了，心中就湧現一絲失落。這些人是洛克斐勒基金會最出色的人才，是科技和農村發展方面的專家，其中一位已經在基金會工作十四年。布麗吉特－瓊斯也已經在基金會工作十年。但身為計畫領導人，人才的流動是不可避免的事，畢竟這是成功的標誌，因為他們有足夠的技術、動力和能力，來承擔更大的責任，但我的心裡還是感到不捨。

說到放手，不僅僅是人員流動，我們也在放下控制欲，這從來都不是一件容易的事。

洛克斐勒基金會有悠久的歷史，一直有創立獨立組織的紀錄，讓這些組織透過各種方式為全體人類服務。我們曾為國際聯盟（League of Nations）孵化衛生組織，後來成為世界衛生組織；[22]我們建立國際農業研究諮商組織（Consultative Group for International Agricultural Research, CGIAR），後來也獨立出來，成為推動綠色革命的主力。[23]

分拆在民營部門很常見，當一個專案蓬勃發展時，把它另外獨立出來，發揮最大的潛力，也挺有道理的。我們對全球人類與地球能源聯盟也是同樣的態度，不同之處在於如果是民營部門，因為分拆讓出一些創意、資金和人才，通常會有金錢的補償。

但是換成慈善事業，感覺可能不太一樣。我們最初在印度執行小專案，隨後和塔塔集團加強合作，然後建立全球人類與地球能源聯盟，聘請一位有經驗的主管領導，並組成全球領導力委員會提供建議，還有一個理事會負責管理。現在整個聯盟正在分拆，這是令人驕傲的時刻，但是也伴隨著一絲失落。成功是必須付出代價的，這個大膽計畫的未來不再是我或洛克斐勒基金會可以控制的。

然而，我們獲得的補償是進步。全球有八十一個能源貧窮國家，全球人類與地球能源聯盟正在其中十幾個國家執行計畫，未來還會繼續擴大版圖。在南非，我們幫助該國的最大燃煤電廠除役，並在過程中創造綠色工作機會。[24]還在剛果民主共和國的二十五個城市，計劃與合作夥伴建設大規模的都會電網，覆蓋數百萬人民和數萬家企業。[25]聯盟也幫助奈及利亞建設一萬個迷你電網，為數百萬人供電。[26]我們更在新興世界展開創新，從馬拉威開始，率先部署大規模的儲能解決方案。[27]在印度，我們正在努力幫助農民擺脫柴油驅動的灌溉抽水機，擴大家庭太陽能系統的使用範圍，並使公共交通系統電氣化。

談到影響力，我們對這個聯盟的大賭注顯然是成功的，而我們的賭注還在持續，並且不斷加碼。

從白宮那場與莫迪的晚宴，再到Latitude Capital，從印度的智慧電源倡議，再到全球人類與地球能源聯盟，我一直在終結能源貧窮，只是換了好幾種形式。一路走來，我在每一步都看見放手的利弊。洛克斐勒基金會團隊為了創新與擴展，不得不放下控制欲，尤其是和塔塔電力的合作關係。如果要與別人結盟，放手又更加必要：一開始，只有包含基金會在內三個慈善機構，但是隨著持續的進展，很快就有十九個機構，我們只是其中之一。

合作有一個缺點，就是會失去掌控權，對於那些重視績效和問責的領導者，從來都不是一件容易的事。我們這些充滿抱負的人，通常天生不輕易放棄，希望把事情做到最後，甚至獨力完成。我對全球人類與地球能源聯盟依然有許多好建議，戴亞和其他許多人也是如此。這個使命起初只有我們在發聲，如今有了一大群合唱團，不過多了其他聲音，我們變得更強大。我們一起將觸及更多的生命，從此顛覆全球五大洲許多國家的發電和供電方式。

要怎麼放下控制欲？

放下掌控權很難，尤其是剛出社會時，但是工作久了，也不一定會變簡單。展開新計畫與大賭注，你要貢獻構想、關係及人脈，還有時間和心力。當然會想要控制這些資源的用途，把榮耀攬在自己身上。

但是大賭注不只要吸引新的合作夥伴，還需要讓給他們一些掌控權。唯有如此，他們才會願意為了成功付出一切。

如果你是喜歡控制一切的人，以下有幾個小技巧幫助你放下控制欲：

- **記住你的使命。**不斷提醒自己，你工作的動力是什麼，決策時永遠要把大賭注放在心上。當你把使命放在第一位時，放下對控制的執著仍會感到苦樂參半，但是至少你會更容易做到。
- **設定目標，找其他人一起來創新。**你無法掌握每一次突破，所以要讓其他人也有求新求變的能力和動力。
- **分享你的知識和專業，即使知道對方只想圖利。**如果你想要快速擴大規模，就需要要找有能耐的對象合作。
- **不斷調適自己，吸引新的合作夥伴。**如果你的目標是擴大規模，就要願意調整使命，以及和許多（通常不太可能的）合作夥伴建立聯盟的方法。
- **放手。**一旦你成功了，你的大賭注可能會獨立出來，甚至帶走你最優秀的團員，獨立運作。樂於說再見，並且盡你一切的能力，幫助他們成功。

第八章

勇敢轉向

——拋下過往包袱，面對突發事件與全新挑戰

二〇二〇年三月，隨著新冠肺炎疫情顛覆全球的生活，我就和美國的所有人一樣，只能待在家裡，與施凡及孩子們爭奪有限的工作空間，還有過載的無線網路。施凡上樓開視訊會議，於是我暫用她的家庭辦公室，孩子們則分散在房子裡的各個角落。雖然我待過美國國際開發總署指揮中心與白宮戰情室，處理過海地地震和西非伊波拉疫情，如今卻在家裡的客廳，踏著散落一地的課本，試圖在猛烈的疫情下，重新定位有著一百零七年歷史的老牌基金會。

這是近代從未發生的情況，美國人面對莫大的壓力與未知，一次又一次調整做法和常規，每個人都在學習適應。無論是新聞台或社群媒體，都在播放屍體放進冷藏卡車的畫面，以及在中央公園搭建戶外醫院的影片，夜晚傳來一陣陣救護車的警笛聲，大家都在重新想像如何與家人和同事互動、如何在公共場所保持社交距離，以及如何完成日常生活中最基本的儀式。

有的大賭注就是因應需求而生：我們總要做點什麼吧！但是突然面臨這麼大的緊急事件，每個人陷入深深的不安和混亂，只有一個選擇是清楚的：我們是要墨守成規？還是勇敢轉向，尋找一個還不明確的解決方案？

這就是我在二〇二〇年三月的處境。我是一個有公共衛生傳統基金會的負責人、有三個小孩突然要在家「虛擬學習」的父親，同時還是一個因為疫情和封城，不得已只能困在家裡的美國人，這場疫情已經對個人、社區及經濟造成難以估計的傷害，我快要崩潰了。我直接使用筆記型電腦，參加一場又一場視訊會議，聯繫曾在伊波拉疫情共事的朋友，還有試圖挽救專案的基金會同事，以及雞飛狗跳的聯邦政府官員。大家的問題都是一樣的：該如何擺脫困境？

為了尋找答案，洛克斐勒基金會必須努力轉向。

隨著疫情封城，社會最弱勢的族群生活變得更糟，洛克斐勒基金會立刻採取調整計畫的行動，因為再過不久，這就會成為美國史上最不公平的危機之一。原本以海外為主的糧食援助計畫，不得不回歸國內，為全美依賴營養午餐的孩子供餐。[1]而我們的經濟機會計畫，開始資助美國少數族裔創辦的企業，因為依照歷史的經驗，這些公司最缺乏危機應變能力。[2]再過不久，我們呼籲中央和地方調整稅收法規，造福勞動階級的家庭與清寒的兒童。[3]

我們還做了史上最大的賭注：在美國掀起平價快篩的風潮。只要民眾方便取得快篩試劑，就可以為機構和個人提供資料，保障人們的安全，並解決封城的問題。如果想在美國建立快篩市場，必須重振團隊，加強專業知識，重新動用我們的人脈，重新評估我們的風險承受能力，還要一邊穿越政治旋風，抵抗團體迷思的叢林。

還好我們很幸運，新冠肺炎疫情這樣的時刻並不常見，真正遇到的那一刻，現狀明明已經改變了，大多數個人和機構仍維持一貫的作風。有時候變化來得太快、太劇烈，你為了因應，必須刻意改變，顛覆現狀，全力以赴投入大賭注。

刻意轉向，因應突發情勢

二〇二〇年二月中旬的某個週日，新冠肺炎疫情尚未來襲，美國也還沒鎖國，我整個人懶洋洋地躺在客廳的灰色沙發上，閱讀著一本有黃黑色封面，名為《ＤＪ入門指南》（*DJing for Dummies*）的著作。我之前到瑞士達沃斯出差，出席世界經濟論壇（World Economic Forum, WEF），這是全球商界與政府領袖的聚會，還跑了其他行程，才剛剛回來。[4]達沃斯有一種詭異的氛圍，因為新冠肺炎已經從中國蔓延到會議門口，剛剛在阿爾卑斯山另一側的義大利爆發。[5]所以那時候的我很慶幸可以回家，期待培養新嗜好，為自己和施凡即將到來的結婚週年派對提供音樂。

施凡突然打斷我的自我對話，她經常這樣。因為曾參與伊波拉疫情，所以當我看到新冠肺炎疫情時，倒覺得無關緊要，美國政府也認為這只是國外的危機。施凡走進客廳，看我陷入沉思，決定把我拉回現實，她問道：「不是有一場全球流行病嗎？你不是應該關注這件事，而不是《DJ入門指南》？」

現在回頭看，只會覺得我掉以輕心，但是新冠肺炎真正襲擊紐約等美國城市，還要再等幾週，所以大家才會對美國的疫情漠不關心，因此不是只有我這樣。二〇一九年十月，全球衛生安全指數（Global Health Security Index）將美國評為全球最有能力應對突發疫情的國家，[6]我也這麼認為，雖然美國疾病管制與預防中心處理伊波拉疫情的態度讓我失望，但我尊重他們的智慧，以及他們分析資料的能力，因此我相信美國的醫療體系和政府能夠因應新冠肺炎，反而比較擔心貧窮國家，畢竟我在職涯中一直看到病毒衝擊缺乏資源的弱勢國家。

不幸的是，仍有太多的美國人淪為新冠肺炎的高度受害者，尤其是最貧窮、最弱勢的族群，無法即時接受醫療服務，或是本身罹患心臟病、肺病、肥胖症和糖尿病等慢性疾病。美國總統川普確實沒有克服挑戰的擔當，不知道怎麼處理壞消息，甚至連準確的消息也提供不了，包括疾病管制與預防中心在內的聯邦政府機關也出了紕漏，加上溝通不良，最終喪失民眾的信任。

對我來說，這就像伊波拉的翻版，太可怕了，只是這一次發生在美國。我沒想到會有這麼多人死亡，政府也缺乏能力應對。我領導的機構曾幫助美國建立公共衛生體系，我看到病例數持續攀升，以及個人防護裝備（Personal Protective Equipment, PPE）和呼吸器不足的報導，覺得焦慮不安。早在疫情初期，基金會就認為一定要好好認識這場危機，基金會對飢餓和經濟正義的承諾是否會因此落空？

當時我已經收起《DJ入門指南》，取消結婚週年派對，還關閉基金會的義大利辦公室、紐約總部、華盛頓辦公室，後來也關閉在肯亞及泰國辦公室，要求所有員工一律遠距辦公。我們團隊展開艱苦的轉向，以便基金會持續發揮影響力，幫助美國和世界其他地區應對這場危機。要不要加入抗疫的行列，其實是一個選擇，不是每個人或每個機構都做出這樣的選擇，而我們之所以選擇這麼做，是因為在那個時刻，洛克斐勒基金會確實應該站出來：我們成立的宗旨，是為了把嚴謹和科學的精神帶入美國的公共衛生領域。

於是我開始思考我們可以有什麼貢獻，但轉向並不容易，尤其是我們希望加快轉向的速度，但慈善機構並不適合快速轉向，我們的補助金都是提前幾年提撥的，即使基金會的資金較為充裕，手上也沒有大量閒置資金。

基金會幕僚長伊麗莎白・葉（Elizabeth Yee），還有我和我們的團隊，一起在家中的臨時辦公室、電話與線上會議，拚命調整基金會幾乎所有的排序。我們檢討所做的一切，確認有哪些補助或合作關係可以重新調整。四處調動資金，盡量釋放出一些資金。往後每一週，我們都會和理事會對話一次，並且定期撰寫報告，讓理事會明白我們的學習成果，徵求他們的意見，共同確認重大決策。

一切都是為了大賭注做準備。

敲定關鍵行動

四月二日，我在《華爾街日報》（*Wall Street Journal*）發表一篇社論，標題是「快篩是出路」（Testing Is Our Way Out），直接點出主旨，[7]這篇文章的作者是我和保羅・羅默（Paul Romer），他是諾貝爾獎得主，曾是世界銀行首席經濟學家。羅默的頭腦無人能及，總是能穿越數據，看見大局，但對他來說這不僅是智力上的挑戰，也關乎他個人，因為他的女兒是第一線醫生。[8]

要不是決定轉向，就不會有這篇社論了。

一開始，直覺就告訴我，洛克斐勒基金會應該扛起責任，解決這個迫在眉睫的根本病因，而不僅僅是回應病徵（例如空蕩蕩的貨架或個人防護裝備不足等）。當我面對壓力和迷惑時，會一直問自己：什麼是最重要的事？我在處理伊波拉危機時，呼籲大家質疑行之有年的假設和流程，那段經驗也確實印證了，疫情爆發時，最重要的資訊是有誰染疫，以及染疫者在何方。疫苗問世前，唯有快篩這個方法可以讓我們掌控局面。

只可惜美國疫情爆發後，頭幾週診斷篩檢的能力極為有限。一開始，川普對快篩似乎不感興趣，其他政府機關也未能提供更多協助。當時沒有人知道原因，後來才知道原來是疾病管制與預防中心生產試劑並不順利，包括試劑有缺陷，難以重啟流程。[9]既然沒有更快、更便捷的測試方法，上至總統，下至一般民眾，都無法詳細掌握病毒的傳播情況，以及有什麼遏制病毒的好方法。於是每個人都默許粗暴的程序，也就是封鎖和迅速隔離，卻不知道該如何重新解禁。

我們心知肚明，最關鍵的問題就是快篩不足，所以決定整個基金會要全力解決問題。當時大多數的慈善機構並不想呼籲美國聯邦政府採取行動，也不想填補政府的失能。這迫使基金會加快步調，盡快做出決策，希望有立竿見影的效果，因此我們的團隊和顧問格外需要技術知識、重要資源，以及建立流程與程序的途徑。

所幸就在幾個月前，我登機時巧遇喬納森．奎克（Jonathan Quick），多年來我們一直都有合作，包括一起處理伊波拉疫情。奎克是受過哈佛醫學院訓練的醫生，曾經率領整個機構為貧窮國家建立衛生體系，前不久剛出版新書《流行病的終結》（*The End of Epidemics*）。[10]

危機鋪天蓋地而來，我與全球公共衛生倡議受人尊敬的領導者與前製藥公司主管納文．拉奧（Naveen Rao）合作，將奎克帶入洛克斐勒基金會。這是向我的團隊和全世界表明，基金會正在努力轉向，雖然並不容易，但是我們全力以赴對抗疫情。這是有百年歷史的機構，將蛻變成創新和行動的引擎，一切都要從人才開始。現有的團隊也必須換一個方式做事，還要迅速延攬像奎克這樣的新隊友，增強我們的實力。

我再次拿起電話，和克勞斯納之間將近二十年的對話再度啟動，我們曾在全球疫苗免疫聯盟密切合作，在我處理伊波拉疫情期間，他提供重要建議，如今再度成為我外部的合作夥伴。他幫忙我組成顧問團隊，眾星雲集，別出心裁。過不久，一起開視訊會議的成員，竟然包括瑪拉．艾斯賓諾（Mara Aspinall），她是鳳凰城的前資深製藥高階主管，出身布魯克林，有豐富的製藥經驗；以及麥克．佩里尼（Mike Pellini），他既是專業醫生，也是創投資本家和癌症專家。我們還延攬前食品和藥物管理局（Food and Drug Administration, FDA）局長，後來轉任杜克大學（Duke University）杜克－馬戈利斯健康政策中心（Duke-Margolis Center for

Health Policy）創辦理事的馬克．麥克萊倫（Mark McClellan）。

過了一陣子，羅默也加入對話。羅默正在估算，如果關鍵機構與重要部門持續關閉，對國家經濟可能會有什麼影響。他估計每個月大約會損失三千五百億美元，這對國家經濟和全國人民來說，都是不可能長期負擔的成本。[11]我們決定發表一篇社論，主張唯有顯著提高試劑產量與加強協調，才可以避免這個高昂成本，起初先篩檢必要性工作者，然後再篩檢更廣大的民眾，如此一來，美國才有辦法逐步安全解封。

面臨危機時，最重要的第一步，永遠是找出根本原因，確認要解決問題，什麼是你非做不可的行動。當你了然於心時，就要開始評估了，風險這麼高，身邊有沒有團隊可以陪你一起完成艱難的轉變。你該煩惱的問題，不再是要不要轉變，而是要轉變得多快。

因此，我們必須立刻找到合適的人選。這次面對新冠肺炎疫情，我們除了依賴現有員工，還從基金會外部延攬隊友，並且發揮巧思聯絡外部顧問，一下子就組織一支強大團隊，將我們的理念傳播到世界各地。

找到一群想要貢獻心力的人

社論刊登後，我有幾天的時間一直在參加視訊會議，就好像《脫線家族》（*The Brady Bunch*）的開場，只不過我的方框裡全是美國公共衛生界的翹楚。這篇關於快篩的社論，對外發出信號，彷彿夜空中的呼叫，吸引那些認為有更好辦法的人。我看到電腦螢幕上的臉孔，知道有一些最敏銳的頭腦引領我們前進，包括在各州和社區的實踐家、最出色的研究人才，以及製造業和商業界的專家。

當然，我們並不孤單。那時幾乎所有人都是用視訊會議討論疫情。但洛克斐勒基金會做得到的事，不只是討論問題和發表社論。數十年來，洛克斐勒基金會一直針對具體問題，舉辦小型獨立的會議。二〇二一年，我們認為可以召集足夠的人，共同制定一項全國計畫，生產並分發大量必要的快篩試劑，讓美國人有解封的一天。

不幸的是，當時廣泛的試劑是聚合酶連鎖反應（Polymerase Chain Reaction, PCR）核酸檢測，不僅昂貴，還要送到實驗室檢驗，雖然非常精確，但是平均需要三天才能得到結果，有時候甚至還要等七天。[12]當時，美國實驗室的檢測能力遠低於英國和南韓這兩個親密盟友，美國每百萬人只進行二十三次檢測，而英國和南韓每百萬人則分別進行三百四十七次與三千六百九十二次檢測。[13]

幸好由艾琳・歐康納（Eileen O'Connor）領軍的洛克斐勒基金會傳播與政策單位，有能力可以找到合適的人來談論幾乎任何話題。歐康納是律師，曾在美國國務院任職，但是她個性更像記者，冷戰結束時，她是CNN派駐莫斯科的記者，懂得找到合適的人選。我們主動聯繫的專家幾乎都是她、拉奧和奎克找到的，並邀請這些人參與基金會舉辦的大型討論會，為美國制定一項可行且具有野心的測試計畫。

結果視訊會議越辦越多，不僅討論新冠肺炎疫情，也會聊到試劑的生產、分發及使用。當然，就如同情景喜劇《脫線家族》，參加會議的人不一定意見相同。有些人深入探討細節，預測現實生活中需要多少試劑，卻沒有發現某些提議根本行不通；有些人只看大局，有些人專注細節；有一些人早就是死對頭，爭辯多年，還有一些人是對事不對人，對於疫情的複雜度和不確定，以及該如何克服這個挑戰，各有各的看法。有一回，我不得不辭退一位德高望重的專家，因為他的觀點確實有理，但卻強迫大家都要聽他的。

核酸檢測和抗原檢測，哪一個較好？有那麼多的檢測組合，到底要如何使用？這就是我們最大的爭論。很多人參與討論，有些人強烈主張核酸檢測最值得推薦，因為準確性非常重要，但大多數人都支持抗原檢測，這是檢測是否染疫時，更便宜、更簡單也更容易大規模施行的，因此正是我們需要的檢測方式。我們最後發表的討論報告，沒有表示哪一種檢測較好，但如果要追求規模，大規模篩檢的唯一可行方法就是抗原檢測。

我們在四月二十一日發表報告，呼籲提高每週的檢測量能，當時每週還不到一百萬人，希望七月要增加到三百萬人，到了十月要增至三千萬人，大家都覺得這個目標太遠大了，根本不可能實現。我們的報告很特別，明確列出達到這個生產目標的步驟，很快就有一個名稱，叫做「一百萬、三百萬、三千萬計畫」（1-3-30 plan）。[14]我、克勞斯納和其他一些人，統整專家小組的建議，把它變得更完整。我們堅稱這些建議是共識，但這份報告充其量只是粗略的共識，幾乎每個參加視訊會議的人都對計畫某些部分抱持不同意見，無論是一百萬、三百萬還是三千萬。

儘管如此，這個計畫依然是重大突破。隔天，我們和佛奇開了視訊會議，二〇一四年為了應對伊波拉疫情，我們兩人經常在白宮戰情室交流。新冠肺炎期間，佛奇再度展現冷靜沉著的態度，這也是我之前欣賞他的原因。佛奇看過洛克斐勒基金會的報告，我們呼籲提升檢測量能，他看了很高興，表示：「這正合我意。」從他的反應可以看出，當時美國政府根本不解決檢測的問題。

在危機時期，你需要一大群想要貢獻心力的人，一起找到出路。為了善用這些人的意見，不可以害怕衝突或對峙，因為你會從中獲得新的專業知識，這絕對值得你淌一下渾水。你的目標是找到一群人，彼此快速溝通和成長，針對幾個重要事項達成粗略共識，並參考大家的意見，建立一套系統。先求有，再求好。

秉持快速、包容和真誠的精神

結盟不是一朝一夕的事。把一大群聯繫人變成盟友，一定要找到共同目標與對彼此的承諾，這樣才會有信任感。

四月初，再不到一個月，疫情就會全面爆發，有一天我和底特律市長麥克・達根（Mike Duggan）開視訊會議。我從小在汽車之城底特律長大，一直和附近社區保持聯繫，無論是在蓋茲基金會、美國國際開發總署或洛克斐勒基金會工作期間，我都會盡可能回到密西根州，加強與家鄉的連結，並支持家鄉的振興活動。二〇一三年，我在一次出差中結識剛剛當選的達根，後來一直保持聯繫。如果可以和他聊一聊，絕對可以了解底特律社區面臨的挑戰。

二〇二〇年春天，達根擔心病毒對個人健康與整個社區的威脅。當時，他特別擔心當地的治安，因為有五百五十六名警察遭到隔離，甚至包括警察局助理局長。[15]就算不是底特律人也能理解，在緊急情況下，如果社區缺乏警力，對社區的影響非同小可。市長正在想辦法，讓警察不必擔心安全，長期正常上班。

那段期間，我們不只聽了達根一位地方官員的心聲。基金會花費數十年的時間，幫助全球與全國的城市和社區聘請韌性專員（resilience officer），改善當地的健康、環保及基礎設施，因此在疫情爆發初期，市長們經常向這些專家求助。事實上，我們第一次聽見新冠肺炎疫情的警告，正是來自洛克斐勒基金會資助的中國韌性專員。

我還向美國國際開發總署資深顧問安德魯．斯威特（Andrew Sweet）開口，請他暫時放下手邊的工作，加入洛克斐勒基金會全新的新冠肺炎疫情應變計畫。斯威特天生具有召集的能力，能與任何人建立深厚的關係，然後把他們引介給其他人。斯威特到了洛克斐勒基金會後，攬下外界所有的請求，一一打電話。不出幾週，我們就與全國各地的市長、州長及其他官員，展開越來越多跨黨派交流。

最終，斯威特不僅串連官員和基金會，還成為官員之間的橋梁，把大家都拉進視訊會議，成立所謂的檢測解決方案小組（Testing Solutions Group）。即使這些視訊會議都是臨時起意，卻啟動了一個大聯盟，讓大家努力找到真正的解決方案，讓國家有機會解封。籌備這些會議並不容易，這是一個多元的大論壇，我們必須維持大家的參與度和興趣。但是在斯威特和團隊的努力下，這些會議集結一百多位官員，互相分享實際有效的策略，一起討論哪些方法有效與無效，以因應危機，幫助有需要的人。

我們也領悟到，最後仍需要中央政府參與。但是川普總統公開反對快篩，因為他不想看到確診病例增加，我們和美國政府的對話不太順利。[16]我們走進死胡同，碰到不願面對事實的人。

所幸佛奇介紹海軍上將布雷特・吉羅爾（Brett Giroir）給我們認識，他是一位嚴謹的兒科醫生，擔任美國衛生與公共服務部健康事務助理部長，負責疫情應變措施。後來美國政府決定執行快篩計畫，卻四處碰壁，我們很高興可以和吉羅爾聯繫，最終他宣布美國衛生與公共服務部從亞培實驗室（Abbott Laboratories）購買一億五千萬個抗原試劑。[17]

然而，我們仍有意見相左的時候。當我們發表報告，媒體紛紛登門詢問，為什麼快篩是解封的關鍵，以及為什麼現在還不普篩。我們在媒體面前和社群媒體上，直接表明是美國政府做得不夠。我們還公開主張，聯邦政府應該購買更多的試劑，哪怕要動用特殊的戰時權力也在所不惜，例如《國防生產法》（Defense Production Act），同時呼籲政府和保險公司要支付檢測費用。[18]

有一次，我又發表一篇社論，和另一位作者哈羅德・瓦慕斯（Harold Varmus）〔前美國國家衛生研究院（National Institutes of Health, NIH）院長〕主張，疾病管制與預防中心對無症狀感染者不強制檢測的建議，讓人們感到困惑，破壞了篩檢制度。《紐約時報》下了直接的標題（比我選擇的更直接）：「事已至此⋯忘了疾病管制與預防中心吧！」[19]這篇文章刊登後，隔天我還要和吉羅爾開視訊會議。會議前夕，我擔心他的反應，徹夜難眠。我們撰寫這篇文章，是反對疾病管制與預防中心，錯誤地引導大眾不鼓勵使用篩檢測試，我們並不是唯一發出警訊的人，但卻擔心標題下錯會讓關鍵人物反感。吉羅爾加入視訊會議時，我提到這篇文章，他的回應讓我安心：他表示大致同意我們的基本論點。面對廣泛的抗議，疾疾病管制與預防中心很快就撤銷快篩檢測規範。

當然，吉羅爾和我也有一些實際的分歧，但我們都尊重彼此在一個幾乎不可能的環境中盡力而為。這種關係需要時間發展。在一次次的電話會議中，洛克斐勒基金會團隊成員勇於和他人分享經驗，在不知不覺中建立這種信任。我們鼓勵大家和聯邦政府等人對話時，要盡量做到「坦承相對」（radical candor）。

在危機中策動轉變，必須從零開始建立一個大聯盟。你要秉持快速、包容和真誠的精神，與那些人建立連結並交流，雖然有時候關係會突然變得緊張，通常是因為你要向掌權者說一些不好聽的真話。

提早設定風險處理流程

九月九日，我從家中出發，驅車前往馬里蘭州巴爾的摩附近的斯帕克斯（Sparks），參觀美國必帝公司（Becton, Dickinson & Co.）的製藥工廠。美國擁有龐大的醫療保健產業，這只是一家小工廠，但我是為了重要的消息而來。必帝公司剛獲得聯邦政府批准，即將推出十五分鐘內判讀結果的新冠病毒試劑。[20]一盒盒試劑堆疊成一面牆，每個盒子底部都有醒目的橙色條紋，我和馬里蘭州長拉里．霍根（Larry Hogan）一起宣布，該州將購買七百五十萬美元的試劑，保護護理人員和其他必要性工作者。[21]

我開往工廠的路途不到六十英里，但是我們宣布這個消息之前，經歷一段更漫長、更危險、更艱難的過程。

一百萬、三百萬、三千萬計畫成為全國頭條後，製藥公司仍不敢貿然提高產量。我們之前在全球疫苗免疫聯盟疫苗計畫就學到這個教訓，如果沒有確定的需求，企業不會隨便投資和擴產。[22]它們希望看到更大筆、更穩定的訂單，才會開始擴產，我們必須設法讓疾病管制與預防中心頒布包括無症狀感染者在內的快篩檢測規範，只要各大機構要求快篩，保險公司也同意核銷，這對藥廠高階主管來說就是重要的投資信號。

我們採取幾個步驟，試圖刺激市場發出擴大生產試劑規模所需的訊號，但是其中有許多步驟都隱含風險。

我們小組的艾斯賓諾等人，早已掌握從試劑到檢測規劃的各方面知識，還花費數週追蹤並盤問製藥公司高階主管，確定該怎麼實現目標。這意味我們要了解試劑、供應鏈和檢測規劃，甚至要比藥廠更熟悉。疾病管制與預防中心的快篩檢測規範還不明確，很難想像保險公司會願意核銷快篩的費用。所以我們麻煩前食品和藥物管理局局長麥克萊倫，以及他在杜克大學的團隊，幫忙做聯邦政府沒有做的事，仿效疾病管制與預防中心的格式撰寫快篩檢測規範。[23]

我們也主動聯繫全美各地的官員，收到他們的回覆，包括馬里蘭州長霍根、伊利諾州長傑伊・羅伯特・普利茲克（Jay Robert Pritzker）、阿肯色州長阿薩・賀勤森（Asa Hutchinson）。霍根是當時全國州長協會（National Governors Association, NGA）主席，有意聯合各州一起購買快篩試劑。那時候市面上的試劑較少，價格也較貴，各州之間還要相互競爭。雖然美國衛生與公共服務部下了訂單，華府付款的速度也很快，但是光憑聯邦政府的有限採購量，仍不足以啟動市場。霍根和我們團隊都認為，如果有夠多州政府聯合購買，這樣就會有足夠的需求，可以為廠商創造有利可圖的市場。

經過這些對話，很快大家就臨時組成州暨屬地試劑聯盟（State and Territory Alliance for

Testing, STAT），隨機應變。最初只有六州加入，後來增加到十州，最終美國每個州及其屬地都加入了。理論上，大家可以集中購買力，否則馬里蘭州單獨訂購二十五萬個試劑、加州訂購一百萬個、紐約州需要七十五萬個，這些個別訂單都很小，但是州暨屬地試劑聯盟可以向製造商發出更大、更好的信號，最後訂購了六百萬個試劑。24

不要害怕做出無效的嘗試

可是這樣還不夠，我快要絕望了。佩里尼從一開始就加入我們小組，他曾經創辦一家醫療設備診斷公司，雖然後來出售了，但是依然和現任高階主管保持密切聯繫。有一天，佩里尼打電話給我，坦言就算有州暨屬地試劑聯盟的大訂單，企業仍希望看到更大的承諾。他詢問，洛克斐勒基金會能否向業者保證會有一億美元以上的訂單。

洛克斐勒基金會已經加快腳步，提供大家建議和補助，這麼快的速度是我們在幾個月前難以想像的。然而，我們在這場戰疫中還沒有投入那麼多金錢。如今重要的環節已經到位，我們可以多承擔一點風險。因為在幾個月前，我們已經和董事會一起轉向，重新定位我們的法律、財務和會計部門，準備承擔更大的風險。

當然，我們仍會做出一些錯誤的決定，在那些充滿未知的日子裡，我們也做了一些證明無效的嘗試。例如，有一次我們研究批量測試（batch testing），也就是把幾個樣本合併檢測，查看是否有人呈陽性。這是為了求快，但是數據可能不完美，我們很快就發現不切實際。[25]

儘管如此，到目前為止所做的一切仍讓我充滿信心。我麻煩佩里尼轉達藥廠，洛克斐勒基金會會支持這筆大訂單，如果在太平盛世，我恐怕不會單方面做出這個決定。我在腦海裡快速計算可能面臨的風險或責任，感覺有什麼東西卡在喉嚨，讓我回想起差不多二十年前，全球疫苗免疫聯盟疫苗專案最危急的日子，也曾帶給我一樣的緊張感。但我相信這是唯一前進的辦法。我的同事邁克．瑪爾登（Mike Muldoon）在洛克斐勒基金會的創新金融團隊，幫助基金會處理財務保證書，用我們的捐贈基金擔保三千萬美元的訂單，如此一來，州暨屬地試劑聯盟就能立刻開始訂購試劑，因為大家都感受到，洛克斐勒基金會在有需要時會挹注更大的資源，可能高達或超過一億美元。[26]

到了九月，我和霍根州長一起走進必帝公司。那時候因為多管齊下，我們成功說服藥廠擴大生產試劑。霍根州長在當場宣布，馬里蘭州已經加入州暨屬地試劑聯盟，要購買二十五萬個試劑，準備用在療養院、監獄及弱勢社區。[27]

轉向的過程終究會冒一些風險，我讓基金會挺身而出，主動在美國建立快篩市場，絕對是一項浩大的工程，我們必須比平常承擔更大的財務風險，還必須加快應變速度。唯有和董事會與內部人員加強溝通，才能順利進行，因此董事會大致上都同意，一旦我們承諾讓廣大的美國人普遍接受快篩，就會盡一切努力，實現這個目標。

迎接挑戰的過程，有時候也要承擔風險。如果想讓自己輕鬆一點，一定要提早建立風險處理流程。如此一來，你才會安心加速加碼，支持做出的那些決策。總而言之，關鍵就在於加強溝通，機構內各個層級都不容錯過。

克服團體迷思

我開車去巴爾的摩後，過不久參加孩子學校的視訊會議。我和施凡的處境就像疫情期間許多的家長，為了沙簡、安娜及賈沙三個孩子的「虛擬學校」，耗費很多心力。雖然施凡忙著為最新的事業募資，卻還要協助孩子上數學課。我們並不孤單，坦白說我們的狀況已經比大多數家庭來得好，因為孩子有學習的空間、有電腦可以上網，還有順暢的無線網路。

由於我具有流行病學的背景，學校邀請我加入非正式的科學顧問委員會。每隔幾週就會召開一次小組會議，參考最新的病例數和防疫規範，討論學校的政策應該如何調整。我開這些會議時覺得滿有趣的，但有時候也令人灰心，讓我一窺現代教育現況，以及國內不斷變化的疫情心態。到了二〇二〇年秋季，委員會開始討論如何回歸面授課程、師生該不該戴口罩，以及師生多久需要快篩一次。

我們學校委員會討論的問題，其實也登上全國各地學校董事會會議、餐桌上的閒聊，以及美國秋季選舉。川普總統傳播的資訊，不準確就算了，有時還有危險之虞，我看了非常沮喪。美國有的人支持鎖國封城，其中一些人甚至和我同年，明明就受過高等教育，是較富裕、前衛的美國人，卻有這種想法，讓我相當失望。長期關閉學校、辦公室和社區，後果不堪設想，但有許多人（主要是民主黨的支持者，所謂的藍州）開始堅信，這些嚴格的封鎖政策是必要的，並呼籲學校之類的機構一起強制執行，罔顧這對學生們的傷害，尤其是有色人種的社區。

疫情持續數個月，我看到封城的長期影響，內心越來越憤怒。在洛克斐勒基金會的疫情視訊會議上，我們聽見地方官員描述封城對孩子的影響，尤其是清寒與少數族裔的孩子正在承受可怕的後果。學校未能重新開放，通常是較大、都會區的學校，讓弱勢兒童更加落後。光是在巴爾的摩，學生的英數能力在一年內的退步幅度，創下二十年來的新紀錄；三、四、五年級的學生，只有九%的學生英語達標，數學達標的也只有七%。[28]有一次視訊會議上，佛羅里達州布勞沃德郡(Broward County)的高階官員提到，大量的學生沒來上線上課程，表示：「消失了，永遠沒回來。」

為了打破大家對封城的共識，讓這些學生重返學校，我們進行適當的評估和數據分析，證明只要做快篩，民眾即可重返企業、工作場所，最重要的是重返學校，並沒有安全疑慮。我們研究一些州的成功經驗，例如科羅拉多州，有人利用快篩機制，讓孩子重返校園。我們還考察國外類似的專案，尤其是歐洲地區，這些專案確實發揮效果。

我們的檢測解決方案小組，加上斯威特和他的團隊，在六個社區的學校展開試驗計畫，涵蓋羅德島州中央瀑布（Central Falls）、加州洛杉磯、路易斯安那州紐奥良、奥克拉荷馬州塔爾薩（Tulsa），以及華盛頓特區。[29]由於試劑短缺，我們連忙加快腳步。吉羅爾等人為這些試驗計畫準備十四萬個試劑，我們聯繫參加試驗的學校，確認學校地址，美國國防部連忙把數萬個試劑送到每個試驗地點。[30]

試驗地點的數據不斷湧入，由外部專家嚴密分析，最後制定新的防疫規範提供教育界參考。我們和教育人士加強合作，其中有許多人是施凡推薦的，她在美國公共教育領域工作近二十年，人脈廣泛，大家齊力制定防疫規範，善用快篩讓孩子重返校園。我們小組的科學家、醫生、教師、工會代表、行政官員和經濟學家，花費數小時召開視訊會議。

有一些對話特別不容易。有一次，一位國中教師工會的人批評我們的專家研究得不夠透徹，他認為就算做了快篩，學生也不可以返校。他的言論夾雜強烈的個人情感，有許多教師都是這樣，只顧慮個人情況，擔心如果資源不足和安全規範尚未到位，貿然回到二、三十個孩子的班級，恐怕並不安全。

經權威機構嚴格評估來自洛克斐勒基金會試驗地點專案數據，以及從學生考試而來的數據逐漸累積，終於說服一些猶豫不決的人，現在該是嘗試新做法的時候了。我們幾乎把所有人納入談話中。我們也和教師工會合作，包括美國教師聯盟（American Federation of Teachers）及其領袖蘭迪．溫加頓（Randi Weingarten），努力制定防疫規範，讓學校更安全。疫苗的推出進一步推動了這些努力。[31]

我們做這項工作必須抗拒常見的假設和心態，有時候會不太舒服。無論是在孩子學校認識的人、基金會同事或我們圈內人，都可能遇到不同意見。許多人擔心解封的步調太快，或是不想給人一種反科學或反防疫措施的印象。

團體迷思常常會阻礙進步。有朝一日，你可能不僅要避免團體迷思，還要設法克服，如果還是一個高度爭議和壓力重重的危機，這並非易事。我們深刻領悟到，必須傾聽雙方疑慮和懷疑，但不要盲目接受，而是要善用數據、案例及證言，建立有條不紊的反駁理由。我們並沒有說服所有人，但是只要說服夠多的人，就可以找到一條共同前進的路。

全新思維與因應方式

二〇二一年三月十六日，距離我放下《DJ入門指南》這本書已經一年多了，疫情尚未結束。成人疫苗越來越普及，大家開始看到希望。疫情剛爆發不久，只有一小群人認為快篩是關鍵，過了一年，有越來越多人認為，在逐步解封的過程中快篩非常重要，一來增強疫苗接種效果，二來保護不適合施打疫苗的人。

所幸到了那時候，試劑更容易取得了。那個週二下午，一位白宮助手發送電子郵件通知我們一項消息，原來隔天拜登總統計劃宣布一項全面計畫，提撥一百億美元做普篩，讓學校重返在教室授課。[32]十一月選舉過後，我們團隊在一旁協助拜登的轉銜團隊，深入認識快篩的工作。如今，美國政府（包括疾病管制與預防中心）終於要全力支持快篩了。

這項消息進一步證明，不到一年的時間，美國政府、國家、市場，甚至美國人對快篩的觀念都有所改變。一年前，大家買不到試劑；但是一年後，美國每個月能完成大約四千萬次篩檢。[33]這些試劑可以上網訂購或到藥局購買，紐約人在街上走不到幾步，就可以找到免費篩檢站。洛克斐勒基金會甚至和各州合作，為弱勢家庭提供免費的居家篩檢。這可以解決問題：方便民眾取得試劑，以重啟工作、家庭聚會、學業等。

新冠肺炎疫情的影響非同小可，雖然美國是公認最有能力應對疫情大流行的國家，死亡率卻比其他許多富裕國家來得高，[34]全美有一百多萬人染疫死亡。長期封城的政策加劇社會不平等，整整有一個世代兒童的教育受影響，許多人喪失求學的機會。這對心理健康的影響也難以估計，有人失業了，有人再也未能重返職場，在少數族裔社區特別嚴重，無論是健康、教育和福祉都受到衝擊，都要怪國家領導人辜負大家。

許多人本來還在懷疑，美國到底有沒有能力處理新冠肺炎疫情，但是試劑計畫逆轉勝之後，證明有些事確實做得到，而且早在美國政府全面參與前，這些計畫就已經啟動了。每個在美國生產的抗原試劑，都要感謝全美各地的人召開視訊策略會議，組成採購聯盟，並且積極向聯邦政府呼籲和溝通。這些試劑減緩了封城的害處，讓企業重新開放、民眾重返工作崗位，還有孩子重返校園。

除了篩檢外，洛克斐勒基金會也成功因應危機的亂象。聯邦政府聽到我們、智庫、創新的地方與州政府呼籲，提供弱勢家庭現金補助與減稅優惠，以解決兒童貧窮的問題，[35]無數個供餐計畫餵飽停課的學生，在最需要時幫助數千萬個家庭。[36]我們還合作無間，尤其是幫助少數族裔的社區公平取得試劑和疫苗。

雖然我的職涯充滿大賭注，但我特別難忘的是，新冠肺炎疫情期間，洛克斐勒基金會轉向的過程。我們早期一起開視訊會議的人，大多認為試劑計畫是一生中最有意義的工作之一。這段經歷提醒我，危機是寶貴的經驗，可以改變舊習慣，激發新做法。最初幾個月，大家還驚魂未定，卻帶給洛克斐勒基金會一種緊迫的感覺，結果這成為基金會最具影響力的一年，為往後更多的大賭注做好準備。

為了迎接挑戰，我職涯中學到的一切全部派上用場。我們提出簡單的問題，並給出答案。我們自己先跳下去。我們歡迎所有感興趣的人。我們也觸及真心，主動聯繫和我們一樣恐懼的人。我們很清楚自己賭的是誰。必要的時候，我們願意放棄掌控權。

但是我們不得不換個新方式，找新夥伴一起嘗試新事物。如果是以前的洛克斐勒基金會，通常可能就只會寫報告喚起大家的關注，注意某個問題或潛在解決方案，或是出錢補助合作夥伴，一起研擬解決方案，同時極力迴避政治，堅持無黨派立場。但是為了解鎖試劑的生產，我們要跨越常規，勇敢轉向。最後，我們看到聯邦政府的失職，不僅試圖彌補，還公開質疑。這麼做是有風險的，但要不是我們願意做得更多，試劑市場永遠不可能擴大。

總而言之，關於試劑的計畫向大家證明，如果再面臨新冠肺炎這樣的現代危機，我們可以有不一樣的因應方式。疫情爆發初期，洛克斐勒基金會團隊和視訊會議的許多人，都指望政府或企業來解決試劑問題。但是在這種情況下，國家陷入困境，美國家庭都在受苦，無論是公部門或私部門都無法獨力面對。我們處理新冠肺炎危機的態度，再次印證一件事：大賭注確實需要新的思維，有賴意想不到的合作夥伴，同心協力解決重大問題，在這個例子中，更填補了政府和民間企業的失職。

要怎麼轉向？

如果你想在這個混亂的時代發動大變革，一定要勇敢轉向，唯有行動敏捷，才能主動控制風險和把握機會。

現在我招募新人，會希望對方有迎接挑戰的準備、有創造力、有熱情、渴望學習和改革。但最重要的是，我在尋找的那個人，必須盡一切努力克服這個世紀的挑戰，這些挑戰不僅複雜，還很多變，個人和機構都要靈活應變。

如果要轉向，你必須：

- **做出抉擇，從你的能力範圍內搜尋最必要做的事。**你要願意進入大變革的戰場和競技場。
- **聚集最聰明的頭腦。**這些對話想必會激發競爭，甚至是對峙，這可能是一件好事，有初步的共識總比完全沒有共識來得好。
- **從零開始結盟，一定要坦誠相對。**說服老友很容易；但是如果要快速結盟，唯有坦誠相對，才能建立信任。
- **提早設定風險處理的流程。**必要時，你要有犧牲的準備。
- **克服團體迷思。**你要願意質疑假設，尤其是身邊那些人的假設。

結語

大賭注心態的力量

有時候當我們面對人類的歷史，也是在面對自己的歷史。

起初，我主動選擇兒童疫苗接種、飢餓和能源貧窮等大賭注，後來是臨危授命，接下救援海地、健康緊急事件等大賭注，而後我再度面臨不一樣的賭注：別人的賭注。

二〇一七年，我剛就任洛克斐勒基金會主席，以這個新身分到紐奧良出差。我就職不到十週，所以去紐奧良不是要做什麼大事。十多年前，卡崔娜颶風重創當地社區，我想近距離觀察基金會對社區的貢獻。出差第一天，行程很忙碌，天氣很濕熱，我拜訪了資助對象，和社區團體面對面交談，在不熟悉的街區四處奔走。

然後我和從二〇一〇年以來連任至今的市長米奇．蘭德里厄（Mitch Landrieu）共進晚餐，他出身路易斯安那州政治世家，父親穆恩．蘭德里厄（Moon Landrieu）曾在一九七〇年代擔任紐奧良市長，妹妹瑪麗．蘭德里厄（Mary Landrieu）則連任三屆美國參議院議員。蘭德里厄簡直是紐奧良的化身，我坐在一家位於當地知名法國區（French Quarter）的卡津（Cajun）菜餐廳裡，聽從蘭德里厄的推薦，點了杏仁鯰魚。

除了點餐外，我在其他事情上也信任蘭德里厄，一整天下來，我停留的地方都有他的身影，無論是在咖啡館、住宅區或餐廳，他總會用慢條斯理的聲調把我介紹給社區裡的人，他似乎和每個人都很熟。他談到槍枝暴力顛覆他們的生活，或是失去家園的經歷，或者他們想考上哪一所特許學校。從這些互動中，可以看出蘭德里厄這位社區領袖建立特殊的人脈，他擁有廣大的盟友、合作夥伴及熟人，有心凝聚這個因為財富和種族而分裂的城市。

紀念歷史與崇拜歷史不同

在我們共進晚餐時，蘭德里厄向我解釋，紐奧良到處都有紀念南部邦聯的雕像，這就是分裂的象徵，也會加劇分裂。美國南北戰爭結束後，有數十年的時間，黑人努力在重建期間爭取自身的立足點與權利，而在紐奧良和南方其他地區，卻有白人樹立數百座紀念碑來緬懷光榮的過去。這些紀念碑紀念羅伯特·李（Robert Lee）將軍、邦聯總統傑佛遜·戴維斯（Jefferson Davis）、路易斯安那州P．G．T．博雷加德（P. G. T. Beauregard）將軍，以及一場因為種族而推翻州政府的行動，對一些白人居民來說，這是他們心目中的往日榮光；對黑人、有色人種及其他紐奧良市民而言，這是舊秩序的餘孽，至今仍永遠存在。後來蘭德里厄就表示，紀念歷史與崇拜歷史是不一樣的事。[1]

這種觀點在當時特別新穎，不太尋常。長久以來，大家只覺得雕像是無法移動的遺跡，但是漸漸有越來越多人開始認為，這些緬懷邦聯的石像和銅像確實有害，應該移除。蘭德里厄連續好幾年一直和廣大的社區聯盟合作，努力移除這些特定的雕像，因為他深知這些雕塑的害處。一次又一次的會議與請願，他們在大家想不到的地方用心傾聽和參與，逐漸獲得支持，包括一些知名的商業和民間領袖。

每一步都面臨強烈的反對，甚至遭受暴力攻擊。支持保留雕像的人四處抗議、請願、提告，即使二〇一五年十二月市議會已經批准拆除，預計要耗費十七萬五千美元，但是反對勢力依然存在，而且情況越演越烈。有一天晚上，負責拆除雕像的承包商工程車遭到燃燒彈襲擊，[2]整輛焦黑的藍寶堅尼（Lamborghini）燒到只剩下輪圈和車架的照片，登上國際新聞版面。承包商決定退出，因為安全和保險問題造成拆除成本比原先預估得更高。

儘管如此，蘭德里厄仍堅持到底，設法從其他州找到願意拆除雕像的人，但是成本節節飆升，誰來支付越來越高的拆除費用？如今可能會超過六十萬美元，市政府沒有為此預留資金，州政府也不太可能協助，如果要在民間募款，恐怕太費時，而且沒有人想接受折衷方案，只移除部分或一些雕像。

蘭德里厄直言不諱地說：「洛克斐勒基金會可以立刻資助這個計畫嗎？」他的口氣也很迫切，「你明天能回覆我嗎？」

對基金會來說，這個計畫真的不太尋常，但是蘭德里厄希望盡快拆除，我被他的態度感動了，期待參與這件事，為紐奧良帶來更美好的前景。蘭德里厄和他的盟友都想要解決問題，所以不隨便接受廉價的折衷方案，例如設立告示牌說明雕像的爭議，或是只移除一、兩座雕像。他們做了所有該做的事：從簡單的問題開始，有需要時自己先跳下去，還有觸及真心等。只是礙於社會約束與衝動的極端人士，風險日益升高，他們卻缺乏足夠的資金，他們想要得到幫助，擺脫這種困境。

我在睡前打電話給幾個人討論這個構想時，大家都建議我謹慎行事。我第一個聯繫的洛克斐勒基金會同事，忍不住嘆了一口氣，他說這個請求很複雜，時間緊迫，而且和文化象徵有關，已經超出基金會當前計畫的範圍。更何況這還會為基金會製造危險，主要是安全問題。接下來，我打電話給一些基金會和慈善機構的領袖，也包括幾個熟悉紐奧良的人，他們基本上都說了同樣的話：「沙赫，慢慢來，你還不夠了解情況，不適合做決定。」

冷靜質疑現狀，而非照單全收

我聽完這麼多審慎的意見，覺得大家說對了一件事：我還不夠了解，於是決定好好觀察一番。黎明時分，我穿上球鞋，搭電梯到飯店大廳。我詢問飯店櫃檯怎麼前往李將軍的雕像，他狐疑地看著我，為我指明方位。

要找到李氏圓環（Lee Circle）並不難，這是紐奧良少有的圓環，而且是各種交通的要道，就連紐奧良知名的狂歡節（Mardi Gras），遊行隊伍也會經過這裡。但是那天早上，這個地方幾乎只屬於我一個人，我站在那裡，汗流浹背，正在體驗美國一個奇特的歷史片段。

或者更準確地說，在場只有我和李將軍。我跑到有點喘，仰望高五公尺、重三千四百公斤的李將軍青銅雕像。李將軍並沒有回頭看我，它的頭重達一百六十公斤，嚴肅地看著北方，據說是為了監視聯邦政府。

我站在李將軍的陰影下，看到這座巨大的紀念碑是怎麼威嚇民眾的，但也領悟到我們太容易忽視眼前的事物。我在華盛頓特區的住家，附近有一條李氏公路，我經常開車經過那條路。小時候，我非常喜歡看《正義前鋒》（*The Dukes of Hazzard*），沉迷於阿博和路克的冒險故事，他們開的車就叫李將軍號。那天早上，我驚覺我們因為無知、貪圖方便和現代生活太匆忙，經常被動接受這些命名，但這些現狀明明是錯的。

前一晚打了無數通電話，我今晚索性待在黑暗的飯店房間裡，藉著手機的光線匆匆閱讀關於這座雕像的歷史。李將軍和邦聯其他成員在南北戰爭打了敗仗，過了數十年後，人們建造這座雕像，隨口用一些榮譽與回憶來掩蓋他背後的動機。但是李將軍嚴厲的目光已經道盡真相，這不是真的在紀念過去：李將軍曾經路過紐奧良幾次，但根本稱不上是紐奧良的重要歷史人物。因此這座雕像是在展望未來：建立一座青銅雕像提醒人們，一個曾為奴隸制而戰的人會繼續監視紐奧良這座城市。

我努力搞懂美國的歷史，突然間也想起自己的歷史。

聖查爾斯大道上傳來黃色校車換檔的聲音，因為時間還早，校車上空無一人，大概是在接學生的路上。這個聲音喚醒我在賓州公車站的記憶，當時我十一歲，每天早上都在那裡等車上學。公車站距離我家不遠，父親被雇主指派到這裡工作一段時間，當時我就住在費城郊外的鄉村社區，居民以白人為主。

黃色校車上只有我一個棕色皮膚的孩子，大多數的日子都相安無事，但是有幾天，幾個年紀稍大，塊頭也大一點的白人小孩突然盯著我看，叫我「油」和「黑鬼」，並對我拳打腳踢。那些日子裡，我回到家總會帶著滿腔的憤怒與羞愧，但卻拒絕告訴任何人，甚至不和母親說我到底經歷了什麼事。

我再次抬頭看著雕像，突然明白了，任何孩子，尤其是有色人種的孩子，都不該在李將軍的注視下生活，它的存在就是對美國過去的侮辱，也是對美好未來的阻礙。

我最後一次仰望雕像，回想起自己評估重要行動時，一定會追問的問題：這可以徹底解決問題嗎？蘭德里厄和他的盟友正在追求徹底的解決方案，我不想逼迫他們接受折衷方案。這個解決方案值得我冒險嗎？我慢跑回到飯店，覺得有足夠的理由來說服自己了。

運用新思維打破成規

那天早上稍晚，我通知蘭德里厄，洛克斐勒基金會要押注在他和紐奧良的未來上，不過有一些細節還需要處理，但是我們會立刻提供拆除雕像的經費，基於安全考量，基金會打算匿名捐款。蘭德里厄鬆了一口氣，因為他的賭注得以實現。我們握了手，繼續下一個活動。

後來我搭車到機場，凝視窗外的街坊鄰居，我看到人行道上有兩個黑人小孩在母親的面前奔跑、一個西裝筆挺的白人男子正在打電話，還有一位黑人警察在執勤，可見這個城市很多元。我不禁好奇，拆除這些象徵種族主義和國家歷史的雕像，對這些人的生活會不會造成實際影響？

一個月後，我和其他人都找到答案。

接下來二十五天，工人戴著口罩，甚至穿著防彈背心，拆除這些紀念碑，李將軍的雕像送到倉庫，而它曾經佇立的地方重新命名為「和諧圓環」（Harmony Circle）。但是這個故事還沒有結束，大賭注可能會引發連鎖反應，以這個例子來說，蘭德里厄的抱負本來只是小火花，後來卻在全美遍地燃燒，變成全國運動。往後幾週和幾個月，一個接著一個社區拆除邦聯紀念碑，不道德的奴隸制早已廢除了，而這些紀念碑竟然還存在一百五十多年。於是白人國家主義者聚集在維吉尼亞州夏綠蒂鎮（Charlottesville），高舉著火把，試圖保護另一座李將軍雕像，[3]這成為種族正義倡議的動力，例如「黑人的命也是命」（Black Lives Matter）維權運動。

我從紐奧良等地學到一件事，與其自己直接參與，還不如支持勇於冒險的人，這種成就感、影響力和回報會更大。

蘭德里厄的大賭注並未解決紐奧良等地的種族主義；沒有人會這樣期待，這不像本書中的其他大賭注，通常會有什麼科技突破或深刻領悟，而是為了加速更誠實和公平地理解美國歷史，這是用充滿希望的新事物，取代一些長期存在卻有害的事物。

而蘭德里厄等人運用新的思維，四處結盟，一直努力達成期望的結果。蘭德里厄和紐奧良許多社區領袖徹底解決問題，為年輕的紐奧良人去除四處黑暗的陰影，並且在全美各地引發反思。

蘭德里厄的故事告訴我們，一個看似小規模的大賭注仍有可能帶來大變革。我對這個計畫的貢獻微不足道，由於政府和傳統機構的資金不足，加上反對聲浪大，暴力事件頻傳，因此不得不出手支持，讓他們有資源和能力拆除雕像。洛克斐勒基金會只是小小幫他們一把，重要的是蘭德里厄出色的領導，以及當地社區的勇敢行動，幾年後終於能公開承認這筆經費是我們捐贈的。

展開大賭注來改善全人類的生活，是一種對人性的期待，相信大家都想活在更美好、更有希望的世界。我寫本書就是為了重申，能押注在人類和人性上是一件很值得的事。

發掘你心中的大賭注，勇於貫徹達成

我在紐奧良等地見證大賭注心態的力量，希望你讀完前面幾章後也能感受到這股力量。

這是最後一章了，你已經讀過我職涯裡的大賭注，以及我在各地遇見的同道中人。在老虎球場和羅本島，我遇見曼德拉；在比利吉里蘭加納山區茅屋區，以及臨時改裝的吉普車，我遇見蘇達杉博士；在蓋茲基金會設備齊全的會議室，我遇見蓋茲夫婦、史東席佛等人；在法國宮殿與塞內加爾昏暗的社區大廳中；在海地太子港的廢墟、在美國國會走廊、在東非的難民營、在賴比瑞亞的伊波拉緊急收治中心、在美國國際開發總署的行動中心；在帕薩村這樣的村莊、在新冠肺炎期間的視訊會議，還有在紐奧良街頭。

我希望你看完這些故事，會相信自己可以透過找出新穎的解決方案來解決重大問題，四處結盟並維持合作關係，持續推動各種進展，直到預期的目標實現為止。在這些故事裡，關鍵不在於什麼人、在哪裡工作，或是要改變什麼，這些人會串連起來，是因為有堅定不移的信念，相信大變革有可能發生。在憤世嫉俗的世界面前，他們讓樂觀成為可能。他們證明只要有正確的答案、足夠的夥伴、一顆堅持評估成果的心，就可以解決鄰國、本國甚至是全人類的問題。

他們一直在說服我，任何人都可能具備大賭注心態。所謂大賭注的心態，可能是把服務當成志業，也可能是為自己相信的目標奉獻。無論你是二十二歲的年輕人，還是七十二歲的老年人；無論你是民主黨人、共和黨人、保守黨人、非洲國民大會的成員，或討厭政治的人；無論你是存款百萬美元的大富翁，還是背負龐大學貸的窮學生，都可以立下宏願，改變你的社區或其他人的社區，改變我們的國家，甚至整個地球。

畢竟具備大賭注心態並不需要財富，也不需要廣泛的人脈。洛克斐勒基金會對紐奧良的承諾，其實只占二〇一七年捐款的一小部分，卻產生莫大的影響力。重要的不是金錢，而是相信大規模變革是有可能的，這會讓你有動力組成大型、多元的聯盟一起實現。

如今我想要解決的問題，尚未完全解決。我在衡量進度時習慣看數據，現在回顧前面的內容，看到那些扎實持久的成果感到無比驕傲。但是我也覺得謙卑，因為我們的計畫還有缺陷，許多計畫還需要長久的努力。例如，自從我們成立全球疫苗免疫聯盟後，兒童施打基本疫苗的比例從二〇〇〇年的七〇%增加到二〇一九年的八五%，[4]這個進展無疑很顯著，但是我們仍未實現兒童全面接種疫苗的目標。本書提到的大賭注，大多有著類似情況。

儘管如此，大賭注的心態讓我們試著解決問題，實現更大的進展，而非接受小小的改善。每當我感覺自己快要落入空想的陷阱，擔心問題太複雜或是解決方案隱含太大的風險，經常會反思我以前的大賭注可以取得重大進展的原因。因為一路走來，我找來夠多的人（在書中提到其中一些人，但是礙於篇幅，有很多人無法提及），他們也相信可以解決重大問題，並鼓起勇氣，放手一搏。

放手一搏，並不用成為聖人或烈士，你不需要放棄原本的生活，搬到印度的比利吉里蘭加納山區，也不需要投入服務全人類的志業，但是我懇求你閱讀這些故事，相信大賭注有可能實現，相信我們有能力解決最迫切的問題。現代人面臨挑戰，太容易憤世嫉俗、冷漠以對、低估我們解決問題的能力。你看了本書介紹的人物及他們的故事，就會明白還有其他選擇，可以帶給你更多的希望。

多方嘗試，樂觀面對挑戰

你也可以做出這個選擇，擁抱大賭注的心態，感受它的力量，樂觀面對我們面臨的二十一世紀挑戰。事實上，你的力量遠遠更勝以往。

我們身處史上最創新的時代：每一天，我們都能聽到科學、科技、社會意識及心理學等方面的突破。近幾年，人類解鎖新的疫苗施打方式，推動人工智慧，使ChatGPT等應用日新月異，並且發展生物技術，可望延長健康壽命，培育更營養、更具耐受性的農作物。現在我們擁有的知識和技術，足以克服最大的挑戰——如果還沒有的話，那也快了。

挑戰和問題會繼續存在，不是因為無解，也不是缺乏解答的能力，更不是永遠克服不了；本書說得很明白，有太多困難的問題都可以解決，舉凡杜絕疫苗可預防的疾病、弱勢社區和國家的緊急事件、飢餓問題、能源貧窮，以及疫情（如伊波拉病毒和新冠肺炎）。

問題之所以未能解決，主要是因為我們還沒嘗試就放棄了。太多人指望政府或企業將會解決問題，雖然兩者是不可或缺的勢力，但是如果坐等它們解決問題，通常無法善用創新的力量，讓所有人從中獲益。當前的政治似乎無法解決我們最大的挑戰，至於企業（就連那些以創新著稱的企業），通常不願意或無力承擔大部分的責任。

舉例來說，政府不太會為了全人類設定大膽的願景，堅持到底。官僚機構，尤其是那些充滿猜疑卻缺乏資金的機構，往往不是創新的引擎。政府拿不出實際的作為，黨派和官僚又在盤算各自的利益，這些都不利於結盟。也難怪大家會開始質疑政府的能力，最近有一項調查發現，許多美國人認為政府不只是問題，還是當今國家最大的問題。[5]

另一方面，企業追求利潤和目標會有最佳績效，但是企業高階主管通常只關注利潤。雖然創新可以為企業領導者贏得讚譽，但民間部門龐大的研發預算，並不是要為了全人類謀福利，而是要刺激銷售和提升利潤。有時兩者可能一致，但情況往往並非如此。數十年來，企業奉行股東至上主義，所以對合作興趣缺缺，尤其對不能創造短期報酬的合作計畫更是如此，導致現代企業難以為員工、社區及地球創造長期利益。

大賭注不是要取代政府或企業。二十多年來，我在兩黨相爭的華府及競爭激烈的經濟部門，親眼見證大賭注發光發熱。公務員（經常遭到汙衊，被稱為官僚的那群人）舉起雙手，自願前往地震過後的海地。大飢荒期間，企業交出一整批米餵飽飢餓的民眾。投資銀行家花費時間幫忙設計金融工具，來杜絕疫苗可預防的疾病，拯救無數兒童的性命。

話雖如此，政府、企業和大型機構並不會主動改變，我們必須把這些勢力拉到大賭注裡。他們需要受到啟發、推動或被迫共同努力，創造一個更美好的世界。你有能力實現這個目標。你可以在選舉日投票支持那些有大賭注心態的候選人，也可以在自由市場和股市支持那些努力解決人類問題的公司。大家往往會讚美顛覆產業界、造成轟動的創新人士，但是有社會責任感、致力於改革社會的人，也需要大家的讚美。

善用大賭注心態克服更多難關

如果我們都這麼做，就可以解決當今人類的重大問題。

我們看到各地不平等現象急速增加的證據，這種現象在近幾十年來一直在發展，並開始撕裂社會。此外，新冠肺炎後的復甦實際上只發生在富裕國家，加速了這些國家與其他國家之間的不平等。在迎接下一波科技革命，比如再生能源、生物科技和人工智慧，我們必須以扭轉不平等的方法做到這一點，促進地球上每一個人的機會和尊嚴。

從許多標準來看，我們現在的自由度比二十一世紀初還要低，雖然我們更加尊重人權和自決權，但是這個趨勢顯然已經趨緩，甚至在許多國家有倒退的跡象。新科技的誕生，甚至還助長新型態的長期威權主義。經濟學人智庫（The Economist Intelligence Unit）的全球民主指數（Global Democracy Index）最近降到歷史新低點，可見全球三分之一的人口都生活在威權統治之下，只有不到七%的人口生活在完全民主的國家。[6]為了避免繼續倒退，我們必須重新努力，保護並擴大民主、自決和人權。

人類的生存也面臨威脅，由於氣候變遷，地球持續暖化，許多地區的生活經歷劇烈改變。在過去一個世紀，雖然只上升攝氏一．一度，我們已經看到越來越多的人中暑、餓著肚子睡覺，並因極端天氣事件而被迫離開家園。[7]如果再不果斷行動，我們就會走上一條不歸路，全球升溫恐將高達攝氏三度，屆時對所有人來說將為時已晚，尤其是全球最弱勢的社區。

具備大賭注的心態，就可以克服這些挑戰及更多問題。

大賭注會解鎖必要的元素，創造真正的機會。我可以預見這些大賭注會擴大再生能源和再生農業的規模，讓我們一邊對抗氣候變遷，一邊為每個人（包括那些之前被拋下的人）創造莫大的機會。大賭注可以幫助當地金融機構取得資金，支持新商家，讓更多人擁有自己的房子，確保美國有色人種和社區可以累積財富，在二十一世紀有尊嚴地活著。大賭注可以讓優質營養的食物變得更便宜、更容易取得，好的食物本身就是良藥，能大幅減少常見的慢性病。此外，大賭注可以保證每個人（而不只是少數的特權階級）延長壽命，從長壽保健的創新研究獲益。

大賭注也是當今民主自由的保護傘，競選活動是全球民主戰爭的最前線，大賭注可以保護競選活動，以免遭受網路攻擊和其他惡意干擾。大賭注可以憑藉安全可靠的電子投票，把投票這件事變得更容易，讓更多選民可以參與，為代議制締造有史以來最大的進步。此外，大賭注也會改造社群媒體，激發人性中最美好而不是最黑暗的一面。

大賭注至關重要，讓我們擺脫氣候變遷的生存危機，因為有妥善應對，會把危機化為轉機，而不是加劇不平等。大賭注可以幫助較貧窮國家轉向再生能源發電，取代新的和現有的燃煤發電廠。大賭注會推廣農業技術，栽培對人類和地球有益的作物，即使在未來更溫暖、更乾燥的氣候下。大賭注也可以幫助推廣創新技術，在越來越炎熱的地球，減輕體力工作的負擔和致死率。

篇幅有限，無法列出所有的潛力，但人類克服挑戰的能力是無限的。我對未來充滿期待，因為正在和許多意想不到的盟友合作，展開其中幾個大賭注，更重要的是還有你，你可以貢獻獨特的抱負、熱情，並且以持久的方式改變世界的大賭注心態。我迫不及待想要知道你會做什麼。

塑造你心目中的理想世界

我將希望寄託在你身上，不只是因為我和我孩子的生活掌握在你的手中，更是因為我希望生活在更公平、更自由、更繁榮的世界。

現狀是對現實的看法。世界之所以如此，是因為我們盲目接受。變革看似太冒險、太複雜、太困難，是因為我們面對人類的挑戰時任由自己被擊垮。

但是當你具備大賭注的心態，尤其是當你展開大賭注，並努力實現時，對世界就會有不同的感受；你會覺得世界變小了，變得更容易改變，限制也沒有那麼多，也會不那麼憤世嫉俗、那麼冷漠、那麼悲觀。

因此你會實現更大的變革，幫助周圍的人重新想像什麼是可能的，他們也會換一種方式看待現狀。昨天將不會定義明天，挑戰看起來更像機會，艱困的時期會變得充滿期待，當前的世界只是藉口，你可以讓它變得更好。

大賭注的心態可以掀起革命，世界是我們塑造出來的，你還在等什麼？

致謝

在撰寫本書的日子裡，我失去很重要的四個人，他們對本書及對我個人有很深遠的影響。法默是我心目中的英雄，也是我的朋友，我們一起救援海地地震和對抗伊波拉病毒，但他卻在二〇二二年二月驟然離世。布蘭亦師亦友，始終相信我們能夠一起完成偉大的事業，但他也在同一個月逝世。瑪德琳也在二〇二二年三月去世，自從我和她的女兒歐布萊特一起研究疫苗以來，她始終是我的盟友與同事。我和麥克・格森（Michael Gerson）合寫很多文章，深信美國能夠創造更美好的世界，而他也在二〇二二年十一月逝去。我們家最重要的成員——岳父卡馬爾・基肖爾・馬利克（Kamal Kishore Mallick），始終用愛包容我，對於我和施凡追求的人生旅程，給予一〇〇%的熱情支持，卻在二〇二一年十二月去世，享壽八十一歲。

在每一次緬懷儀式後，看著每一位投入比他們自己更大的事業，我震撼不已。為了世界上最貧困的人，爭取公平和尊嚴；為自決權和民主而戰；確保他們的家庭與社區，可以擁有比他們以前更好的機會。每個人貢獻一己之力，奉獻生命來服務他人。

本書詳細描述的計畫，從很多方面改變了我，滿足我早年的渴望，帶給許多鼓舞人心的朋友，不斷刷新我本身的希望和樂觀。所有這些改變，都是我和他們並肩工作與同行的結果。法默、布蘭、瑪德琳、格森及孩子的外祖父，他們付出的比本身得到的更多。每個人用各自的方式展現以服務為本的領導力，讓我欽佩，也獲益良多，所以我欠他們人情。我希望用本書來報答他們，感謝他們給予我的時間、關注及建議。

前面各章詳述的大賭注都是仰賴許多人提攜，本書也是如此。

我在撰寫本書時，主要是和約翰・甘斯（John Gans）合作，他是卓越的作家、公務員及外交政策專家。甘斯的智慧、好奇心和奉獻精神，無人能及，如果沒有他，本書就無法誕生。幾年前，當我們還在因應新冠肺炎疫情時，歐康納就建議我撰寫本書了，而她在一路上一直呵護這個構想，拿出一貫的智慧和活力，屢次提醒我截稿期限。小尼爾・金（Neil King Jr.）是出色的思想與寫作夥伴，以及拉夫・薩加林（Rafe Sagalyn）是了不起的顧問和經紀人。安德魯・桑格（Andrew Sanger）努力幫忙我尋找資料，讓故事說得更清楚。努斯鮑姆提供美妙、貼心、寶貴的建議，他一直都這麼好。感謝你們每個人。

我也要謝謝Simon Element團隊，將本書帶給世人，這一切全靠理查德・羅爾（Richard Rhorer）和朵莉絲・庫珀（Doris Cooper）的安排。莉亞・米勒（Leah Miller）是很棒的夥伴與編輯，完美符合我的需求和期待。艾瑪．陶西格（Emma Taussig）、莉亞．特羅沃斯特（Leah Trouwborst）及Simon Element團隊全體也都提供寶貴的建議。

雖然本書不是我的回憶錄，卻讓我想起許多人，令我深深感激的人，尤其是在我求學期間及剛出社會時遇到的貴人。我高中的辯論教練勞森及隊友們；我的大學同學吉恩．李（Gene Lee）、傑西．布魯哈德（Jesse Brouhard）和卡爾．斯坦（Karl Stein）；我就讀研究所的導師，已故的J．桑福德．施瓦茲（J. Sanford Schwartz）博士，同時也是我的顧問和朋友；Project Impact共同創辦人米卡．拉奧．卡拉帕塔普（Mika Rao Kalapatapu）；Gore 2000的朋友們，包括雷恩斯，以及其他許多一起曾在納什維爾「鳥籠」裡工作的同事；還有隨時準備迎接下一次冒險的威廉斯。你們每一位都為我樹立強大的榜樣，給予我追求服務志業的信心，尤其是在我無所適從的時刻，今天我最感激的就是你們的友誼和我們的社群。

在蓋茲基金會的日子，我看到了不同的世界，盡情想像各種可能性。蘭恩是在二十二年前打電話給我，讓我選擇職稱的那個人。當然還有蓋茲夫婦，他們成立的基金會已經改變世界，未來還會一次又一次地改變世界，他們有改變世界的決心，也用心傾聽學習，樹立強大的榜樣。我曾和他們，還有老威廉、史東席佛、波維爾、克勞斯納、蓋爾、喬．塞雷爾（Joe Cerrell）、馬克．蘇茲曼（Mark Suzman）、傑夫．瑞克斯（Jeff Raikes）、凱瑟琳．貝蒂尼（Catherine Bertini）、羅伊・斯泰納（Roy Steiner）、蘇尼爾・桑格維（Sunil Sanghvi）、盧茲・戈德（Lutz Goedde）、賈達・麥肯納（Tjada McKenna）、普里亞・傑辛哈尼（Priya Jaisinghani）、加吉・戈什（Gargee Ghosh）等人一起工作，是我人生中特別振奮的篇章。感謝你們每一位，至今仍是我親近和珍貴的朋友。

我在歐巴馬執政期間，在美國農業部、美國國際開發總署、國務院、白宮、國會結交卓越的合作夥伴。我無法在本書一一列出深深感激的每位夥伴，但是特別想要感謝歐巴馬總統、現任總統拜登，以及國務卿希拉蕊、凱瑞、維爾薩克，感謝他們讓我有服務的機會，接納我成為你們團隊的正式成員，獲得你們的指導和友誼。還有其他許多人，一起組成短小精幹、全力以赴的外交政策倡議團體，包括湯姆・多尼倫（Tom Donilon）、萊斯、丹尼斯・麥克唐納（Denis McDonough）、瓦萊麗・賈勒特（Valerie Jarrett）、米爾斯、傑克・盧（Jack Lew）、邁克・弗洛曼（Mike Froman）、蓋爾・史密斯（Gayle Smith）、班・羅茲（Ben Rhodes）、湯姆・尼德斯（Tom Nides）、史蒂夫・拉德勒特（Steve Radelet）、瑪吉・沙利文（Margie Sullivan）、羅伊、安娜・戈曼（Anna Gohmann）、班・哈伯德（Ben Hubbard）、妮可・席格（Nicole Schiegg）、唐・斯坦伯格（Don Steinberg）、馬克・費爾斯坦（Mark Feierstein）及賴克爾等人。非政府單位的人也為我們的使命貢獻時間和專業知識，包括傑克・

萊斯利（Jack Leslie）、雷．錢伯斯（Ray Chambers）、讓．凱斯（Jean Case）和布雷姆。

如今我在洛克斐勒基金會與出色的理事會和團隊合作，吉姆．史塔弗瑞迪斯（Jim Stavridis）上將與我之前在華府共事，現在又在基金會攜手。史塔弗瑞迪斯是美國的偉大人物，也是基金會的傑出主席，他的存在和指導讓我成為更好的領導者。我們理事會的同事——阿格尼斯．比納格瓦霍（Agnes Binagwaho）、梅洛迪．霍布森（Mellody Hobson）、唐納德，卡貝魯卡（Donald Kaberuka）、李亦菲（Yifei Li）、阿夫薩內．馬沙耶希．貝施洛斯（Afsaneh Mashayekhi Beschloss）、恩迪迪．奧孔克沃．恩維利（Ndidi Okonkwo Nwuneli）、保羅．波爾曼（Paul Polman）、莎朗．珀西．洛克斐勒（Sharon Percy Rockefeller）、胡安．曼努埃爾．桑托斯（Juan Manuel Santos）、亞當．西爾弗（Adam Silver）、史東席佛、拉維．文卡特桑（Ravi Venkatesan）、莫妮卡．洛薩諾（Monica Lozano）、馬希依瓦、迪克．帕森斯（Dick Parsons）、小大衛．洛克斐勒（David Rockefeller Jr.）、朱迪思．羅丹（Judith Rodin）及傑克．羅威（Jack Rowe）——每個人都在向世人證明，未來充滿希望和前景，大賭注可以提升人類的福祉。

我如今在洛克斐勒基金會的同事們讓本書化為可能，並且體現書中的精神。戴亞、君．賴（Chun Lai）、瑪爾登、歐康納、娜塔莉．帕奎因（Nataly Paquin）、葉、達維娜．杜庫利

（Davina Dukuly）、甘斯、丹尼・吉納科普洛斯（Dani Geanacopoulos）、艾莉卡・蓋爾（Erica Guyer）、多明尼克・因佩姆巴（Dominick Impemba）、珍妮・雅各布－泰勒（Jenny Jacobs-Tayler）、胡安・洛佩斯（Juan Lopez）、拉奧、瑪麗亞・科茲洛斯基（Maria Kozloski）、艾瑞克・佩洛夫斯基（Eric Pelofsky）、科麗娜・科爾特斯（Corina Cortez）、賽蒙・哈福德（Simon Harford）、皮拉・帕拉西亞（Pilar Palacia）、路易絲・謝伊（Louise Shea）、茱蒂絲・塔尼尼（Judith Tanini），以及全球各地的團隊持續支持這個專案，讓本書得以出版（出書收入將用於支持基金會的計畫），讓本書成為基金會的驕傲。感謝你們所有人的付出，很榮幸可以和你們一起努力，讓世界變得更美好。

許多人幫助閱讀和審核書稿，提供資料。我要感謝東尼・布萊爾（Tony Blair）、艾倫・弗萊施曼（Alan Fleischmann）、馬歇爾・戈德史密斯（Marshall Goldsmith）及丹・里特（Dan Ritter）的友誼與忠告。蓋茲基金會的蘇茲曼非常慷慨，讓我查詢基金會的檔案庫。美國國際開發總署署長薩曼莎・鮑爾（Samantha Power）的團隊，幫忙審核該部門相關章節。還有更多的好友，拿到整本書稿閱讀一遍。蘇達杉博士撥冗審閱初稿。克勞斯納、史東席佛、歐布萊特、梅爾欽、貝特森、邁克・康威（Michael Conway）、羅伊、沙利文、萊斯利・達克（Leslie Dach）、米歇爾・蘇米拉斯（Michele Sumilas）、斯威特、范羅克爾、可汗、奎克、泰勒・丹森（Taylor Denson）等人，花費時間提供建議，閱讀本書部分和全部的書稿。你們每一位都讓本書變得更好，如果本書還有任何錯誤都是我的責任。

我的母親莉娜，還有父親賈納丹，以及妹妹艾美，最初就教導我要善良、富有同情心，並且為他人服務。感謝雙親和艾美〔還有艾拉（Ella）〕，讓我有勇氣嘗試，並且讓我知道無論發生什麼事，都會給予愛和支持。

最後，也是最重要的，我要將本書獻給施凡、沙簡、安娜、賈沙。施凡和我就是一個團隊，認識我們的人都可以證明。施凡，雖然妳早就知道了，但我還是想對妳說：如果沒有妳，本書或者那些大賭注根本不會存在。感謝妳用心檢視本書，如今我們共同實現的成就又多了一本書。沙簡、安娜、賈沙也建議我怎麼設計封面、下標題及寫故事，甚至還質疑有誰會閱讀我的著作。我希望他們有一天會看本書，因為最終我是為了他們、他們的朋友及他們的世代而寫，希望能對他們的人生有所幫助。

注 釋

序言

1. "Immigration and Nationality Act of 1965," United States House of Representatives History, Art, & Archives, accessed August 10, 2022, https://history.house.gov/Historical-Highlights/1951-2000/Immigration-and-Nationality-Act-of-1965.
2. Dave Mersey, "Nelson Mandela's historic Tiger Stadium rally 30 years later," *Detroit Metro Times*, July 8, 2020, https://www.metrotimes.com/news/in-the-summer-of-1990-a-newly-freed-nelson-mandela-flew-into-detroit-onboard-one-of-donaldtrumps-short-lived-trump-shuttles-for-an-anti-apa-24892231.
3. "Hanumappa R. Sudarshan," Right Livelihood, accessed March 24, 2022, https://rightlivelihood.org/the-change-makers/find-a-laureate/hannumappa-r-sudarshan-vgkk/.
4. Ramakrishna Upadhya, "Man of the Road Less Taken," *Telegraph*, October 30, 1994, retrieved from KarunaTrust.org, https://www.karunatrust.org/wp-content/uploads/2020/03/Scan_Pic0047.jpg; Hanumappa R. Sudarshan, "Acceptance Speech—Hanumappa R. Sudarshan/VGKK," Right Livelihood, accessed September 21, 2022, https://rightlivelihood.org/speech/acceptance-speech-hannumappa-r-

sudarshan-vgkk; "About Karuna Trust," Karuna Trust, retrieved from Archive.org on November 7, 2022, https://web.archive.org/web/20220517171318/https://www.karunatrust.org/about-us.

5. Don Reeves, "Poverty in a Global Economy," in *Causes of Hunger: Hunger 1995. Fifth Annual Report on the State of World Hunger*, ed. Marc J. Cohen (Silver Spring, MD: Bread For the World Institute, 1994), 48, retrieved from Archive.org, https://archive.org/details/ERIC_ED416173/page/n1/mode/2up.

6. D. L. Pelletier et al., "The Effects of Malnutrition on Child Mortality in Developing Countries," *Bulletin of the World Health Organization* 75, no. 4 (1995): 443–48, https://pubmed.ncbi.nlm.nih.gov/7554015; "Number of Child Deaths," Our World in Data, accessed October 20, 2022, https://ourworldindata.org/grapher/child-deaths-igme-data?tab=chart.

7. Sheryl P. Simons, "A Helping Hand With a Global Reach," *Wharton Magazine*, September 1, 2022, https://magazine.wharton.upenn.edu/issues/fall-2002/doctoral-student-rajiv-shah.

第 1 章

1. Jean Strouse, "How to Give Away $21.8 Billion," *New York Times*, April 16, 2000, https://www.nytimes.com/2000/04/16/magazine/how-to-give-away-21.8-billion.html.

2. Sam Howe Verhovek, "Elder Bill Gates Takes on the Role of Philanthropist," *New York Times*, September 11, 1999, https://archive.nytimes.com/www.nytimes.com/library/tech/99/09/biztech/articles/12gates.html.

3. Jolayne Houtz, "Gates Foundation Wields Newfound Clout," *Seattle Times*, October 28, 2001, https://archive.seattletimes.com/archive/?date=20011028&slug=gatesfoundation28m.
4. Strouse, "How to Give Away $21.8 Billion."
5. "Progress and Challenges With Achieving Global Vaccination Coverage," WHO/UNICEF, updated July 15, 2020, retrieved from Archive.org, https://web.archive.org/web/20220308141450/https://www.who.int/immunization/monitoring_surveillance/who-immuniz.pdf.
6. "Global vaccination coverage, World, 1980 to 2018," Our World in Data, accessed June 7, 2022, https://ourworldindata.org/grapher/global-vaccination-coverage?time=1980.2018&country=~OWID_WRL; Our World in Data, "Number of Child Deaths."
7. World Bank, *World Development Report* 1993 (Washington, DC: World Bank, June 1993), X, http://hdl.handle.net/10986/5976.
8. Jason L. Schwartz, "The First Rotavirus Vaccine and the Politics of Acceptable Risk," *Milbank Quarterly* 90, no. 2 (June 2012): 278-310, DOI:10.1111/j.1468-0009.2012.00664.x; "GNI Per Capita, Atlas Method (current $US)—US," World Bank, accessed December 28, 2022, https://data.worldbank.org/indicator/NY.GNP.PCAP.CD?locations=US.
9. "GNI Per Capita, Atlas Method (current $US) - India," World Bank, accessed December 28, 2022, https://data.worldbank.org/indicator/NY.GNP.PCAP.CD?locations=IN; Shaun K. Morris, Shally Awasthi,

Ajay Khera, et al, “Rotavirus Mortality in India: Estimates Based on a Nationally Representative Survey of Diarrheal Deaths,” *Bulletin of the World Health Organization* 90, no. 10 (October 2012): 720–27, DOI:10.2471/BLT.12.101873.

10. World Health Organization, “Progress Towards Global Immunization Goals,” retrieved from GAVI Alliance on January 23, 2022, https://www.vaccinealliance.org/General_Information/Immunization_informa/Diseases_Vaccines/progress.html.

11. “Progress and Challenges With Achieving Global Vaccination Coverage”; “World Population Prospects 2019: Estimates, 1950–2020,” United Nations Population Division, accessed March 25, 2022, https://population.un.org/wpp2019/Download/Standard/Fertility; Vaccine Fund, *The Vaccine Fund Annual Report 2002* (Washington, DC: The Vaccine Fund, 2002), https://www.gavi.org/sites/default/files/publications/progress-reports/Vaccine-Fund-Progress-report-2002.pdf.

12. William Muraskin, *Crusade to Immunize the World's Children* (Global BioBusiness Books, 2005), chap. 3.

13. Susan Durgan, “Bill & Melinda Gates Foundation Names Executive Team to Lead Global Health Initiatives,” Gates Foundation, September 24, 1999, https://www.gatesfoundation.org/ideas/media-center/press-releases/1999/09/global-health-program-team.

14. “10.5 Million Children Vaccinated Against Hepatitis B,” Gavi, November 20, 2002, https://www.vaccinealliance.org/Media_Center/Press_Releases/PressRelease201102.html; “Annual deaths in 2002 from

vaccine-preventable diseases, WHO Estimates," Gavi Alliance, January 2005, https://www.vaccinealliance.org/General_Information/Immunization_informa/Diseases_Vaccines/vaccine_preventable_deaths.html.

15. Strouse, "How to Give Away $21.8 Billion."
16. World Bank, *World Development Report 1993*, 72-3.
17. Our World in Data, "Global Vaccination Coverage, World, 1980 to 2018."
18. Vaccine Fund, *Annual Report 2002*, 23.
19. Rachel Zimmerman, "Gates Brings His Business Sensibilities to Efforts to Vaccinate the World's Poor," *Wall Street Journal*, December 3, 2001, https://www.wsj.com/articles/SB1007345419742312200.
20. "Do Your Data Measure Up?" *Immunization Focus*, October 2001, 4, https://www.vaccinealliance.org/resources/oct2001_2.pdf; Oliver Ronveaux, et al., "The Immunization Data Quality Audit: Verifying the Quality and Consistency of Immunization Monitoring Systems," *Bulletin of the World Health Organization* 83, no. 7 (2005): 503–10, https://apps.who.int/iris/handle/10665/269442.
21. Rajiv Shah, Amie Batson, and Hilary Marston, "Re: Innovative Financing Solutions," November 11, 2002, 從蓋茲基金會取得的備忘錄。
22. Global Alliance for Vaccines and Immunization, *Eighth GAVI Board Meeting: Partnering with the Vaccine Fund, June 19–20, 2002*, October 2002, https://www.vaccinealliance.org/resources/ParisReportLow2.pdf.
23. "Vaccine-Preventable Deaths," GAVI, accessed December 24, 2022, https://www.vaccinealliance.org/

General_Information/Immunization_informa/Diseases_Vaccines/vaccine_preventable_deaths.html.

24. Aimee Molloy, *However Long the Night: Molly Melching's Journey to Help Millions of African Women and Girls Triumph* (New York: HarperOne, 2013).

25. Bill Gates, "Remarks of Bill Gates, Harvard Commencement 2007," transcript of speech given at Harvard University, Cambridge, MA, *Harvard Gazette*, June 7, 2007, https://news.harvard.edu/gazette/story/2007/06/remarks-of-bill-gates-harvard-commencement-2007.

第11章

1. US Department of State, *The Joint Strike Fighter Program*, accessed March 27, 2022, https://www.state.gov/wp-content/uploads/2019/02/06-1231-Multilateral-Defense-JSF.pdf; "About Us," Joint Strike Fighter Program, accessed March 27, 2022, https://www.jsf.mil/aboutus.

2. Marilyn Chase, "Malaria Trial Could Set a Model for Financing of Costly Vaccines," *Wall Street Journal*, April 26, 2005, https://www.wsj.com/articles/SB111446977721316453.

3. "Wilton House," Wilton Park, accessed March 27, 2022, https://www.wiltonpark.org.uk/about-us/our-local-environment/wis ton-house.

4. HM Treasury, "International Finance Facility," January 2003, retrieved from Archive.org, https://web.archive.org/web/20040724032338/http://www.hm-treasury.gov.uk/media/CA634/ACF6FB.pdf; Gordon

Brown, "Gordon Brown's Speech at the Chatham House Conference," transcript of speech delivered at Chatham House, London, UK, January 22, 2003, retrieved from Archive.org, https://web.archive.org/web/20040722220532/http://www.hm-treasury.gov.uk/newsroom_and_speeches/press/2003/press_08_03.cfm.

5. Ashok Vir Bhatia, *Sovereign Credit Ratings Methodology: An Evaluation* (International Monetary Fund: 2002), 11, https://www.imf.org/external/pubs/ft/wp/2002/wp02170.pdf.

6. "Fiscal Policies," European Central Bank, accessed March 28, 2022, https://www.ecb.europa.eu/mopo/eaec/fiscal/html/index.en.html.

7. Eurostat, *CMFB Consultation on International Finance Facility for Immunisation Background Note*, July 2005, https://ec.europa.eu/eurostat/documents/4187653/5770065/CMFB_IFFIM_2005-EN.PDF.pdf/8c4c7bc3-fd38-4cf6-8e14-7ba399cb6681.

8. Bhatia, *Sovereign Credit Ratings Methodology*, 11.

9. "Decision of Eurostat on Deficit and Debt Accounting Implications of the 'International Finance Facility for Immunisation' Initiative," Eurostat, August 2, 2005, https://ec.europa.eu/commission/presscorner/detail/en/STAT_05_98.

10. Ashley Seager, "Support for Finance Facility to Fund Vaccinations," *Guardian*, August 2, 2005, https://www.theguardian.com/business/2005/aug/03/internationalaidanddevelopment.development.

11. "Donor Profiles—Germany," Gavi, accessed November 12, 2022, https://www.gavi.org/investing-gavi/funding/donor-profiles/germany.
12. *GAVI Alliance Progress Report 2007*, Gavi, 2007, 15, https://www.gavi.org/sites/default/files/publications/progress-reports/Gavi-Progress-Report-2007-summary.pdf.
13. "IFFIm Resource Guide, 2022," IFFIm, accessed March 4, 2023, https://iffim.org/sites/default/files/IFFIm-Resource-Guide-2022.pdf.
14. "About Our Alliance," Gavi, accessed March 28, 2022, https://www.gavi.org/our-alliance/about.
15. "Social Bond Principles," IFFIm, accessed Feb. 27, 2023, https://iffim.org/investor-centre/social-bond-principles.

第三章

1. Hewlett Foundation, *USAID's Funding Decisions on Reproductive Health and Family Planning*, April 2009, https://www.hewlett.org/wp-content/uploads/2016/08/USAID_FPRH_Funding_Decisions_-_OHanlon_April_2009.pdf.
2. Jaclyn Diaz, "Why Earthquakes in Haiti Are So Catastrophic," NPR, August 16, 2021, https://www.npr.org/2021/08/16/1027990749/haiti-earthquake-why-deadly-explainer.
3. Gary Cecchine et al., *The U.S. Military Response to the 2010 Haiti Earthquake: Considerations for Army*

Leaders (Santa Monica, CA: RAND Corporation, 2013), xi, https://www.rand.org/pubs/research_reports/RR304.html.

4. Janny Scott, "Obama's Young Mother Abroad," *New York Times*, April 20, 2011, https://www.nytimes.com/2011/04/24/magazine/mag-24Obama-t.html.
5. Cecchine et al., *The U.S. Military Response to the 2010 Haiti Earthquake*, xi.
6. Neil MacFarquhar, "U.N. Workers Struggle as Co-Workers Are Unaccounted For," *New York Times*, January 13, 2010, https://www.nytimes.com/2010/01/14/world/americas/14nations.html.
7. "The United States Government's Haiti Earthquake Response," White House, June 25, 2010, https://obamawhitehouse.archives.gov/the-press-office/united-states-governments-haiti-earthquake-response.
8. Cecchine et al., *The U.S. Military Response to the 2010 Haiti Earthquake*, xiii.
9. "Haiti Earthquake Fact Sheet #40 (FY 2010)," USAID, February 25, 2010, https://reliefweb.int/report/haiti/haiti-earthquake-fact-sheet-40-fiscal-year-fy-2010.
10. Cecchine et al., *The U.S. Military Response to the 2010 Haiti Earthquake*, 57.
11. "USNS Comfort History," US Navy's Military Sealift Command, accessed May 3, 2022, https://www.msc.usff.navy.mil/Ships/Comfort.
12. Médecins Sans Frontières, "Haiti: An Overview of MSF Operations in 2010," briefing paper, December 2010, https://www.doctorswithoutborders.org/latest/haiti-overview-msf-operations-2010; "The

United States Government's Haiti Earthquake Response," WhiteHouse.gov, June 25, 2010, https://obamawhitehouse.archives.gov/the-press-office/united-states-governments-haiti-earthquake-response.

13. Rajiv Shah, "Remarks by Dr. Rajiv Shah," USAID, transcript of interview at the National Press Club, Washington, DC, June 18, 2010, retrieved from Archive.org, https://web.archive.org/web/20100624145232/http://www.usaid.gov/press/speeches/2010/sp100618.html.
14. Ibid.
15. "Hôpital Universitaire de Mirebalais," Partners in Health, accessed May 3, 2022, https://www.pih.org/pages/mirebalais.
16. "Reflecting on PIH's Earthquake Response in Haiti's South, One Year Later," Partners in Health, August 11, 2022, https://www.pih.org/article/reflecting-pihs-earthquake-response-haitis-south-one-year-later.
17. Cecchine et al., *The U.S. Military Response to the 2010 Haiti Earthquake*, 43.

第四章

1. "Somalia Famine 'Killed 260,000 people,'" BBC, May 2, 2013, https://www.bbc.com/news/world-africa-22380352.
2. "Marshall Plan (1948)," National Archives, Milestone Documents, https://www.archives.gov/milestone-documents/marshall-plan.

3. Emily Cadei, "USAID's Shah Forges Unlikely Relationships with Conservative Republican Members," *Roll Call*, February 21, 2013, https://rollcall.com/2013/01/21/usaids-shah-forges-unlikely-relationships-with-conservative-republican-members; "Inhofe Meets USAID Administrator Shah for a Tour of Project Mercy in Ethiopia," Inhofe.Senate.Gov, January 16, 2013, https://www.inhofe.senate.gov/newsroom/press-releases/inhofe-meets-usaid-administrator-shah-for-tour-of-project-mercy-in-ethiopia.

4. Esha Roy, "Over 35.5% Kids Stunted, Govt Releases Target to Curb Malnutrition," *Indian Express*, July 28, 2022, https://indianexpress.com/article/india/over-35-5-kids-stunted-govt-releases-target-to-curb-malnutrition-8055777/.

5. "For Up to 800 Million Rural Poor, a Strong World Bank Commitment to Agriculture," World Bank, November 12, 2014, https://www.worldbank.org/en/news/feature/2014/11/12/for-up-to-800-million-rural-poor-a-strong-world-bank-commitment-to-agriculture; "Agriculture and Food Security," USAID, accessed March 2, 2023, https://www.usaid.gov/agriculture-and-food-security.

6. Thierry Hoza Ngoga and Victoria Delbridge, "Urban Agriculture: A Viable Safety Net for the Urban Poor During Times of Crisis?" International Growth Centre, May 21, 2020, https://www.theigc.org/blogs/covid-19/urban-agriculture-viable-safety-net-urban-poor-during-times-crisis.

7. Caroline Schneider, "Celebrating 100 Years of Dr. Norman Borlaug," *CSA News* 59, no. 3, (March 2014): https://doi.org/10.2134/csa2014-59-3-1.

8. Norman Borlaug, "Norman Borlaug, Agriculture Scientist," transcript of speech given at Kansas State University, March 20, 1979, https://www.k-state.edu/landon/speakers/norman-borlaug/transcript.html.
9. Warren C. Baum, *Partners Against Hunger: The Consultative Group* (Washington, DC: World Bank, 1986), 9–10, https://pdf.usaid.gov/pdf_docs/PNAAZ667.pdf; Matthew Caire-Peréz, A *Different Shade of Green: Efraím Hernández, Chapingo, and Mexico's Green Revolution, 1950–1967* (Norman: University of Oklahoma Graduate College, 2016), https://core.ac.uk/download/pdf/215207267.pdf; Devinder Sharma, "The Borlaug I Knew," *India Together*, September 23, 2009, https://indiatogether.org/borlaug-op-ed.
10. J. Briggs, "Green Revolution—an Overview," *International Encyclopedia of Human Geography* (2009), https://www.sciencedirect.com/topics/earth-and-planetary-sciences/green-revolution.
11. Gregg Easterbrook, "Forgotten Benefactor of Humanity," *Atlantic*, January 1997, https://www.theatlantic.com/magazine/archive/1997/01/forgotten-benefactor-of-humanity/306101.
12. "Borlaug, Father of 'Green Revolution,' Dead," *Dawn*, September 14, 2009, retrieved from Archive.org, https://web.archive.org/web/20091203120843/http://www.dawn.com/wps/wcm/connect/dawn-content-library/dawn/news/sci-tech/09-borlaug-father-of-green-revolution-dead--szh-04.
13. "Borlaug Receives Congressional Gold Medal," Iowa PBS, 2006, https://www.iowapbs.org/iowapathways/artifact/1849/borlaug-receives-congressional-gold-medal.
14. Tina Rosenberg, "A Green Revolution, This Time for Africa," *New York Times*, April 9, 2014, https://

archive.nytimes.com/opinionator.blogs.nytimes.com/2014/04/09/a-green-revolution-this-time-for-africa/.

15. USDA/FAS Production, Supply, and Distribution Database (Corn Yield, United States and Sub-Saharan Africa, 2000–2005), accessed January 23, 2023, https://apps.fas.usda.gov/psdonline/app/index.html#/app/advQuery.

16. Randy Schnepf, *U.S. International Food Aid Programs: Background and Issues* (Washington, DC: Congressional Research Service, September 14, 2016), 7, https://sgp.fas.org/crs/misc/R41072.pdf.

17. UN Food and Agriculture Organization and UN World Food Programme, *The State of Food Insecurity in the World 2009* (Rome: FAO, 2009), 10, https://www.fao.org/agrifood-economics/publications/detail/en/c/122050.

18. "Hearing to Consider the Nominations of Krysta Harding, Pearlie S. Reed, Rajiv J. Shah, and Dallas P. Tonsager," US Government Publishing Office, May 7, 2009, https://www.congress.gov/111/chrg/shrg54568/CHRG-111shrg54568.htm.

19. Casey Dunning, "H.R. 1—Cuts Like a Knife," Center for Global Development, February 24, 2011, retrieved from Archive.org, https://web.archive.org/web/20110407012045/http://blogs.cgdev.org/mca-monitor/2011/02/h-r-1-%E2%80%93-cuts-like-a-knife.php.

20. Kirit Radia, "USAID Administrator: GOP Bill Could Kill 70,000 Kids," ABC News, April 1, 2011, https://abcnews.go.com/Politics/usaid-administrator-rajiv-shah-republican-cuts-lead-child/story?id=13275542.

21. Michael Igoe, "Rajiv Shah's USAID Legacy," *Devex*, February 12, 2015, https://www.devex.com/news/rajiv-shah-s-usaid-leg acy-85239.
22. "New Analysis on the FY2011 Budget—What It Might Mean for 2012," Center for Global Development, April 22, 2011, https://www.cgdev.org/blog/new-analysis-fy2011-budget-%E2%80%93-what-it-might-mean-2012.
23. Neal St. Anthony, "For Africa, More Than Aid," *Star Tribune*, September 15, 2012, https://www.startribune.com/for-africa-more-than-aid/169684836; Ward Brehm, *White Man Walking: An American Businessman's Spiritual Adventure in Africa* (Minneapolis: Kirk House Publishers, 2003).
24. "Inhofe: Birthers Have a Point," *HuffPost*, August 27, 2009, https://www.huffpost.com/entry/inhofe-birthers-have-a-po_n_245428; Martin Kady II, "Inhofe Backs Off 'Birther Comment,'" *Politico*, July 28, 2009, https://www.politico.com/story/2009/07/inhofe-backs-off-birther-comment-025499.
25. Cadei, "USAID's Shah Forges Unlikely Relationships."
26. Chris Coons, "Prayer, Not Politics, on Wednesday Mornings," *Reflections*, Spring 2018, https://reflections.yale.edu/article/lets-talk-confronting-our-divisions/prayer-not-politics-wednesday-mornings-sen-chris-coons.
27. Rajiv Shah, "On the Ground in the Horn of Africa," *Impact* (blog), August 9, 2011, https://blog.usaid.gov/2011/08/on-the-ground-in-the-horn-of-africa.

28. Ibid.

29. "UN Declares Famine in Two Regions of Southern Somalia," United Nations, July 20, 2011, https://news.un.org/en/story/2011/07/382072-un-declares-famine-two-regions-southern-somalia.

30. "Our Partners," Edesia Nutrition, accessed January 23, 2023, https://www.edesianutrition.org/partners.

31. Rajiv Shah, "Data-Driven Compassion: What Haiti, Somalia and Ebola Teach Us," TEDx Talks, 12:14, July 14, 2015, https://www.youtube.com/watch?v=qBsloS161cE.

32. "Portrait of a Leader: Greg Page," Cargill, January 1, 2015, https://www.cargill.com/history-story/en/LEADERSHIP-GREG-PAGE.jsp.

33. Mark Murphy, "200,000 Bags of Rice, 1 Million People Fed: Cargill's Story," US Chamber of Commerce Foundation, June 19, 2013, https://www.uschamberfoundation.org/blog/post/200000-bags-rice-1-million-people-fed-cargills-story/31472.

34. "Cargill's Rice Donation Now Reaching Families in Drought-Stricken Areas of the Horn of Africa," Cargill, December 15, 2011, https://www.cargill.com/story/cargills-rice-donation-now-reaching-families.

35. Michael Igo, "Rajiv Shah: Farm Bill to Bring More Flexibility, Greater Impact for USAID," *Devex*, February 5, 2014, https://www.devex.com/news/rajiv-shah-farm-bill-to-bring-more-flexibility-greater-impact-for-usaid-82784.

36. "Maersk Line Hires Microsoft Exec as New Chief Commercial Officer," *gCaptain*, April 29, 2014, https://

gcaptain.com/maersk-line-hires-microsoft-exec.

37. Henning Morgen, "Maersk's One Hundred Years in the USA," Maersk, July 9, 2019, https://www.maersk.com/news/articles/2019/07/10/maersk-one-hundred-years-usa.

38. Rolf Rosenkranz, "How US Food Aid Reform Is Advancing," *Devex*, June 23, 2013, https://www.devex.com/news/how-us-food aid-reform-is-advancing-81321.

39. Igo, "Rajiv Shah: Farm Bill to Bring More Flexibility."

40. Bridge Initiative Team, "Factsheet: Louie Gohmert," Bridge, Georgetown University, July 20, 2020, https://bridge.georgetown.edu/research/factsheet-louie-gohmert.

41. Rajiv Shah, "Remarks by Administrator Rajiv Shah at the National Prayer Breakfast," 二〇一四年二月六日在華盛頓特區發表的演講紀錄。https:/2012-2017.usaid.gov/news-information/speeches/feb-6-2014-administrator-rajiv-shah-national-prayer-breakfast.

42. Juliet Eilperin, "Obama Will Ensure His Global Development Policy Outlasts His Presidency," *Washington Post*, July 21, 2016, https://www.washingtonpost.com/news/post-politics/wp/2016/07/20/on-wednesday-obama-will-ensure-his-global-development-policy-outlasts-his-presidency/.

43. Mark Goldberg, "Congress Actually Does Something Good," interview with Judith Rowland, *Global Dispatches* (podcast), 16:14, July 13, 2016, https://www.globaldispatchespodcast.com/congress-actually-does-something-good.

44. "Feed the Future Progress Snapshot," Feed the Future, 2020, 17, https://cg-281711fb-71ea-422c-b02c-ef79f539e9d2.s3.us-gov-west-1.amazonaws.com/uploads/2020/09/2020-9-18_FTF-Snapshot-Report_508C.pdf.
45. "H.R.8446—Global Food Security Reauthorization Act of 2022," Congress.Gov, updated September 29, 2022, https://www.congress.gov/bill/117th-congress/house-bill/8446.
46. Saiesha Singh, "Congress Passes the Global Food Security Reauthorization Act," *Borgen Magazine*, December 20, 2022, https://www.borgenmagazine.com/global-food-security-reauthorization-act.

第五章

1. Joe Bavier, "Congo War-Driven Crisis Kills 45,000 a Month: Study," Reuters, January 28, 2008, https://www.reuters.com/article/us-congo-democratic-death-idUSL2280201220080122.
2. "Board of Directors," Eastern Congo Initiative, accessed January 7, 2023, https://www.easterncongo.org/board-of-directors.
3. Editors of Encyclopedia Britannica, s.v., "Inga Falls," *Encyclopedia Britannica*, updated March 16, 2007, https://www.britannica.com/place/Inga-Falls; Katrina Manson, "Congo Renews Push for Grand Inga Dam, An African White Elephant," *Financial Times*, September 8, 2014, www.ft.com/content/207ac48c-34ef-11e4-aa47-00144feabdc0.

4. "Democratic Republic of the Congo: Power Africa Fact Sheet," USAID, accessed June 2, 2022, https:/2012-2017.usaid.gov/powerafrica/democratic-republic-congo.
5. "WTO Director-General: Ngozi Okonjo-Iweala," World Trade Organization, accessed October 14, 2022, https://www.wto.org/english/thewto_e/dg_e/dg_e.htm.
6. Megan Slack, "Powering Africa," *White House* (blog), July 2, 2013, https://obamawhitehouse.archives.gov/blog/2013/07/02/powering-africa.
7. Congo Research Group, *Inga III: Kept in the Dark* (New York: NYU Center on International Cooperation's Congo Research Group, October 2019), 15, https://www.congoresearchgroup.org/wp-content/uploads/2019/10/GEC_Resource-Matters_Inga-III_EN_final-2.pdf.
8. Maud Julien, "Can DR Congo's Inga Dam Project Power Africa?" BBC, November 15, 2013, https://www.bbc.com/news/world-africa-24856000; Katrina Manson, "Congo Renews Push for Grand Inga Dam, An African White Elephant," *Financial Times*, September 8, 2014, https://www.ft.com/content/207ac48c-34ef-11e4-aa47-00144feabdc0.
9. "Leveraging Partnerships to Increase Access to Power in Sub-Saharan Africa," USAID, accessed June 28, 2022, retrieved from Archive.org, https://web.archive.org/web/20140826234945/https://www.usaid.gov/sites/default/files/documents/1860/power-africa-overview.pdf.
10. Antonio Castellano et al., *Brighter Africa: The Growth Potential of the Sub-Saharan Electricity Sector* (New

York: McKinsey & Company, February 2015), 31, https://www.mckinsey.com/~/media/McKinsey/dotcom/client_service/EPNG/PDFs/Brighter_Africa-The_growth_potential_of_the_sub-Saharan_electricity_sector.ashx; "Greenhouse Gas Emissions from a Typical Passenger Vehicle," EPA, updated June 30, 2022, https://www.epa.gov/greenvehicles/greenhouse-gas-emissions-typical-passenger-vehicle.

11. Michael J. Kavanagh, "U.S. Considers Funding Part of Congo's $12 Billion Inga Dam," Bloomberg, December 16, 2013, https://www.bloomberg.com/news/articles/2013-12-16/u-s-will-consider-financing-part-of-congo-s-12-billion-inga-3.

12. Eric Nagourney and Christina Goldbaum, "Who Are the Taliban?" *New York Times*, August 1, 2022, https://www.nytimes.com/article/who-are-the-taliban.html.

13. "President Calls for 30,000 More U.S. Troops in Afghanistan," US Central Command, December 2, 2009, https://www.centcom.mil/MEDIA/NEWS-ARTICLES/News-Article-View/Article/883960/president-calls-for-30000-more-us-troops-in-afghanistan.

14. "Kajaki, Afghanistan," Power Technology, updated January 25, 2022, https://www.power-technology.com/marketdata/kajaki-afghanistan.

15. Megan Rose, "Afghanistan Waste Exhibit A: Kajaki Dam, More Than $300M Spent and Still Not Done," *ProPublica*, January 19, 2016, https://www.propublica.org/article/afghanistan-waste-kajaki-dam-more-than-300-million-spent-still-not-done.

16. "Let Girls Learn," USAID, 2014, retrieved from Archive.org, https://web.archive.org/web/20150703162405/https://www.usaid.gov/sites/default/files/documents/1869/USAID_LetGirlsLearn_FactSheet.pdf; "Education," USAID, accessed January 7, 2023, retrieved from Archive.org, https://web.archive.org/web/20130927191513/http://afghanistan.usaid.gov/en/programs/education.
17. "USAID Announces Long-Term Commitment to Afghan Women," USAID, July 18, 2013, retrieved from Archive.org, https://web.archive.org/web/20130822033410/http://www.usaid.gov/news-information/press-releases/usaid-announces-long-term-commitment-afghan-women.
18. Special Inspector General for Afghanistan Reconstruction, "Afghanistan's Information and Communications Technology Sector: U.S. Agencies Obligated Over $2.6 Billion to the Sector, but the Full Scope of U.S. Efforts is Unknown," SIGAR, July 2016, https://www.sigar.mil/pdf/audits/SIGAR-16-46-AR.pdf.
19. "Human and Budgetary Costs to Date of the U.S. War in Afghanistan, 2001–2022," Watson Institute, Brown University, August 2021, https://watson.brown.edu/costsofwar/figures/2021/human-and-budgetary-costs-date-us-war-afghanistan-2001-2022.
20. Charles Kenny and John Norris, "The River That Swallows All Dams," *Foreign Policy*, May 8, 2015, https://foreignpolicy.com/2015/05/08/the-river-that-swallows-all-dams-congo-river-inga-dam/.
21. Thomas Turner, "The Death of Laurent Kabila," Institute for Policy Studies, March 2001, https://ips-dc.

org/the_death_of_laurent_kabila.

22. "Corruption Perceptions Index: Democratic Republic of the Congo," Transparency International, 2013, https://www.transparency.org/en/cpi/2013/index/cod.

23. World Bank, "Implementation Completion and Results Report (H909-Zr) on a Grant in the Amount of Sdr 47.7 Million (US$64.5 Million Equivalent) to the Democratic Republic of Congo for a DRC Inga 3 and Mid-Size Hydropower Development TA (P131027)," World Bank, Report No: ICR00004325, February 5, 2018), 27, retrieved from Archive.org, https://web.archive.org/web/20200720003506/https://documents1.worldbank.org/curated/en/266481521472063648/pdf/ICR00004325-03142018.pdf.

24. "DR Congo Finance Minister Matata Ponyo to be new PM," BBC, April 19, 2012, https://www.bbc.com/news/world-africa-17765649.

25. Rajiv Shah (@RajShah), "#PHOTO Great day in #DRC w/ @RepAdamSmith, PM Augustin Matata Ponyoand & #IFC's Jin-Yong Cai @ potential #INGA 3 site" Twitter, December 16, 2013, 12:33 p.m., https://x.com/rajshah/status/412636681443876864.

26. World Bank, *The World Bank Annual Report 2012: Volume 1, Main Report* (Washington, DC: World Bank, 2012), 1, https://openknowledge.worldbank.org/handle/10986/11844.

27. "Net Flow: Congo, Dem. Rep.," World Bank, accessed October 18, 2022, https://financesapp.worldbank.org/summaries/ibrd-ida/#ibrd-net/countries=congo,%20democratic%20republic%20of/years=2012.

28. "President Obama and President Xi Hold Historic Meetings at Sunnylands," Sunnylands, June 12, 2013, https://sunnylands.org/article/president-obama-and-president-xi-hold-historic-meetings-at-sunnylands.
29. Mara Hvistendahl, "China's Three Gorges Dam: An Environmental Catastrophe?" *Scientific American*, March 25, 2008, https://www.scientificamerican.com/article/chinas-three-gorges-dam-disaster/.
30. "Foreign Corrupt Practices Act," US Department of Justice, updated February 3, 2017, https://www.justice.gov/criminal-fraud/foreign-corrupt-practices-act.
31. Beina Xu, "South China Sea Tensions," Council on Foreign Relations, May 14, 2014, https://www.cfr.org/backgrounder/south-china-sea-tensions.
32. Rules Committee Print 113-32, "House Amendment to the Senate, Amendment to the Text of H.R. 3547," January 13, 2014, https://docs.house.gov/billsthisweek/20140113/CPRT-113-HPRT-RU00-h3547-hamdt2samdt_xml.pdf.
33. "Consolidated Appropriations Act, 2014 H.R.3547," Congress.gov, accessed November 10, 2022, https://www.congress.gov/bill/113th-congress/house-bill/3547/all-actions?overview=closed& q=%7B%22roll-call-vote%22%3A%22all%22%7D.
34. "World Bank Inga 3 Bass Chute (BC) and Midsized Hydropower Development Technical Assistance (TA) Project," Treasury.gov, March 20, 2014, https://home.treasury.gov/system/files/206/Inga.pdf.
35. "2014 U.S.–Africa Leaders Summit," Obama White House Archives, accessed March 2, 2023, https://

obamawhitehouse.archives.gov/us-africa-leaders-summit.

第六章

1. Norimitsu Onishi and Marc Santora, "Ebola Patient in Dallas Lied on Screening Form, Liberian Airport Official Says," *New York Times*, October 2, 2014, https://www.nytimes.com/2014/10/03/world/africa/dallas-ebola-patient-thomas-duncan-airport-screening.html; Norimitsu Onishi, "U.S. Patient Aided Pregnant Liberian, Then Took Ill," *New York Times*, October 1, 2014, https://www.nytimes.com/2014/10/02/world/africa/ebola-victim-texas-thomas-eric-duncan.html.
2. Reuters, "Ebola-Infected Cameraman Doing 'Quite Well,' Says Nebraska Hospital," Fox News, October 25, 2014, https://www.foxnews.com/health/ebola-infected-cameraman-doing-quite-well-says-nebraska-hospital.
3. Donald J. Trump (@realDonaldTrump), "If there is one more Ebola case in the U.S., a full travel ban will be instituted. This common sense move should have been done long ago!" Twitter, October 22, 2014, 4:14 a.m., https://x.com/realDonaldTrump/status/524836291964575744.
4. Christopher M. Kirchhoff, "NSC Ebola Lessons Learned Report," STAT, July 2016, 3, https://www.documentcloud.org/documents/6817684-NSC-Ebola-Lessons-Learend-Report-FINAL-8-28-16.html.
5. Kevin Sack, Sheri Fink, Pam Belluck, and Adam Nossiter, "How Ebola Roared Back," *New York Times*,

December 29, 2014, https://www.nytimes.com/2014/12/30/health/how-ebola-roared-back.html.

6. "Ebola Virus Disease," World Health Organization, February 23, 2021, https://www.who.int/en/news-room/fact-sheets/detail/ebola-virus-disease.

7. Drew Hinshaw, "Ebola Virus: For Want of Gloves, Doctors Die," *Wall Street Journal*, updated August 16, 2014, https://www.wsj.com/articles/ebola-doctors-with-no-rubber-gloves-1408142137?mod.

8. Joanne Liu, "1,400 Are Dead from Ebola and We Need Help, Says Doctors Without Borders President," *Time*, August 21, 2014, https://time.com/3154326/1400-are-dead-from-ebola-and-we-need-help-says-doctors-without-borders-president.

9. Kirchhoff, "NSC Ebola Lessons Learned Report," 30.

10. "2014 Ebola Outbreak in West Africa Epidemic Curves," Centers for Disease Control and Prevention, updated April 3, 2019, https://www.cdc.gov/vhf/ebola/history/2014-2016-outbreak/cumulative-cases-graphs.html.

11. Sarah C. P. Willams, "Fingerprick Test Quickly Diagnoses Ebola," *Science*, June 25, 2015, https://www.science.org/content/article/fingerprick-test-quickly-diagnoses-ebola.

12. Kai Kupferschmidt, "WHO, CDC Publish Grim New Ebola Projections," *Science*, September 23, 2014, https://www.science.org/content/article/who-cdc-publish-grim-new-ebola-projections.

13. J. Stephen Morrison, "Thomas Frieden and the U.S. Ebola Response," Health Affairs, October 20, 2014,

https://www.healthaffairs.org/do/10.1377/forefront.20141020.042047/full.

14. David L. Heymann, "Ebola: Learn from the Past," *Nature* 514 (2014), DOI:10.1038/514299a.

15. Annika Kim Constantino, "Dr. Fauci's Influence Reaches Beyond COVID, Across Five Decades of Research: 'He Always Spoke to Science, Committed to What Was Right,'" CNBC, August 23, 2022, https://www.cnbc.com/2022/08/23/dr-anthony-fauci-legacy-from-lab-work-hiv-aids-to-covid-pandemic.html.

16. CDC, "2014 Ebola Outbreak in West Africa Epidemic Curves"; WHO, "Ebola Virus Disease."

17. Lisa Schnirring, "Conditions in Liberia's Urban Slums Helped Fuel Ebola Spread," Center for Infectious Disease Research and Policy, December 31, 2015, https://www.cidrap.umn.edu/news-perspective/2015/12/conditions-liberias-urban-slums-helped-fuel-ebola-spread.

18. "Ebola, Unchecked," *Washington Post*, June 30, 2014.

19. Kirchhoff, "NSC Ebola Lessons Learned Report," 41.

20. "West Africa—Ebola Outbreak Fact Sheet #5 (FY 2014)," USAID, September 10, 2014, https://pdf.usaid.gov/pdf_docs/pbaab042.pdf.

21. JCOA, *Operation United Assistance: The DOD Response to Ebola in West Africa, Joint and Coalition Operational Analysis*, January 6, 2016, https://www.jcs.mil/Portals/36/Documents/Doctrine/ebola/OUA_report_jan2016.pdf; Kirchhoff, "NSC Ebola Lessons Learned Report," 17.

22. UN World Food Programme, "The Invisible Enemy," *Medium*, April 2, 2015, https://medium.com/world-food-programme-insight/the-invisible-enemy-71827457ad0b.
23. CDC, "2014 Ebola Outbreak in West Africa Epidemic Curves."
24. Remington L. Nevin and Jill N. Anderson, "The Timeliness of the US Military Response to the 2014 Ebola Disaster," *Medicine, Conflict, and Survival* 32, no. 1 (January–March 2016), 40–69, https://www.jstor.org/stable/27017927; "Doctors Without Borders Aid Worker Recovers from Ebola," Doctors Without Borders, November 11, 2014, https://www.doctorswithoutborders.org/latest/doctors-without-borders-aid-worker-recovers-ebola.
25. Geoff Watts, "Hans Rosling: Obituary," *The Lancet* 389 (February 18, 2017), https://www.thelancet.com/pdfs/journals/lancet/PIIS0140-6736(17)30392-6.pdf.
26. "USAID Nominates Dimagi for the Fighting Ebola Grand Challenge Award," Dimagi, February 12, 2015, https://www.dimagi.com/blog/usaid-nominates-dimagi-for-the-fighting-ebola-grand-challenge-award.
27. Eric King, "Fighting Ebola with Information," *Impact* (blog), May 28, 2015, https://blog.usaid.gov/2015/05/fighting-ebola-with-information/.
28. Julian E. Barnes, "U.S. Military Sends Experts to Mobile Ebola Labs in Liberia," *Wall Street Journal*, October 7, 2014, https://www.wsj.com/articles/u-s-military-sends-bio-experts-to-staff-mobile-ebola-labs-in-liberia-1412714122.

29. Donald J. Trump (@realDonaldTrump), "President Obama Has a Personal Responsibility to Visit & Embrace All People in the US Who Contract Ebola!" Twitter, October 4, 2014, 10:32 a.m., https://x.com/realDonaldTrump/status/522394479429689344; Sean Sullivan, "Chris Christie Took a Hard Line on Ebola. It Could Come Back to Bite Him," *Washington Post*, October 27, 2014, https://www.washingtonpost.com/news/post-politics/wp/2014/10/27/chris-christie-took-a-hard-line-on-ebola-it-could-come-back-to-bite-him.
30. "President Obama Names Ron Klain to Coordinate the U.S. Response to Ebola," WhiteHouse.gov, October 17, 2014, https://obamawhitehouse.archives.gov/blog/2014/10/17/president-obama-names-ron-klain-coordinate-us-response-ebola.
31. Eric Limer, "This Hazmat Suit Peels Off Like a Big, Yellow, Ebola-Covered Glove," *Gizmodo*, December 17, 2014, https://gizmodo.com/this-hazmat-suit-peels-off-like-a-big-yellow-ebola-co-1672188142.
32. "West Africa: Ebola Outbreak Fact Sheet #3," USAID, October 15, 2014, https:/2012-2017.usaid.gov/sites/default/files/documents/1864/10.15.14%20-%20USG%20West%20Africa%20Ebola%20Outbreak%20Fact%20Sheet%20%233%20FY%2015.pdf.
33. Shah, "What It's Like on the Front Lines of the Ebola Fight."
34. CDC, "2014 Ebola Outbreak in West Africa Epidemic Curves."
35. Ibid.

36. Norimitsu Onishi, "Empty Ebola Clinics in Liberia Are Seen as Misstep in U.S. Relief Effort," *New York Times*, April 11, 2015, https://www.nytimes.com/2015/04/12/world/africa/idle-ebola-clinics-in-liberia-are-seen-as-misstep-in-us-relief-effort.html.

37. "President Obama on Ebola Response," C-SPAN, February 11, 2015, https://www.c-span.org/video/?324305-1/president-obama-remarks-combating-ebola.

38. White House, "Fact Sheet: Progress in Our Ebola Response at Home and Abroad," February 11, 2015, https://obamawhitehouse.archives.gov/the-press-office/2015/02/11/fact-sheet-progress-our-ebola-response-home-and-abroad.

39. "West Africa Ebola Outbreak Fact Sheet #6 (FY 2016)," USAID, January 21, 2016, retrieved from Archive.org, https://web.archive.org/web/20170128070610/https://www.usaid.gov/sites/default/files/documents/1866/west_africa_fs07_01-21-2016.pdf.

40. "2014–2016 Ebola Outbreak in West Africa," Centers for Disease Control and Prevention, updated March 8, 2019, https://www.cdc.gov/vhf/ebola/history/2014-2016-outbreak/index.html.

41. "West Africa: Ebola Outbreak Fact Sheet #45 (FY 2015)," USAID, August 28, 2015, retrieved from Archive.org, https://web.archive.org/web/20180906000438/https://www.usaid.gov/sites/default/files/documents/1866/west_africa_fs44_08-28-2015.pdf.

42. Kirchhoff, "NSC Ebola Lessons Learned Report," 41.

43. Keiran McConville, "The Unsung Heroes Fighting Ebola with Safe and Dignified Burials," Concern USA, November 14, 2018, https://www.concernusa.org/feature_story/ebola-safe-burials.

第七章

1. Sudeshna Banerjee et al., *Power for All: Electricity Access Challenge in India* (Washington, DC: World Bank, 2015), ix, DOI:10.1596/978-1-4648-0341-3.
2. "Making Opportunity Universal and Sustainable Through Clean Energy," Rockefeller Foundation, accessed October 19, 2022, https://www.rockefellerfoundation.org/commitment/clean-energy; John Ayaburi et al., "3.5 Billion People Lack Reliable Power," Energy for Growth Hub, September 8, 2020, https://energyforgrowth.org/article/3-5-billion-people-lack-reliable-power/.
3. Joe Hasell, "From $1.90 to $2.15 a Day: The Updated International Poverty Line," Our World in Data, October 26, 2022, https://ourworldindata.org/from-1-90-to-2-15-a-day-the-updated-international-poverty-line.
4. Ayaburi et al., "3.5 Billion People Lack Reliable Power"; "The Modern Energy Minimum," Rockefeller Foundation, February 4, 2021, https://www.rockefellerfoundation.org/case-study/the-modern-energy-minimum.
5. Sabina Alkire, Usha Kanagaratnam, and Frank Vollmer, *Interlinkages Between Multidimensional Poverty*

and Electricity, Rockefeller Foundation and Oxford Poverty and Human Development Initiative, 2021, 5, https://ophi.org.uk/wp-content/uploads/Alkire_et_al_2021_Interlinkages.pdf.

6. "Entrepreneurs Use Solar Power to Sew Masks and Provide Comfort," Rockefeller Foundation, July 8, 2020, https://www.rockefellerfoundation.org/case-study/entrepreneurs-use-solar-power-to-sew-masks-and-provide-comfort.
7. Michael Igoe, "Q&A: Rockefeller and Tata Want to Replace India's Diesel Generators," *Devex*, November 14, 2019, https://www.devex.com/news/q-a-rockefeller-and-tata-want-to-replace-indias-diesel-generators-96008.
8. ESMAP, *ESMAP 2019: Mini Grids for Half a Billion People: Market Outlook and Handbook for Decision Makers* (Washington, DC: World Bank, 2019), 16–18, https://openknowledge.worldbank.org/bitstream/handle/10986/31926/Mini-Grids-for-Half-a-Billion-People-Market-Outlook-and-Handbook-for-Decision-Makers-Executive-Summary.pdf; Kanak Gokarn, Nikhil Tyagi, and Rahul Tongia, "A Granular Comparison of International Electricity Prices and Implications for India," Center for Social and Economic Progress, June 10, 2022, https://csep.org/working-paper/a-granular-comparison-of-international-electricity-prices-and-implications-for-india.
9. "About Us," Husk Power Systems, accessed January 7, 2023, https://huskpowersystems.com/about-us.
10. Umang Maheshwari and Cato Sandford, "Smart Meters: A Case for the Suitability of Smart Meters in

Rural Mini-Grids," Smart Power India, accessed December 29, 2022, https://smartpowerindia.org/wp-content/uploads/2021/07/Smart-Power-Mini-grid-Innovations-Smart-Meters.pdf.
11. "The Rockefeller Foundation and OMC Power Reach a US$4.5 Million Deal to Finance 100 Mini-Grids in Rural India," Rockefeller Foundation, March 8, 2016, https://www.rockefellerfoundation.org/news/the-rockefeller-foundation-and-omc-power-reach-a-us4-5-m-deal-to-finance-100-mini-grids-in-rural-india.
12. ESMAP, *ESMAP 2019: Mini Grids for Half a Billion People*, 49.
13. "Mitsui Backs OMC Power's Minigrid Expansion to Africa," ImpactAlpha, September 28, 2017, https://impactalpha.com/mitsui-backs-omc-powers-minigrid-expansion-to-africa-ad9859350dd2.
14. "Power, Everywhere," OMC, accessed March 2, 2023, https://omcpower.com/page/about.
15. "Tata Power and the Rockefeller Foundation Announce Breakthrough Enterprise to Empower Millions of Indians with Renew able Microgrid Electricity," Rockefeller Foundation, November 4, 2019, https://www.rockefellerfoundation.org/news/tata-power-rockefeller-foundation-announce-breakthrough-enterprise-empower-millions-indians-renewable-microgrid-electricity.
16. "Report: COVID-19 Slows Progress Toward Universal Energy Access," World Bank, June 1, 2022, https://www.worldbank.org/en/news/press-release/2022/06/01/report-covid-19-slows-progress-towards-universal-energy-access.
17. Alex Daniels, "Rockefeller Uses Bond Offering to Finance $1 Billion Commitment to Green Energy and

Covid Relief," *Philanthropy*, October 29, 2020, https://www.philanthropy.com/article/rockefeller-uses-bond-offering-to-finance-1-billion-commitment-to-green-energy-and-covid-relief.

18. Global Energy Alliance for Planet and People, *Transforming the Power Systems in Energy Poor Countries* (GEAPP, 2021), 11, https://www.rockefellerfoundation.org/wp-content/uploads/2021/11/Transforming-the-Power-System-in-Energy-Poor-Coun tries-GEAPP.pdf.

19. "Ikea Foundation and the Rockefeller Foundation Join Forces to Set up a Historic $1 Billion Initiative to Catalyze Investments in Distributed Renewable Energy," Rockefeller Foundation, June 21, 2021, https://www.rockefellerfoundation.org/news/ikea-foundation-and-the-rockefeller-foundation-join-forces-to-set-up-1-billion-dollar-initiative-in-distributed-renewable-energy/.

20. "Who We Are," Bezos Earth Fund, accessed January 2, 2023, https://www.bezosearthfund.org/who-we-are.

21. Somini Sengupta, "A New $10.5 Billion Fund Aims to Spur Green Energy Projects in Poor Countries," *New York Times*, November 6, 2021, https://www.nytimes.com/2021/11/03/world/europe/global-energy-alliance-fund-cop26.html.

22. Paul Weindling, "Philanthropy and World Health: The Rockefeller Foundation and the League of Nations Health Organisation," *Minerva* 35, no. 3 (Autumn 1997): 269–81, https://www.jstor.org/stable/41821072; "The Rockefeller Foundation: Partner in Global Health," World Health Organization, updated April 20, 2022, https://www.who.int/about/funding/contributors/the-rockefeller-foundation.

23. Barbara Shubinski and Kevin McAndrew, "Innovation in Food Systems and Farming—A Story of the First Bellagio Center Convening," Rockefeller Foundation, February 14, 2022, https://www.rockefellerfoundation.org/insights/perspective/innovation-in-food-systems-and-farming-a-story-of-the-first-bellagio-center-convening/.

24. Remeredzai Joseph Kuhudzai, "South Africa's Eskom Announces New Partnership for Developing a Renewable Energy Training Facility," CleanTechnica, September 26, 2022, https://cleantechnica.com/2022/09/26/south-africas-eskom-announces-new-partnership-for-developing-a-renewable-energy-training-facility.

25. Sundaa Bridgett-Jones, "U.S. Support for a Post-Pandemic Recovery Must Prioritize Energy Equity," Global Energy Alliance for People and Planet, March 31, 2022, https://www.energyalliance.org/news-insights/u-s-support-for-a-post-pandemic-recovery-must-prioritize-energy-equity.

26. "Nigeria: Ending Energy Poverty with Distributed Renewable Energy," Global Energy Alliance for People and Planet, accessed March 6, 2023, https://www.energyalliance.org/ending-energy-poverty-via-dres-in-nigeria.

27. "Battery Storage for Grid Stability in Malawi," Global Energy Alliance for People and Planet, accessed September 15, 2022, https://www.energyalliance.org/battery-storage-for-grid-stability-in-malawi.

第八章

1. “Urban School Food Alliance Launches Student Emergency Food Access Fund with Support from the Rockefeller Foundation and No Kid Hungry,” Urban School Food Alliance, April 30, 2020, https://www.prnewswire.com/news-releases/urban-school-food-alliance-launches-student-emergency-food-access-fund-with-support-from-the-rockefeller-foundation-and-no-kid-hungry-301050046.html.
2. “The Rockefeller Foundation & Calais Campbell Pledge Support for Black-Owned Businesses Across Baltimore,” Rockefeller Foundation, December 14, 2020, https://www.rockefellerfoundation.org/news/the-rockefeller-foundation-calais-campbell-pledge-support-for-black-owned-businesses-across-baltimore.
3. “Tax Policy Affects Our Life Quality, So How Can We Weigh In?” Rockefeller Foundation, May 10, 2021, https://www.rockefellerfoundation.org/case-study/tax-policy-affects-our-life-quality-so-how-can-we-weigh-in.
4. “Averting a Climate Apocalypse,” World Economic Forum, January 21, 2020, https://www.weforum.org/events/world-economic-forum-annual-meeting-2020/sessions/averting-a-climate-apocalypse.
5. “Coronavirus Came to Italy Almost 6 Months Before the First Official Case, New Study Shows,” World Economic Forum, November 16, 2020, https://www.weforum.org/agenda/2020/11/coronavirus-italy-covid-19-pandemic-europe-date-antibodies-study.
6. Nuclear Threat Initiative, “Global Health Security Index,” October 20, 2019, https://www.ghsindex.org/

wp-content/uploads/2019/10/2019-Global-Health-Security-Index.pdf.

7. Paul Romer and Rajiv Shah, "Testing Is Our Way Out," *Wall Street Journal*, April 2, 2020, https://www.wsj.com/articles/testing-is-our-way-out-11585869705.

8. Heather Long, "The Only Way to Get Back to Normal This Summer Is to Test Everyone in the United States, Nobel Prize–Winning Economist Says," *Washington Post*, April 27, 2020, https://www.washingtonpost.com/business/2020/04/27/economy-coronavirus-romer-reopen.

9. Emily Anthes, "C.D.C. Virus Tests Were Contaminated and Poorly Designed, Agency Says," *New York Times*, December 15, 2021, https://www.nytimes.com/2021/12/15/health/cdc-covid-tests-contaminated.html.

10. Jonathan D. Quick, *The End of Epidemics: How to Stop Viruses and Save Humanity Now* (New York: St. Martin's, 2018).

11. Romer and Shah, "Testing Is Our Way Out."

12. Julie Appleby, "Why It Takes So Long to Get Most COVID-19 Test Results," *Wall Street Journal*, March 28, 2020, https://www.npr.org/sections/health-shots/2020/03/28/822869504/why-it-takes-so-long-to-get-most-COVID-19-test-results.

13. Clayton Dalton, "Opinion: Early Coronavirus Testing Failures Will Cost Lives," NPR, March 14, 2020, https://www.npr.org/sections/health-shots/2020/03/14/815727231/opinion-early-coronavirus-testing-

failures-will-cost-lives.

14. Rockefeller Foundation, *National Covid-19 Testing Action Plan: Pragmatic Steps to Reopen Our Workplaces and Our Communities* (New York: Rockefeller Foundation, April 21, 2020), https://www.rockefellerfoundation.org/wp-content/uploads/2020/04/TheRockefellerFoundation_WhitePaper_Covid19_4_22_2020.pdf.

15. Joe Guillen and Gina Kaufman, "How the Coronavirus Spread Through the Detroit Police Department," *Detroit Free Press*, March 28, 2020, https://www.freep.com/story/news/local/michigan/detroit/2020/03/28/coronavirus-detroit-police-pancake-breakfast/2931224001.

16. Steve Herman, "Trump: 'If We Stop Testing, We'd Have Fewer Cases,'" *Voice of America*, June 15, 2020, https://www.voanews.com/a/covid-19-pandemic_trump-if-we-stop-testing-wed-have-fewer-cases/6191165.html.

17. Lenny Bernstein and Seung Min Kim, "White House Announces Deal to Provide 150 Million Rapid Coronavirus Tests," *Washington Post*, August 27, 2020, https://www.washingtonpost.com/health/white-house-announces-deal-to-provide-150-million-rapid-coronavirus-tests/2020/08/27/cb3c4eba-e8ab-11ea-970a-64c73a1c2392_story.html.

18. Rockefeller Foundation, *National Covid-19 Testing Action Plan.*

19. Harold Varmus and Rajiv Shah, "It Has Come to This: Ignore the C.D.C.," *New York Times*, August 31,

2020, https://www.nytimes.com/2020/08/31/opinion/cdc-testing-coronavirus.html.

20. Emma Court, “Becton Dickinson Wins FDA Approval of 15-Minute, Hand-Held COVID Test,” Bloomberg, July 6, 2020, https://www.bloomberg.com/news/articles/2020-07-06/becton-dickinson-wins-approval-for-fast-hand-held-covid-test.

21. Pamela Wood and Meredith Cohn, “Maryland to Spend $7.5M on New Type of Rapid Coronavirus Test, First Purchase in 10-State Compact,” *Baltimore Sun*, September 10, 2020, https://www.baltimoresun.com/coronavirus/bs-md-testing-hogan-20200910-xmgzcfvoafd3znyv7bzj77apju-story.html.

22. Yuki Noguchi, “Why Rapid COVID Tests Are in Short Supply in the U.S.,” NPR, updated December 27, 2021, https://www.npr.org/sections/health-shots/2021/12/10/1062700278/how-the-u-s-got-on-the-slow-track-with-at-home-covid-tests.

23. Christina Silcox et al., “A National Decision Point: Effective Testing and Screening for Covid-19,” Duke Margolis Center for Health Policy, September 9, 2020, https://healthpolicy.duke.edu/publications/national-decision-point-effective-testing-and-screening-covid-19.

24. “STAT: State and Territory Alliance for Testing,” Rockefeller Foundation, accessed October 19, 2020, https://www.rockefellerfoundation.org/covid-19-response/stat.

25. Katherine J. Wu, “Why Pooled Testing for the Coronavirus Isn’t Working in America,” *New York Times*, August 18, 2020, https://www.nytimes.com/2020/08/18/health/coronavirus-pool-testing.html.

26. "The Rockefeller Foundation Launches $30M Advance Market Commitment with Thermo Fisher Scientific to Ramp Up Procurement and Distribution of Covid-19 Testing," Rockefeller Foundation, January 14, 2021, https://www.rockefellerfoundation.org/news/the-rockefeller-foundation-launches-30m-advance-market-commitment-with-thermo-fisher-scientific-to-ramp-up-procurement-and-distribution-of-covid-19-testing/.
27. Wood and Cohn, "Maryland to Spend $7.5M."
28. Lillian Reed, "Maryland Data on Student Achievement Shows Dramatic Declines in Learning Across Region During Pandemic," *Baltimore Sun*, February 25, 2022, https://www.baltimoresun.com/education/bs-md-mcap-data-20220224-20220225-ciaf3g37kzardj3dlmejunclqy-story.html.
29. "Research Commissioned by the Rockefeller Foundation Strengthens Evidence Base for Reopening K–12 Schools with Robust COVID-19 Testing Programs," Rockefeller Foundation, February 4, 2021, https://www.rockefellerfoundation.org/news/research-commissioned-by-the-rockefeller-foundation-strengthens-evidence-base-for-reopening-k-12-schools-with-robust COVID-19-testing-programs.
30. "HHS Teams Up with the Rockefeller Foundation to Share Best Practices for Increased COVID-19 Testing," US Department of Health and Human Services, October 1, 2020, https://www.shvs.org/covid19-articles/hhs-teams-up-with-the-rockefeller-foundation-to-share-best-practices-for-increased-covid-19-testing/.

31. Rajiv Shah and Randi Weingarten, "With Robust Testing, We Can Open Schools This Spring Before the Vaccine Is Widely Available," *USA Today*, January 24, 2021, https://www.usatoday.com/story/opinion/2021/01/24/re-opening-schools-precautions-and-testing-column/6661567002.

32. Laurel Wamsley, "White House Announces $10 Billion for COVID-19 Testing in Schools," NPR, March 17, 2021, https://www.npr.org/sections/coronavirus-live-updates/2021/03/17/978262865/white-house-announces-10-billion-for-covid-19-testing-in-schools.

33. "Total COVID-19 Tests," Our World in Data, accessed November 7, 2022, https://ourworldindata.org/grapher/full-list-total-tests-for-COVID-19?time=2021-03-01..2021-04-02&country=~USA.

34. Benjamin Mueller and Eleanor Lutz, "U.S. Has Far Higher COVID Death Rate Than Other Wealthy Countries," *New York Times*, February 1, 2022, https://www.nytimes.com/interactive/2022/02/01/science/covid-deaths-united-states.html.

35. Tami Luhby, "The Child Poverty Rate Fell by Nearly Half in 2021 as Enhanced Child Tax Credit Sent Billions of Dollars to Families," CNN, September 13, 2022, https://www.cnn.com/2022/09/13/politics/2021-census-child-poverty-tax-credit/index.html.

36. Abby Vesoulis, "'A Crisis Point': Schools Are Fighting to Extend a Meal Program That Keeps Millions of Kids Fed," *Time*, April 6, 2022, https://time.com/6164685/national-school-lunch-pro gram-covid-19-pandemic-extension.

結語

1. Mitch Landrieu, "Mitch Landrieu's Speech on the Removal of Confederate Monuments in New Orleans," *New York Times*, transcript of speech given in New Orleans, May 23, 2017, https://www.nytimes.com/2017/05/23/opinion/mitch-landrieus-speech-transcript.html.
2. Janell Ross, "'They Were Not Patriots': New Orleans Removes Monument to Confederate Gen. Robert E. Lee," *Washington Post*, May 19, 2017, https://www.washingtonpost.com/national/new-orleans-begins-removing-monument-to-confederate-gen-robert-e-lee/2017/05/19/c4ed94f6-364d-11e7-99b0-dd6e94e786e5_story.html.
3. Paul P. Murphy, "White Nationalists Use Tiki Torches to Light Up Charlottesville March," CNN, August 14, 2017, https://www.cnn.com/2017/08/12/us/white-nationalists-tiki-torch-march-trnd/index.html.
4. WHO and UNICEF, "Progress and Challenges with Achieving Universal Immunization Coverage."
5. Megan Brenan, "More Cite Gov't as Top U.S. Problem; Inflation Ranks Second," Gallup, January 30, 2023, https://news.gallup.com/poll/468983/cite-gov-top-problem-inflation-ranks-second.aspx.
6. "A New Low for Global Democracy," *Economist*, February 9, 2022, https://www.economist.com/graphic-detail/2022/02/09/a-new-low-for-global-democracy.
7. Brad Plumer, David Gelles, and Lisa Friedman, "A Clash Over Degrees: How Hot Should Nations Allow the Earth to Get?" *New York Times*, November 16, 2022, https://www.nytimes.com/2022/11/16/climate/cop27-global-warming-1-5-celsius.html.

新商業周刊叢書　BW0848

大賭注心態

比爾．蓋茲力薦！
9種思維，讓不可思議的改變發生

原文書名／Big Bets: How Large-Scale Change Really Happens
作者／拉吉夫．沙赫（Rajiv J. Shah）
譯者／謝明珊
企劃選書／黃鈺雯
責任編輯／黃鈺雯
編輯協力／蘇淑君
版權／吳亭儀、江欣瑜、顏慧儀、游晨瑋
行銷業務／周佑潔、林秀津、林詩富、吳藝佳、吳淑華

國家圖書館出版品預行編目（CIP）數據

大賭注心態：比爾．蓋茲力薦！9種思維，讓不可思議的改變發生/拉吉夫.沙赫(Rajiv J. Shah)著；謝明珊譯. -- 初版. -- 臺北市：商周出版：英屬蓋曼群島商家庭傳媒股份有限公司城邦分公司發行, 2024.08
面；　公分. --（新商業周刊叢書；BW0848）
譯　自：Big bets : how large-scale change really happens
ISBN 978-626-390-188-9（平裝）
1.CST: 社會改革 2.CST: 社會參與
541.4　　113008643

總編輯／陳美靜
總經理／彭之琬
事業群總經理／黃淑貞
發行人／何飛鵬
法律顧問／元禾法律事務所　王子文律師
出版／商周出版　115台北市南港區昆陽街16號4樓
電話：(02)2500-7008　傳真：(02)2500-7579
E-mail：bwp.service@cite.com.tw
發行／英屬蓋曼群島商家庭傳媒股份有限公司　城邦分公司
115台北市南港區昆陽街16號8樓
電話：(02)2500-0888　傳真：(02)2500-1938
讀者服務專線：0800-020-299　24小時傳真服務：(02)2517-0999
讀者服務信箱：service@readingclub.com.tw
劃撥帳號：19833503
戶名：英屬蓋曼群島商家庭傳媒股份有限公司城邦分公司
香港發行所／城邦（香港）出版集團有限公司
香港九龍土瓜灣土瓜灣道86號順聯工業大廈6樓A室
電話：(852)2508-6231　傳真：(852)2578-9337
E-mail：hkcite@biznetvigator.com
馬新發行所／城邦（馬新）出版集團 Cite (M) Sdn Bhd
41, Jalan Radin Anum, Bandar Baru Sri Petaling, 57000 Kuala Lumpur, Malaysia.
電話：(603)9056-3833　傳真：(603)9057-6622　E-mail：services@cite.my

封面設計／萬勝安　內文設計暨排版／無私設計．洪偉傑　印刷／鴻霖印刷傳媒股份有限公司
經銷商／聯合發行股份有限公司　電話：(02)2917-8022　傳真：(02) 2911-0053
地址：新北市231新店區寶橋路235巷6弄6號2樓

ISBN／978-626-390-188-9（紙本）　978-626-390-185-8（EPUB）
定價／460元（紙本）　320元（EPUB）

2024年8月初版